U0022116

FUTURE CITIES
ARCHITECTURE AND THE IMAGINATION

未來城市

——漂浮・垂直・廢墟——
虛構與真實交織的人類世建築藍圖

PAUL DOBRASZCZYK
保羅・多伯拉茲克

韓翔中——譯

推薦序

從想像力到辯證的烏托邦

王志弘

（臺灣大學建築與城鄉研究所教授）

　　《未來城市》描繪的不只是未來人類聚落的景象，更是以人類想像力來彰顯的欲望、憂慮和恐懼。無論是水域邦國或空中城市、摩天高樓或地底深處，還是廢墟及其拼湊重建，作者保羅・多伯拉茲克（Paul Dobraszczyk）細數各種宛如奇觀的解決方案之際，也呈現了針對人類現實困境的不同診斷。於是，想像並非憑空幻想，烏托邦也非純屬虛構。真實與奇想的交雜，方令想像力得以發揮。

　　後現代地理學者愛德華・索雅（Edward Soja）曾經提出第一空間、第二空間以及第三空間的概念，分別指稱真實可感的物質空間、想像構築的心靈空間，以及真實與想像兼具的社會空間。他主張，第三空間宛如傅柯（Michel Foucault）的異托邦（heterotopia），既是實際存在的場所位址，又帶有烏托邦的理想性質，因而與其他真實地方之間有著顛倒、翻轉、對抗的關係，並且在這樣的拉扯張力中，激發出更多的可能性。《未來城市》匯集的正是具有第三空間特性的異托邦。

　　想像力及其呈現，向來是人類社會的構成要素。例如，作為

溝通媒介的文字和圖像符號，既銘記過往，也勾勒未來。符號是各種意念、現象和物體的抽象標記，仰賴社會成員對符號的共同理解而發揮溝通效果，但也因為符號再現與其指涉對象之間的必然落差，容留了多重詮釋的可能。換言之，以符號來相互溝通，並據此創建社會的人類，必然得依賴想像力來縫合符號與真實的差距，並探索其間的多重意義。於是，一九六八年法國學生運動迴響迄今的「想像力奪權！」（All Power to the Imagination！）呼喊，在這種觀點下似乎顯得多餘了，因為想像力已然君臨天下。

　　不過，相對於一般想像，運用建築和城市設計作為載體的想像，無論能否實現，總是以其實驗性構築和圖面描繪的物質性，激起了奇想成真的感受，進而引人揣想棲居其間的體驗。無論指向烏托邦或敵托邦（dystopia，又譯「惡托邦」），召喚夢想或夢魘，《未來城市》的實驗構想都以其具體樣貌，傳達出建築烏托邦的感官撼動力量。物質化形象的具現，或許可能將想像圈限於奇異但鮮明的形體之中，但是作者多伯拉茲克更在意的，或許是引領讀者面對想像建築所依託、甚或創造出來的現實困局，並指出它們難以逃脫某些結構性的社會框架。

　　例如，階級差異似乎不僅難以透過未來城市的擘畫而抹除，反而可能因為這些所費不貲的天空之城、浮水居處或地下庇護所而更形彰顯，甚至構築更嚴密的階級隔離。再者，書中案例也諭示了自然、機械與人類的交錯，以及建築、城市與社會的糾纏。這些交錯與糾纏，使得城市與建築的烏托邦更加動人心魄，甚至引人疑懼。歷史積澱下來且持續捆縛著我們的當下現實，默默成形中的半途現實，嘗試一躍而成的未來現實，都挑戰且挪用了想像力的抒發。想像力不僅奪權，想像力已經為既有的權力所用。

義大利威尼斯學派建築史家塔夫利（Manfredo Tafuri）在名著《建築與烏托邦》中，訴說的正是建築的現代主義和前衛運動，如何從具有強烈社會進步意圖的理想倡議，卻受到資本力量利用，最後變成局限於學院內的形式主義觀念的過程。建築前衛運動以其否定力量批判了西方傳統社會的建築風格，嘗試創造奠基於理性、科技與平等的理想社會。這股指向未來的否定力量，正好有助於資本主義突破古老價值的束縛而追求發展。然而，前衛的建築與城市規劃意識型態，特別是其追尋自主性的企圖，卻未真正掌握資本主義工業化社會的矛盾，使得前衛建築在完成初期的破壞任務後，與現實逐漸脫節，而成為難以實現的純粹烏托邦。

塔夫利描述的情境顯得悲觀，但也提醒了我們，未來建築與城市的願景，不僅要描摹理想城市與住居的可能樣貌，還必須扎根於針對當下現實的剖析，並且繪製從此地抵達彼方的路線圖，然後透過政治行動來實現。馬克思主義地理學者哈維（David Harvey）在他的《希望空間》中，就此提出了辯證烏托邦（dialectical utopia）概念。他強調烏托邦，特別是富有時空樣貌的烏托邦，有描繪前行方向和目標的作用，但這樣的烏托邦理想必須根著於過去和現在，並且隨著我們對於當代的分析而調整，從而產生未來與當下的辯證關係。換言之，對於未來社會的籌畫，既不能淪為封閉性的權威圖像，也不是全然開放而無限變化，而是植基於過往和當前社會。這意味了未來城市的眾多種子，已經在當前撒下了，但是哪幾株會萌芽、成長和茁壯，還須取決於土壤、氣候、水文等環境條件，以及耕耘者的漫漫照護之路。

推薦序
喚醒建築的想像力

李清志

（都市偵探、實踐大學建築設計學系副教授）

我一直認為科幻電影或科幻小說，都具有預言性格與警世性格！

過去在電影中科幻想像的情節或科技，大概在半個世紀、或是更短的時間之內就會成為真實。以前在007詹姆士・龐德的電影裡出現的科技，後來幾乎都成真了！而美國最受歡迎的電視劇《星艦迷航記》（Star Trek）裡的各種科技設備，也成為科學家們發明新科技設備的靈感來源。

科幻小說的預言性格最令人驚悚的案例，是發生在幾年前，東京宣布在二〇二〇年將舉辦奧運會，然後人們忽然發現，其實在大友克洋的動漫《AKIRA》中，早就預言東京將在二〇二〇年舉辦奧運會，這樣的巧合令人驚訝！但是《AKIRA》不僅預言東京將舉辦奧運會，而且動漫中還說奧運會因為某些原因而停止舉行，當時大家還議論紛紛，總覺得不過是小說情節，二〇二〇年東京奧運會絕對不可能停辦，結果二〇二〇年初爆發了疫情，奧運會竟然真的無法舉辦！

在《未來城市》這本書中，強調人類建築與城市發展，其實

與想像力息息相關。書中提及，「未來城市的任何景象，都能夠提供視覺化，在我們如何想像未來城市，以及我們如何跟成真的未來城市產生關聯，這兩者之間建立連結。」這也是我們很喜歡觀賞科幻電影的原因之一，因為科幻電影裡的城市景觀，提供了我們對未來世界的想像，也讓我們相信，我們的城市將來也有可能成為這樣的世界。

也因為這樣，科幻電影或動漫中的未來城市，受到建築設計與城市規劃者的重視與討論。日本《新建築》雜誌在編寫「建築二十世紀」作品的年代紀時，特別將一九八二年的電影《銀翼殺手》（Blade Runner）列入建築作品中，證明建築電影也被視為是建築創作的方式之一。

電影中三度空間的影像呈現，確實是表達建築空間概念的極佳工具，而「建築電影」也使得許多「紙上建築」（Paper Architecture）得以具體呈現在世人面前。二〇年代德國導演弗里茨·朗（Fritz Lang）在前往美國遊歷的行程中，對紐約大都會的摩天大樓群所形成的景觀讚嘆不已，返德後拍攝了電影《大都會》，這部電影被譽為科幻電影始祖，同時也是建築電影的重要經典作品。六十多年後，日本建築師高松伸從《大都會》電影中的巨大城市機器獲得靈感，設計了充滿古典機械風格的ARK齒科醫院建築；而導演提姆·波頓（Timothy Walter Burton）在一九八九年拍攝的電影《蝙蝠俠》中的場景，則大量使用高松伸ARK齒科醫院的建築元素，重新拼貼組構成另一座想像中的城市——高譚市（Gotham City）。

從《大都會》、ARK齒科醫院，一直到高譚市的城市建築創作源流來看，建築與電影在二十世紀的百年間，已經形成了密不

可分的關係，建築師與電影工作者也從彼此的創作中汲取靈感，而且以不同的思路方式與創作習慣，為建築空間設計提供了更多可能性。

《未來城市》這本書，內容幾乎囊括了所有的建築電影創作，可以說是建築設計者極佳的設計參考資料，內容不僅談到《銀翼殺手》、《機器戰警》、《極樂世界》等科幻電影，也談到丹下健三一九六〇年「東京灣計畫」裡的海上城市，以及萊伯斯・伍茲（Lebbeus Woods）一九九三年出版的《戰爭與建築》（*War and Architecture*），可說是豐富又多元。

作者談烏托邦城市、天空之城、摩天大樓、地下城市，甚至圓頂玻璃城等，但是最後也談到城市的毀滅與災難，也就是我所說的科幻電影「警示性」，人類科技與文明最終會走向毀壞，正如日本建築師所說的：「未來的建築就是廢墟，廢墟就是未來的建築。」但這本書最後也談到廢墟中的重生與廢棄物再利用所重建的未來世界。這些廢墟般的未來城市，帶給人類一種預警，讓人們可以有機會反思，如何避免我們的世界淪為電影中的毀滅命運。

對於建築愛好者而言，這本書非常好看！不僅可以喚醒設計者的想像力，同時也可從這些豐富的想像城市與建築中，找到未來設計的靈感；對一般人而言，這本書也可以為你帶來極大的樂趣，讓我們在閱讀當中，進入充滿想像的奇幻未來。

推薦序

建構未來城市，就是建構人類的未來
——《未來城市》

臥斧

（文字工作者）

　　倘若一個十九世紀的人因故看到一張二十世紀中葉之後的都市照片，會想到什麼？

　　這人發現未來都市裡充滿超高樓層的巨大建物，想到其中居民不可能耗費大量時間上下樓梯，所以認為大樓裡應以幾個樓層組成自給自足的居住聚落，具備農業、醫療、教育、宗教等完備機能；換句話說，居民在幾個鄰近樓層之中就可以生活，像個小型城市，如有特殊需求，再往上或往下前往其他樓層聚落。

　　科幻小說家艾西莫夫在某篇文章中舉過類似如此的例子。

　　想像可能受限——十九世紀的人沒想到「電梯」，是故對未來生活樣態的揣度失準；但想像同時極有力量——倘若沒有電梯，而未來因為人口激增、地面居住面積不足等因素必須建蓋高樓，那麼這人的想像或許並不完全悖離現實。這個例子同時指出：人類基於生活需求設計建築、架構城市，而城市及建築也會反過來決定人類的生活形式。繼續延伸思考，不難發現：居住地的地理條件也是建築設計的基礎，當人口增加、建築擴增為城市，對原有自然環境的影響也會更加明顯。

以人類世界為故事場景的創作，或多或少會涉及對城市的想像。

根據預測，二十一世紀前半，全球居住在城市當中的人口可能會超過百分之七十；就算故事發生在其他星球，城市仍常是角色群聚、藉以發展情節的舞台。這些出現在虛構作品裡的城市，想像根基部分來自人類社會的運作狀況，包括工商業及科技發展，以及政治結構與社經階級，部分來自現實的地形、地貌、氣候與生態，或者是遭人為改變之後的自然環境——地面居住面積不足或已不利人居，就朝摩天高樓或天空發展；空氣污染嚴重或充滿輻射，就朝地底發展；全球暖化、海平面上升，就朝水上浮島或海底城鎮發展；即使文明已然毀滅、廢棄物充斥地表，也能從垃圾和廢墟當中打造城市。

重要的是，這些想像中的城市，並不全然只是想像。

《未來城市》一書指出，想像根植於過去，因而可能是發展未來都市計劃的參考，也可能是創作者觀察現況之後提出的預警。書中將現實的建築及城市狀態，與取自小說、影視及動畫作品中虛構的建築及城市並列，加入作者多伯拉茲克（Paul Dobraszczyk）以自身建築研究專業對現實建物及都市計畫的看法，以及對虛構作品箇中設計的詮釋。《未來城市》不是一本談建築工法或歷史的專論，也不是介紹虛構作品的入門，而是綜觀現實與虛構之後的思索。更要緊的是，多伯拉茲克指出，我們必須強化想像力，並且凝聚共識，才能建構適於未來的城市，同時藉城市建構適於人類的未來。

因為城市不僅是人與人相處的場域，也是人與環境相處的態度。

目 次

二〇一三年北京一棟高樓上的投影景象（上），相較一九八二年《銀翼殺手》電影劇照（下）。

導論
現實中與想像中的未來城市

　　二〇一三年一月，高聳入雲的一座北京建築計畫的圖像，引起網路上的驚嘆，這棟樓的奇特之處在於，它看起來就像是一九八二年電影《銀翼殺手》（*Blade Runner*）的都市景象翻版[1]。雖然嚴重的都市空氣污染影響居民，但目前已出現一種融合真實與想像、屬於生活與藝術的「銀翼殺手驚奇旅程」供觀光客參加，這類情況在二〇一七年的續集《銀翼殺手2049》（*Blade Runner 2049*）上映之後更加蓬勃了[2]。該現象顯示了，今天的我們對於自己在真實城市中所體驗者，以及我們在城市想像中所取得的心理印象——這些印象來自於科幻片、小說、電動遊戲——兩者如何協調地融合在一起。隨著北京或上海這類城市近年的驚人成長，從前的未來主義式（futuristic）遠見已幾乎達成，造就了一種融合過去、現在及未來的奇異綜合體；當代市貌最為「未來主義式」的都市杜拜，已經被用來作為電影中未來世界的背景設定，正如阿拉伯聯合大公國的首部科幻片——二〇一三年上映的《雙日之子》（*The Sons of Two Suns*）[3]。

　　我們想要了解未來的最基本方法，就是透過想像（imagination）*：去思考未來，根本就等於去想像未來。目前對城市未來的思考在性質上皆有其助益，基於科學所做的預測能勾勒出可能的景象，然後能夠將此經驗性資料與主觀幻想所做的預測加以區別†。城市一直以來都是心靈與物質的結合體，這是我們在精神與肉體上都扎根的所在地。更有甚者，在數位化的時代，真實與想像已經徹底交織在一起，不然的話，為什麼現在的觀光客能享有「銀翼殺手旅程」呢？我們所要做的並不是劈開想像使其與理性分離，而是應該探索這兩者如何縱橫交錯，兩者之結合能如何開拓我們思索未來所呈現的豐富可能性呢？

　　這本書的目的正是在此！此書將十九世紀至今各式各樣對未來城市的願景綜合並陳：文學、藝術、建築方面的圖像，還有電影與電動遊戲。本書的核心目標，是從建築的可行面討論這些想像中的都市，以呈現可行性與想像這兩者之間能有多少連結。這本書會呈現，未來的景象——不論多奇幻——與目前情況有多少實際的關聯，如此一來便可改變當前的思考與實踐方法，並將這些方法運用到不同的途徑或脈絡中。本書對未來都市的呈現將組構為三個主題範疇：流動的城市（包括水面下、浮在水上、飄在空中的都市）；垂直的城市（摩天大廈與地底下的都市）；毀壞的城市（廢墟與改造）。每一個主題之中，都包含了面對當代都

---

*　英文「想像」（imagine or imagination）的字源是「圖像」（image），所以「想像」是包含著在心中所形成的景象或圖像。（本書各頁下方註解皆為譯者註，原書註則依文中編號，統一置於書末註釋處）

†　此處「經驗性資料」應是上句的科學根據，而科學根據是對過往經驗的分析與建構的知識。

市學家及建築學者的實際例證，涵蓋了氣候變遷造就的洪水問題、人口急速增加、社會分歧加深、科技失靈、社會崩潰。本書所欲揭櫫的中心思想如下：對都市未來的想像如何強力地影響我們的思考方式，而這種思考方式所受到之影響，又怎麼與當今城市如何居住、設計的問題相連。如此一來，我們就能把「想像」帶回來與「現實」接軌，或者展現「想像」已經和「現實」交融到什麼地步，總之，這是奠基於各種「現在」與「實踐」的「未來主義」。

想像的城市

「想像」就是在心靈中呈現的事物，這個心靈印象並非實際的存在物，「想像」是一種戲法、是一種魔法，想像者的心中會出現新的圖像[4]。「想像」雖然被認定為人類重要的能力，但是它的地位一直到浪漫時期才有所提升，這是對十八世紀科學理性主義（scientific rationalism）的一種反動；英國詩人柯立芝（Samuel Taylor Coleridge）就以浪漫主義者之姿持論道，「想像」是在人類自覺經驗之下的一股「洪流」，這股巨大的力量常近乎要推翻或撕裂人類理性心靈的秩序[5]。今天，與「想像」更緊密相關的則是「幻想」（fantasy），幻想能創造出完全與「真正／現實」（real）生活不同的世界＊。「想像」一詞內涵著「逃避」

＊　此處有雙關，因為「real」兼有「真正」與「現實」二義，相對地，幻想的世界不是「真實」的亦不是「現實」的。

（escape）的貶義*，表示人們不願接受這個世界就是如此，他們於是遨遊在那虛構的奇幻世界，也因此，「想像」被連結到不成熟與幼稚的性質。即便在最佳狀況下，「想像」僅被視為某種現實的裝飾性美化，「想像」的產物——創意的藝術——有其價值但並非必要，它是將嚴酷現實加以柔化的方法；然而，人類的想像同時有其更加嚴肅的目的，那便是推翻或重訂「真實／現實」的定義或何謂「真實／現實」的規則，「想像」可以超越世界現有的狀況——亦即我們目前所感知——進而達到那未曾見過或未曾經歷的境界，我們可以說「想像」是為了「真實／現實」打下基礎，而且一直在試圖改變「真實／現實」。至此，「真實」的事物與「想像」的事物絕非區隔的兩個世界，兩者一直在互通有無、改變彼此[6]。

　　但是，「想像」究竟和城市有什麼關係呢？畢竟，城市是用我們感官所能知覺的物質所建構。十九世紀關於城市的文學作品如雨後春筍般問世，恰巧十九世紀亦是城市急速擴張的時代，這當然不是一個意外，受到工業化影響的城市發展特別快速，例如倫敦、紐約和巴黎。一旦城市變得巨大又複雜，它就會超出個人心靈印象所能理解的程度，此刻便是「想像」出動的時機，「想像」可以填充我們心靈知覺與龐大都市環境之間落差的空隙[7]。狄更斯小說中所描述的倫敦，是一個想像與現實的綜合體†，這是一種精神投射的城市加諸在真實的城市上。所以，我們現在所體

---

*　英文的「逃避」有逃脫、逃避現實的意思，如「escapism」是逃避、逃脫現實世界的「空想」。

†　從此處以下，譯者會根據脈絡不同將「reality」或「real」譯為「現實」、「真實」等不同詞彙。

驗的倫敦是狄更斯作品的「產物」，或許是參加走訪狄更斯作品地標的徒步導覽，或在某些時刻「感覺」到這座城市的氣氛有點「狄更斯」。另外一個從想像轉移至現實的類似例證，就是目前提供予上海遊客的「銀翼殺手之旅」。當我們造訪任何一座城市，我們就會帶著對那座城市的事先「想像」前去，這類想像的成形可能是透過我們見過的繪畫、影片、小說而形成，或說得平庸一點，是來自我們出遊前所看的旅遊書、地圖。想一想卡夫卡的布拉格、伍迪・艾倫電影中的紐約、雨果《悲慘世界》及其不朽同名音樂劇裡的巴黎。確實，許多城市就是倚賴著文學作品、電影等形象造就的觀光旅遊業，這現象所指涉者，不僅是城市地標的熱門程度以及以文學人物為主題的博物館，其意涵是整座城市都注滿了「吸引」人的想像。

　　顯而易見，「想像」對於城市如何被人認知或體驗是非常重要的，但想像會如何影響那些擘劃城市的人──也就是如何影響建築師和都市規劃師呢？首先，建築與都市計畫之初始，是去思考城市要變成什麼樣子，也就是說，他們要為都市「想像」新的可能性。建築設計必須與諸多限制相互溝通協商，反之，文人與電影製作人並不囿於這些限制；然而，建築設計依然在基礎上屬於想像性作品，因為它們是將不存在的事物加以「視覺化」（visualize）。建築視覺化（architectural visualization）──尤其是在數位時代──必須仰賴「圖像」作為說服術的工具，圖像可以有效地呈現那些本為印象、幻想的事物。但是，這種圖像通常不能讓我們「感覺」到它們可能會對城市造成什麼影響，就像賣座強片電腦特效的「超寫實主義」（hyperrealism）呈現方式已經提不起我們的興趣，許多建築視覺化的作品試圖彌補「幻想」與

「現實」的落差。可是，正是因為這種落差，才能讓「想像」得以運作，它提醒我們「虛構」與「事實」之間的差距，以及「我們所知的世界」與「我們所希望變成的世界」之間的差距。本書將會展現，有數不清的方式可以將建築計畫與小說影片的故事相連結，此舉可以豐富建築計畫的潛力，將我們放置到一個想像所建築的環境之中。

　　「想像」同時是一個積極的動能（可以建構事物），也是一項轉換的功能。當「想像」開始運作，其所形成的圖像並非與現存世界毫無干係，它反而是一種對現存者的加工或改造，換句話說，「沒有過去就沒有想像」，關於未來的概念不可能缺乏對於已存者的思考。就此道理而言，當想像力投射到未來之際，「歷史」絕對是必要的：「對一座優質未來城市的想像，只能存在於對過去的想像。[8]」於是，思及「想像」和「未來城市」間的關係，過往的例子必然具有重要價值，因為它們形成了最近都市計畫的基礎，無論都市計畫的內容看來是如何地史無前例。開幕於二〇一〇年的杜拜「哈里發塔」（Burj Khalifa）穩居世界最高建築的寶座，其達到的成就看來是前無古人；然而，許久之前法蘭克‧洛伊‧萊特（Frank Lloyd Wright）曾設計了一座位於芝加哥的摩天大廈[9]，該計畫最終雖未付諸實行，後來的哈里發塔卻與它出奇地雷同，但來自芝加哥的杜拜塔SOM建築設計事務所（Skidmore, Owings & Merrill）否認自己曾受啟發[10]。不論杜拜塔的模型來源究竟為何，它的設計顯示出建築想像必須自我建構在日積月累的歷程之上，而不是與往例截然判分。在「想像」未來城市時，將過去、現在、未來同時放在一起，如此便能積聚潛能，以充實我們對於虛構與真實之間關聯的思考，且豐富我們對

「過去為何」、「現在有何」、「未來如何」的思索。

思索未來

隨著我們愈來愈意識到人類活動對於地球的破壞性影響，某些人呼籲道，我們已然進入地球歷史的新階段：「人類世」（Anthropocene）[11]。人類製造的二氧化碳在大氣層中濃度已經是250萬年以來新高，若我們認知到此真相，我們該如何看待我們與人類出現之前階段分隔的「深邃歷史」（deep history）呢[12]？我們又該如何看待人類集體行為對長遠未來的可能影響呢？即便全體人類族群在今天就絕種，我們造成的事物還會繼續存在數千、數萬年，這裡所談不僅是大量排放至大氣層的二氧化碳，還有其它人類製造的有毒物質，尤其是半衰期達到好幾萬年的輻射物質。在此，城市尤其被納入「人類世」之中，因為這是當今地球上人類活動的主要動能：目前全球人口有一半居住在城市/都市，到西元二〇三〇年時，這個比率或許會上升至70%[13]。這種都市化程度在人類文明史上是未曾出現過的，現在要建造（或拆除）城市需要更大量的自然資源、施工過程消費巨量能源、對大自然造成破壞與掠奪、產生大量廢棄物質。

在多數的情況下——或許已過於頻繁了——思考人類未來城市的方式是根據工具性的思維，或是認為未來可以透過經驗觀察的事實及測試驗證的科技來向前預測。大量與未來城市相關的文章將重點放在如何務實地面對威脅如氣候變遷，同時強調要如何減緩這些威脅，諸如建立更加有彈性、有效運用資源、降低廢物量的城市。若未來城市能縮減化石燃料的依賴、減少廢棄物，並

且與自然環境建立和諧關係，這固然值得讚賞，然而目前「全球南方」（Global South）都市化速度之加劇*，顯示這些工具主義式（instrumentalist）取徑在面對當下都市人口爆炸、人口大量移入的挑戰上，並不能稱職勝任。確實，隨著人類世來臨而出現的意識，足以撼動城市與地球關係的舊有觀念。

歷史學者迪皮希・查卡拉巴提（Dipesh Chakrabarty）強而有力地點明，人類活動已經對於地球的未來造成深遠影響，其結論有四：第一，自古以來將城市與自然視為兩種不同領域的舊觀念已經崩潰了；其次，人類活動──城市的建造尤然──等同於一股地質力量，我們對於其未來的效果尚未十分明瞭；第三，我們要以一「物種」的觀點思考人類悠久的歷史及未來；第四，沒有人可倖免於人類活動對未來世界的影響，都市中的窮人可能是受波及者[14]。思考我們的城市未來意味著要注意相關的各種時間尺度、塑造都市環境的要素互動、城市如何與非人類世界互動，而以上諸項都需要用前所未見的方式徹底地重新想像，因為它們在人類歷史上皆是亙古未有。

對於未來城市進行徹底新式的想像過程中，有哪些事可以有所裨益呢？首先，我們應該重新喚醒「想像（力）」，讓其成為一種真正的人類轉化能力，我們必須認知到，想像力是我們如何「預先經驗」可能未來的關鍵。人類活動對於地球未來所造成的效果具有高度不確定性，這迫使我們運用想像來勾勒未來的可

---

* 「全球南部」或「全球南方」並不是指南半球，而是相對於傳統「西方世界」「全球北部」的南部地區，大約涵蓋墨西哥以南的美洲、非洲、中東、西亞、中亞、南亞、東南亞、中國等地區，但並不包括紐、澳。

能情況。這主要不是在「預測」——根據人類已知來預測可信的結果——，不如說是事態發展的可能範疇，使人體會生活在未來的可能有什麼「感覺」。科學家、氣候學家、政策制定者或許會因為這些「故事」的創作缺乏客觀而感到躊躇，不過清楚可見的是，在思索未來時，人類需要透過「敘述」（narrative）來讓不可能真正具有確定性的未來可能結果變得言之成理，這種以故事為基礎進而想像未來的取徑包含隱喻性、倫理性、美學性、玄思性，其各自能提出的遠見並不屬於「預測的未來」，而是屬於一個「可能的、偏好的、期望的」未來[15]。

　　我們已經擁有龐大的幻想類作品，它們的存在足以醞釀出這種新類型的想像，包括一百多年來的科幻小說、影片、漫畫，還有那尚未落實的建築計畫，加上近來的電動遊戲與數位作品。確實，建築——尤其是想像性設計——與科幻小說擁有相同目的，那便是強調或誇大現在的某些趨勢，以構思未來可能的模樣[16]。近來研究「垂直都市主義」（vertical urbanism）的地理學者史提芬・葛雷罕（Stephen Graham）主張，科幻小說的城市「對於當代城市建築的具體化有其樞紐性地位」，因為「工程項目、物質性的城市*、想像的未來、建築計畫與都市理論，都在不可預測的複雜過程中互相融合、互相呼應」[17]。正如上海的「銀翼殺手旅遊行程」所示，這種混合對於科幻小說而言是種巨大的力量，可以暫時將讀者或觀者帶離自己居住的現實世界，來到一個既奇特而誘人、熟悉且似真的想像世界裡[18]。因此，當我們閱讀科幻小說、觀看未來城市的圖像或影片時，我們並不能真正脫離現實，

---

* 物質相對於精神，「物質性城市」就是指現實世界的真實城市。

而是在幻想與現實——已構成我們都市經驗的基礎——之間創建連結，重新界定未來城市風光的界線。根據葛拉漢的衡量，「真實城市與科幻城市……提供了逐步挑戰當前都市轉型的有力機會」，因為它們的核心掌握了「多元性的價值，而不是全球資本主義（global capitalism）下的都市主義同質性」，它們強調在此日益破碎化的世界裡塑造連結，而不是切斷紐帶[19]。

　　即使想像性作品已經卷帙浩繁，但要納入我們對於「人類世」的新自覺，由此培養對於未來的想像力，這顯然不是一件易事。隨著我們日漸認知其破壞性，建築與都市主義要如何才能向前邁進呢？處理此問題是否只要緩和這些趨勢，抑或必須進行更激進的轉變呢？如果真要改變，有可能嗎[20]？也許現在正是時候，我們應該更廣泛地認知到，建築並非如人們以為的那樣，存在於一個「自我指涉」（self-referential）的世界裡。建築物——包含城市建築——始終大於「部分的總和」，建築物不僅是物質性的實體，它實際上涵蓋了一系列的連結：在建造者與使用者之間、空間與形式之間、物質與心靈之間，以及在人群、事物、設施、資訊、時間等流動之間。若在思考建築與城市時，將「連結」當作優先課題，我們便可以開拓心靈，看見它們無限的未來可能，這樣的未來決定於我們此刻如何將各種物質及非物質的事物相互連結，這種未來永遠無法真正預測，然而可以賦予我們力量，因為它可以解放我們進入自我超越的世界。在想像的奇異「新世界」裡，我們尚無法實現的「連結」將會瞬間變得非常清晰。

心靈生態

　　想像力在預測城市未來一事上具有關鍵功能，此外，本書尚會觸及當前激進政治的潮流。無庸置疑，我們生活在一個充滿「圖像」的世界，在這個世界裡幾乎不可能分辨真相與虛構、假新聞與真新聞。因此，可以深切體會，為何有許多人企圖找到方法過濾這些彼此競爭的嘈雜聲音，將他們認為錯誤的部分消除。然而，我們在近來的政治情勢中所看見的是，意圖掌控的欲望通常是「反動的」（reactionary），反而導致政治變得極為醜陋。另外一種途徑或許便是接納，接受虛構與真實的界線已無可避免地模糊，相較於追尋揭發眾多假象背後「真正」的真相，我們或許應該試圖想像「其他的」真相，以便重新創造出最具優先可能性的條件[21]。

　　政治理論家詹明信（Fredric Jameson）有句常被引用的評論，「想像世界末日比想像資本主義的末日還容易」，此話直接衝擊當代想像力之匱乏，當代人除了避世幻想之外沒有能力構思真正的可能性[22]。都市生活急促步調的緊張壓力，再加上都市的急速發展，我們迫切需要替想像力重新灌輸能量，如此方能令新自由主義資本主義以外的別種願景得以出現和茁壯；本書的主張正是在此，將經驗與對未來城市的想像結合，其孕育的潛能有助於上述歷程，如此一來，對於未來的思考就不會淪落至麻痺或犬儒主義心態（Cynicism）*，而能促成嶄新且希望無窮的開端。

---

*　犬儒主義為古希臘哲學流派，原本強調德行是唯一且最高之善，提倡清貧、自律、修行；但其末流者特立獨行，後代遂常以犬儒主義或犬儒精神（cynical）來表示「玩世不恭」之義。

　　可是，人類高度主觀想像下的世界，如何才能凝聚成共識呢？打從一開始便應該切記，對於未來城市的想像性文字、圖像之反應，從來都不是完全主觀的。當我們在觀賞影片或閱讀小說時，我們已經進入了一種雙向對話，其對象乃是作者或製片者。而且，我們經常是與他人一起看影片、讀書，無論是黑壓壓的戲院公共空間或區域性讀書會。在這種已然共享的背景脈絡中，讀者或觀眾的態度將會決定從這些想像當中會生成哪種政治觀。雖然集體行動一直都有減損個人經驗多樣性的風險，但若我們願意開放連結性而非將其關閉，這種風險應當可以降低。而藉由連結之開展，想像可以造就眾多關於未來的新思維，以及眾多豐富的未來城市景象[23]。

　　未來城市的任何景象，都能夠提供「視覺化」（visualization），這種視覺化能夠在我們如何想像未來城市，以及我們如何跟成真的未來城市產生關聯，這兩者之間建立連結。一方面，未來城市的圖像必然會根基於我們已知、已經驗的城市環境；另一方面，此種景象會促成我們思考城市中的新生活方式。此等心靈與物質的結合非常重要，因為它會應和於整體生態觀念，後者的出現是源於對人類破壞地球的警覺。廣義上，生態不僅止於人類與自然的關係，而是集合了個人、社會關係與環境[24]。如此說來，人類心靈的生態其實與外在世界的生態同等重要，因為心靈生態可以抵抗當前限制人類想像力的資本主義趨勢或任何宰制性的世界觀。所以，「想像」其實已經具有「政治意涵」——但此功能必須被解放才能開花結果——因為它在本質上拒絕屈從。目前要務是培養一種精神韌性，使其在目前主導性的世界觀加諸於城市時能夠發揮作用，因為這種世界觀已超過舊有韌性（resilience）觀

念的處置能力。當我們論及「韌性城市」（resilient cities）時，所指的是城市環境的基礎設施硬體有辦法適應未來的威脅，諸如氣候變遷導致海平面上升或洪水事件。然而，「韌性城市」絕不僅僅是如此而已，如同其物質性基礎建設一般，城市居民的心靈網絡在面對已存或未來的威脅時，亦需要發展其韌性。

　　本書的架構編排反映了思考都市生活面臨的各種威脅可以如何強化想像力。本書第一部分「流動的城市」（Unmoored Cities）聚焦於城市如何調整因應氣候變遷的威脅。第一章探索的是「沉入水中」（submergence）的相關想像，如何影響了預期未來都市環境因海平面上升而淹水的文獻與圖像；第二章所要關注者，是廣泛地從各種提議如何在洪水中居住的資料裡，獲取建築方面的解答；第三章則要處理建築、城市與天空的關係──此時的天空已受到人為的暖化破壞。在第一部分當中，氣候變遷與城市的關係並不是被描述成一種在將來需要城市艱苦地準備諸多「解決之道」的課題，反之，它要呈現的是豐富的虛構性選項，由此拓寬多數氣候相關文獻過度強調的工具性取徑。本書的第二部分「垂直的城市」（Vertical Cities）會將重點放在世界各地城市內部日益擴大的社會分歧。若說垂直城市象徵了社會極端性──城市的摩天大樓群屬於超級有錢人、而地下空間則屬於都市窮人，第二部分的這兩章則企圖另尋取代作法，使未來城市能重新運作而孕育連結性、而非分歧性。最後，本書第三部分「毀壞的城市」（Unmade Cities），聚焦於城市毀滅的威脅，無論其原因是戰爭、恐怖主義、衰敗或遺棄等。所以，第六章考量的是，城市廢墟是否可能被接納或整合為都市環境的一環，而這對於城市的發展有何意義。第七章則要探索城市如何從殘骸中重建，所謂殘骸

包括了廢棄建築、非正規建築、垃圾與廢物。本書要超越傳統的回收觀念，主張將廢棄物融入建築可以創造出充滿可能性的未來城市，大大拓展了我們對於「城市是由什麼材料築起」的成見。

　　城市是物質與心靈的融合體，我們對城市的「真實」經驗與各種來源的隱喻網絡交織在一起。無疑地，城市變成凌亂的空間，聚集眾人各自的想像，這些想像來自每個城市居民的心思或經驗。這本書無法全然捕捉到無盡數量的想像性城市，遑論要將它們連貫成一個能同時擁抱過去、現在、未來的百科薈萃。然而，本書確實企圖連結其中某些圖像以便呈現「想像（力）」乃是「預先體驗」不同未來的關鍵要素，並藉此顯示，我們必須整體接納、擁抱這無數的城市形成基礎。這麼做並非要導致人們因混淆而麻痺或者冷漠，而是要鼓勵所有人與他人建立連結，用更開放的態度迎接有希望、有動力、具包容性而樂觀的未來城市。

第一部

流動的城市

第一章
水中：來自未來的明信片

在金‧史丹利‧羅賓遜（Kim Stanley Robinson）二〇一七年的科幻小說《紐約2140》（*New York 2140*）當中，全球暖化融化了北極冰冠導致海平面上升，未來城市變成了垂直的「超級威尼斯」（super-Venice）[1]。曼哈頓摩天大樓的下方樓層已經被海水淹沒，居民則繼續住在高樓層中，透過船屋、浮橋來通行。複雜的天橋連接了諸多摩天大樓的頂層，底下的「街道」已成為運河，布滿了船隻與貢多拉（gondola）*。窮苦絕望的人家住在潮間帶的凌亂廢墟，同時，在建築物上空，飛船則聚集於天空之城。羅賓遜想像的未來紐約並沒有屈服於氣候變遷的摧毀力，反之，它以徹底改造建築環境的方式適應了氣候變遷。

事實上，氣候變遷已經在影響相對脆弱的城市如紐約，都市淹水的情況日漸頻繁而加重。然而，氣候變異依然是由未來預測所主導的現象。就算是根據最近期二〇一四年份「政府間氣候變化專門委員會」（Intergovernmental Panel on Climate Change）報告的謹慎估計，城市在接下來一百年恐怕命運坎坷。到二一

---

* 「貢多拉」為一種平底狹長小船，是威尼斯人的傳統船型，以適應當地狹窄的運河河道。

○○年時，全球氣溫幾乎肯定會比工業革命前增加攝氏2度（華氏3.6度），令人震驚的是，此升溫程度在極短時間內便已達到，時間是二○一六年初。至二一○○年時，海平面絕對會上升1公尺，若目前預測被證明為過度樂觀的話，上升的高度還會更多（《紐約2140》所根據的推測是，一百年後海平面將上升15公尺或49英尺）。與此同時，海水還會變暖，並且更加酸化；大氣層的亂流會增強，導致更多極端天氣事件以及更嚴重的洪患[2]。城市在面對氣候變遷作用方面尤其脆弱，特別是岸邊或感潮河（tidal river）周遭的「複合都市」（conurbations），根據二○○六年的《斯特恩報告》（*Stern Review*）顯示[3]，這包含了全世界22座主要城市。

　　這些氣候報告建立在經驗性證據的基礎上，但同時它們基本上仍屬於預測性質，報告中列出大量的未來可能性，雖然有龐雜的事實與數字幫助，但仰賴的是我們想像未來之能力[4]。面對此等重大的不確定情況究竟該如何行動[5]，長期以來這個問題之所以難以達致眾人共識，主要原因或許便是氣候變遷領域的強力未來導向（future-oriented）言論。無怪乎，當前關於氣候變遷與城市的主流思維，是將重點放在「減緩」（mitigation）而不是「適應」（adaption），而這成為了二○一五年底巴黎的國際氣候變遷協議指標性重點[6]。即使是新興的氣候變遷或都市韌性文獻，其雖有意將重點從「減緩」轉向「適應」，卻仍堅定地立基於此種工具性思維——無論這些文獻的重點是想透過長期策略規劃來轉化建築紋理（built fabric），抑或是重塑都市管理或社會經濟生活以朝向永續目標[7]。這些目標固然值得讚揚，然而，當中其重要性受到貶低的角色，是思考都市未來與氣候變遷兩者關聯性的

創意性想像。正如《紐約2140》所示，在面對激烈且不確定的未來時，若欲表達都市生活激進、嶄新的可能性，想像可以是一種強大的工具。

在這一章當中，我會探索相關未來城市與氣候變遷的想像力思維模式——包括「烏托邦式」（utopian）與「敵托邦式」（dystopian）*，並將重點放在小說家、視覺藝術家、建築師所創作的洪水或淹沒景象，以此途徑思考全世界水平面上升後都市生活的可能選項範疇。這些想像所投注的都市中心當然屬於全球性的「地標」（landmark）城市，如倫敦、華盛頓特區、墨爾本、曼谷、紐約，雖然更邊緣且貧困的城市可能更是最先受到海平面上升與嚴重、頻繁的洪水衝擊者。其反映的事實是，關於氣候變遷的想像性作品——無論是小說、影片、藝術或建築思考——大多是從這些地標城市中孕育而出的，或許這是因為，氣候變遷對於富庶西方世界造成威脅之意識依然遠在天邊，這只是種未來的可能性，而不是清楚的、當下的危機。隨著這些城市所受威脅與日俱增，關於氣候變遷的想像會如何演進，我們還得等著看。

整體而論，此處所探索的主題、作品，其目標是要在未來城市的廣泛想像之間引起共鳴，這些想像——無論是明確或模糊的——涉及氣候變遷而導致轉變的都市環境。在此，強調氣候變遷的「多種」想像，對於我們擴展當前狹窄思維——城市與氣候變遷兩者關係的傳統思考——的可能範圍實事關重大。若欲擴大這些可能性，要做的並不只是加上另一層詮釋到科學或工具主義的

---

* 「敵托邦」或譯為「反烏托邦」，「敵托邦」便是「烏托邦」（utopia）的反義。烏托邦的本意是「不存在的地方」（nowhere），傳統上是指一想像或預言的理想世界，反之，「敵托邦」便是想像或預言的惡劣世界。

層次上，這樣只是對於實用（pragmatic）層面進行的美學式潤飾（embellishment）而已；反之，擴展可能性是要再次重劃整片氣候變遷思維領域的疆界，這尤其關乎氣候變遷如何影響我們的精神心理（psyches）——此即我們對於該主題的思維與感受。

氣候變遷類型小說

　　人們對於末日大洪水的集體恐懼已有很長的歷史，這可以追溯至史前時代無數的故事，毀滅性大洪水乃是諸多世界宗教、思想傳統的特色[8]。這些原始洪水（ur-floods）可能是從神話傳說中出現的，但原始洪水在各種地點、各種文化傳統的普遍存在所反映的真相是，水災是人類最常見的災難[9]。亞特蘭提斯，史上最著名的淹沒城市，它或許是神話中被埋葬在與城市同名的海洋的古典建築群；然而它又可能是古代真實城市淹水所引發的結果，無論這些城市是被洪水所淹沒、抑或是被維蘇威火山的泥與灰所掩埋。

　　綜觀歷史，脆弱的城市確實會被海洋所摧毀，考古學家與潛水者在亞歷山大城（Alexandria）海外的樂園，正是海平面上升淹沒古代城市的證據[10]；荷蘭地區的莎弗丁耶（Saeftinghe）、以及英格蘭的鄧尼奇（Dunwich），都是更加近代的災難犧牲者，前者是在西元一七五〇年「諸聖大洪水」（All Saints' Flood）時被摧毀，後來再也沒有復原*，後者則是被持續的海岸侵蝕逐漸

---

* 勘誤。作者本文寫1750，但恐怕應是1570年。詳見https://en.wikipedia.org/wiki/All_Saints%27_Flood_(1570)

消滅[11]。更近期時，有些城市因為淡水需求而被他人放棄：例如位於中國發電大壩底部的獅城遺跡，還有巴西的伊加拉塔城（Igaratá）因為水庫建造而於一九六九年被淹沒，不過最近該城又因近代史上最嚴重的乾旱而重見天日[12]。

　　因為氣候變遷——主要是兩極地區與格陵蘭融冰導致海平面上升——導致的未來淹水情況，成為近期氣候變遷科幻小說的主流課題[13]，或許是因為此事與長久歷史中真實或想像的淹沒城市產生了共鳴，又或者是在區域性背景下呈現氣候變遷的作用[14]。在此種小說體裁中，有兩種主流的故事類型：其一是想像未來毀滅性大洪水過後的城市景象；另一種則呈現水患逐漸改變了都市的環境。在第一種類型當中，最具影響力的前例是詹姆斯‧葛拉恩‧巴拉德（J. G. Ballard）早期小說《淹沒的世界》（*The Drowned World*），該書出版於一九六二年。雖然巴拉德寫作的年代，遠遠早於「全球暖化」一詞被提出（一九七五年）之時，這本小說對於近年的氣候變遷類型小說具有重大影響，而且還是真實氣候相關災難的先知，例如二〇〇五年紐奧良受到卡崔娜颶風（Hurricane Katrina）的破壞情形[15]。巴拉德有自覺地將其小說定位於英語文學傳統——從理查‧傑弗瑞（Richard Jefferies）的幻想之作《倫敦之後》（*After London*, 1885）至約翰‧溫德姆（John Wyndham）《海怪甦醒》（*The Kraken Wakes*, 1953）——當中，想像倫敦因為水患而滅亡[16]。然而，《淹沒的世界》與溫恩丹的小說有明顯的對比，後者的重點在於倖存與重建，或者說，《淹沒的世界》與近期卡崔娜颶風過後的紐奧良重建有明顯差異，後者是強化抵擋洪水的防範設施；該書則建構出一個受到改變而必須轉型的都市世界，以求真實的人類經驗能夠呈現[17]。

　　巴拉德的小說揭示的是未來倫敦的幻想景象，城市沉沒於極區冰層融化導致的氾濫洪水，冰融乃是因為太陽輻射遽增的全球急速暖化結果。《淹沒的世界》設想倫敦城充斥遍布著類似古生代（Palaeozoic era）的奇異動植物群：「約有300英尺高的、難以穿越的馬托格羅索（Matto Grosso）正在侵蝕該城市半淹沒的鋼筋高樓區」*；從前的辦公會議室如今已成為巨大鬣蜥的家園；巨型蝙蝠將建築廢墟化作巢穴；城市最後剩餘的殘跡已經被礁湖群填滿，裡面全是腐爛的植物與動物的屍首[18]。小說的孤獨主角凱倫斯（Kerans）住在從前的麗池飯店（Ritz Hotel）裡†，他是蒐集世界淹沒城市情報的科學家一員，他們打算前往人類最後唯一適合居住之處──北極，殘存的人類皆聚集於此。大氣溫度與濕度逐日遞增，凱倫斯經歷了心靈上同等的返璞歸真，最終擁抱了自己面前的這片新叢林，小說結局是這位「第二亞當」（second Adam）向南前進，並邁向自己的死亡。

　　巴拉德想像的關鍵之處──無疑正是他行文的力量所在──在於轉變的都市環境，如同鏡像般反映出凱倫斯的心理變化，這包括凱倫斯必須持續面對淹沒都市的本身，這顯然是他無意識（unconscious）心靈的一種明喻，還有他所見到的廢棄鐘塔僅存鐘面而指針已失，或是凱倫斯造訪的白色廊柱讓他想起了埃及的墳墓群[19]。

　　雖然《淹沒的世界》有力地展現出因氣候變遷而轉換的城市

---

* 馬托格羅索是巴西的一個州區，內有基馬拉斯高地國家公園（Chapada dos Guimarães National Park），植物茂盛、地形崎嶇，極為壯觀。

† 倫敦麗池飯店位於皮卡迪利街（Piccadilly）150號，開張於1906年，是世界著名的頂級五星級旅館。

景象（以及個人心理），它卻避開了洪水災難的人類責任：是太陽而非人類活動造成倫敦的淹沒。不讓人意外，這是處理人為性氣候變遷小說的一個麻煩先例。然而，從巴拉德小說汲取靈感而成的淹沒城市生動景象，大量地在近期氣候變遷科幻小說中出現。保羅・巴西加盧比（Paolo Bacigalupi）的《淹沒的城市》（*The Drowned Cities*, 2012）類似《淹沒的世界》之處，一方面從書名就可看出，另一方面，該小說所描述的城市之身世，就像巴拉德筆下的未來倫敦，一直要到故事結局時才揭曉——原來是華盛頓特區。反映著巴拉德所描述洪水後的倫敦，這座美國首都已經被熱帶植被所籠罩，但與巴拉德筆下城市已無人煙的狀況不同，此城已淪為豪強爭奪與食腐動物的園地。相對於華盛頓，中國地帶的「上海」依然是文明的堡壘，巴西加盧比在此顛倒了美國開明民主對決中國壓迫式政權的現代慣例。

在威爾・瑟爾夫（Will Self）的《戴夫之書》（*The Book of Dave*, 2008）中，政治情況之野蠻並不少於前書，然諷刺性更有甚之，故事當中的倫敦是在四百年後的未來，它沉入海水中100公尺（328英尺）深處，城市化為群島。至此，倫敦的社會、政治生活是依據與該小說同名的《戴夫之書》而生，該書是某名倫敦計程車司機的胡言亂語，其設定的成書年代正是我們的時代，在這想像的未來世界當中，戴夫的偏執觀點與倫敦東區方言發展為整個社會與語言的世界。這本小說奇幻般的設定也是根基於瑟爾夫本人如倫敦百科全書般廣博的知識，這套知識再加上當前的敵托邦趨勢——社會分歧日益劇烈、右翼民族主義（nationalism）之崛起、金融與文化的全球化——經想像而化為陷入「絕境」（*in extremis*）的反動性未來。在本章之初已有介紹

過，金‧史丹利‧羅賓遜的《紐約2140》則是以截然不同的面貌，想像今日的資本主義繼續存在、甚至繁榮於淹水的未來紐約，城市中的摩天大樓「島嶼」以及潮間廢墟地帶成為殘酷貪婪的投機者所追求之目標。雖然這些小說所陳述的淹沒城市社會生活與我們現在極為不同，但它們所擷取的事物依然是在熟悉的範疇之內，無論是《淹沒的城市》當中地標如華盛頓紀念碑與白宮，或者是《戴夫之書》的未來倫敦當中，有大量既熟悉又有差異的街道地名，又或者是羅賓遜書中仍保持完整的曼哈頓建築與街道。

　　相對於洪水過後的未來城市，近來有些氣候變遷科幻小說則利用淹水城市的意象去建構另一種故事，此即「洪水持續期間」（flood-as-duration）的故事類型，它想像未來城市的社會關係漸漸受到海平面上升之改變，例如喬治‧透納（George Turner）《海洋與夏日》（*The Sea and Summer*）書中的墨爾本（出版於一九八七年，當時氣候變遷的意識才剛萌芽不久），或者如巴西加盧比筆下《曼谷的發條女孩》（*The Windup Girl*, 2009）當中的曼谷，還有瑪姬‧吉（Maggie Gee）作品《大洪水》（*The Flood*, 2004）及史蒂芬‧巴克斯特（Stephen Baxter）《洪水》（*Flood*, 2008）中的倫敦。而這些皆以城市為基礎建構的氣候變遷科幻小說，在都市環境轉變的過程中，各角色間關係所占的重要性高於城市淹沒的戲劇性描述，不過各部作品之所以如此，理由各異。《海洋與夏日》一書強調嚴重分歧的階級關係，隨著海平面無情地上升，墨爾本的少數都市菁英退居至安全建築群的高處，而90%的窮人與失業者在易淹水的高樓區吃緊地維生。《曼谷的發條女孩》則將重心放在曼谷地區人類與人工改造人（即該書標

題的發條女孩）的關係，曼谷這座城市島嶼外圍環繞著防禦牆，牆體保護了城市免於外在世界的混亂暴力。

　　瑪姬‧吉、史蒂芬‧巴克斯特的小說以倫敦為基礎，各都市近乎同時在面對持續的危機——降雨不停而洪水增加——與迫近的大災難，在《大洪水》一書中，那是指在該書結尾會吞噬全城的毀滅性海嘯，而在《洪水》一書中，那是場更大的災難，海平面會上升至淹沒全球的陸地。對比於《淹沒的世界》，都市地景在這些小說中的功能比較像是社會互動關係及角色發展的背景，也因此缺乏了巴拉德筆下洪水過後倫敦的幻想力道。但是，強調社會關係之作法所呈現的是，人類的關係與真實的地點有密切關聯，氣候變遷在威脅這些地點的同時，也危及了讀者所認知的書中角色。如此一來，《大洪水》當中所描述的「近未來」（near-future）的倫敦，可以將我們拉回現在這個我們所知、所經驗的城市，而不是進入一個毀滅、衰微的轉變歷程。

　　綜合觀之，各氣候變遷科幻小說想像未來被淹沒的城市，匯集了多種面對可能發生的毀滅性事件之作法。雖然多數小說誇大了未來洪水的規模、縮短災難降臨的時間，以追求戲劇性效果，但它們之所以這樣安排，是為了激發想像力朝向救贖而非反動式的結局，這種救贖式結局或者是面對激烈變化時個人心靈的轉化，又或者是走向災難的過程中社會關係的演化。這些想像未來的創意性景象頗為重要，它們所標誌的是，我們思考與談論氣候變遷的方式必然既是真實又是虛構，我們和這些創意性景象都是既依靠想像成果又依賴科學研究。畢竟，有很多不是科幻小說性質的氣候變遷解釋，也是採用誇張的毀滅性圖像以達到誇張的效果[20]。氣候變遷小說也指出了人類確實有想像的需要，以思考如

何「適應」未來氣候變遷的作用，而這種思維在以「減緩」為重點的科學性氣候論述中常被排擠。

這些小說顯示了，當都市居民面對災難時，他們所採取的大量的適應性策略，其中包括《淹沒的世界》當中對於孤獨沉思的全然接納，還有《大洪水》及《海洋與夏日》之中的集體奮鬥，抑或《紐約2140》書中科技與經濟的創新作為[21]。到最後，即便這些小說是將城市的時間往後投射（無論是巴拉德小說中的遙遠未來，或者是《大洪水》中接近當代的倫敦），它們還是將讀者拉回自己所居住的現在這個世界，在世界向未來邁進的過程中，我們——或個人或群體——將會扮演造就未來的其中一個角色。

來自未來的明信片

在倫敦淪為廢墟的圖像當中，最驚人的一張是由古斯塔夫·多雷（Gustave Doré）在一八七二年所刻製，收錄於威廉·布蘭切·傑洛德（William Blanchard Jerrold）的《倫敦：朝聖之旅》（*London: A Pilgrimage*）。多雷所描繪的，是當時全世界最大的城市，是一個全球大帝國的中心，這幅圖像呈現的是十九世紀晚期幻想「紐西蘭人」（New Zealander）——想像中繼承英國的「新世界」人——於遙遠的未來凝視倫敦廢墟的景象，就像維多利亞時代的旅行者凝視古羅馬遺跡一樣[22]。這也是一幅強而有力的沉默景象：整座城市漸漸從上方（建築崩塌落地）、從下方（泰晤士河河水從人造堤防洩出）淪為廢墟。

這幅圖像採用了十九世紀後期的時代憂慮，包括對帝國衰頹、倫敦地區棘手的社會分歧兩者之憂慮，而此圖後來成為電影

熱衷描繪都市毀滅景象的時代先驅，從《洪患》（*Deluge*, 1933）到《明天過後》（*The Day after Tomorrow*, 2004），毀滅性洪災的影片使用了紐約地標如自由女神像，同樣地，多雷的圖像有黑衣修士橋（Blackfriars Bridge）沉沒的柱子，以及畫面上方聖保羅大教堂（St Paul's Cathedral）的崩毀穹頂，為人們陌生的末日情節提供難忘的視覺參考點[23]。關於洪水將原始狀態帶回城市的想法，與其呼應的有災後城市的電影景象，最著名者或許是《我是傳奇》（*I Am Legend*, 2007）中的紐約以及《帶來末日的女孩》（*The Girl with All the Gifts*, 2016）當中的倫敦。確實，這兩種洪患景象的觀點——大災難與災難之後——反映出兩種前述已經辨識出的小說情節，意即想像洪災之後的城市與關注水患事件本身。一如小說所述，這些圖像一方面有意強調孤獨倖存者的經驗（多雷圖中的紐西蘭人），另一方面，它們強調城市居民試圖面對水患的情況，雖然電影傳統經常把焦點放在重建城市而不是適應城市的下沉。

　　與海平面上升衝擊低窪城市的更近期預測相關，視覺圖像之特性受到兩種——從洪水上方與洪水下方——主要視角的影響，自上方視角所見的景象包括由英國環境局（UK Environment Agency）發布的洪水預測地圖，以傳統的都市景象地圖疊合未來有洪水危機的藍色狹長區域。另外還有更具創意的改編地圖，例如傑佛瑞・林恩（Jeffrey Linn）製作的海面上升系列地圖，藝術家在其中呈現的是世界上的城市如倫敦、洛杉磯、溫哥華與香港等，在海平面上升66公尺（217英尺）後會完全於視線中消失，此數字乃是目前由政府間氣候變化專門委員會所預測的最高值[24]。上方視角亦包括城市鳥瞰景象，顯示海平面上升會如何改

古斯塔夫・多雷，〈紐西蘭人〉，木雕版，印於威廉・布蘭切・傑洛德，《倫敦：朝聖之旅》，一八七二年。

變城市地標區域的天際線、海岸線與河景，舉例而言，約翰・厄普敦（John Upton）製作曼哈頓摩天大樓區的數位攝影蒙太奇照片（digital photomontage），用於二〇〇七年厄爾・高爾（Al Gore）的論辯性影片《不願面對的真相》（*An Inconvenient Truth*）當中。這種影像的強力效果無庸置疑，讓人能夠一瞥城市受海面上升而淹水的戲劇性景象。然而，此法卻遠離了地上觀者所見之災難結果。我們在這些圖像中所見，顯然有舞台效果，城市人去樓空，淹沒已是無可避免、無法阻止的毀滅性事件，儘管洪水達到如此規模的過程可能還要花好幾百年。

　　相較於上方視角，下方視角的景象比較少見，或許想像生活在洪水之內會比想像生活在洪水之上更加困難。這種視角包括淹沒城市的數位圖像，例如法蘭索・洪希歐（François Ronsiaux）那陷入一片蔚藍的紐約時代廣場，以及尼克萊・蘭姆（Nickolay Lamm）所作海平面上升 7.6 公尺（25 英尺）後的邁阿密[25]。即便洪水看起來透明清澈，這些圖像卻呈現淒涼的都市面貌，除了觀者之外沒有任何生命。對比之下，在英國媒體製作公司 Squint/Opera 做出的五張系列影像當中，其中之一的內容是未來淹水的倫敦維持了豐富的海洋生態系統。這幅圖像是由底部向上看這片新生的淺海，望向倫敦河岸街（London's Strand）上半淹沒的聖瑪莉教堂（church of St Mary's），而這張圖提供了另類都市水下未來的悲觀性表達[26]。作為二〇〇八年「倫敦建築節」（London Architecture Festival）的一部分，這張從下方出發的景象提出了某種樂觀精神，在未來的倫敦，洪水確實改善了都市環境，帶來豐富的野生動植物以及開創性的新機會[27]。然而，這種生態強化的結果會是如何，從該圖其實看不太出來，雖然圖中有一艘載人

傑佛瑞‧林恩的〈倫敦灣〉（London Bay），二〇〇五年。顯示倫敦受海平面上升八十公尺（二六二英尺）後可能狀況的城市地圖。

的船隻暗示人類平靜之存在。此外，該圖描述海洋生態系統蓬勃發展，那乾淨清澈的水質與多數呈現未來都市淹水進程的氣候變遷小說內容大相逕庭。在《大洪水》書中，上漲的水聞起來有「腐敗的、廁所的味道」；於《海洋與夏日》裡，水很髒，「充滿著漂浮的不明殘骸與發臭的垃圾」，還有「黏滑的液體」；而在《洪水》當中，水中多有屍體，顏色呈「深灰、棕色」，「有油而光滑」，當中散布「凌亂的廢棄物、塑膠、破碎的垃圾袋」[28]。這些小說所反映的是真實都市淹水過後的諸多經驗，此中未經處理的污水從地下水道湧出，所以，未來洪水的恢復性或新生性景象反而被阻絕了。

　　乍看之下，亞歷克希斯‧洛克曼（Alexis Rockman）所繪
〈昭昭天命〉（*Manifest Destiny*, 2003-4）當中的洪水景象，證實
了Squint/Opera圖像中淹水倫敦的鄉野風情，兩者都有豐富的生
態情景[29]。不過，這並不是我們所知道的生命，它是一種奇特的
生機狀態，其中混和著可辨識的植物群和動物群（水中有海藻、
珊瑚、海豹、海鰻、鯉魚、大型水母、翻車魚、獅子；水上有海
鷗、鸕鷀、白鷺和鵜鶘）以及經生物工程改造的物種，包括長著
膿疱的魚、超大型的致命病毒──經藝術家說明其為愛滋病、
西尼羅河（West Nile）與嚴重急性呼吸系統綜合症（SARS）病
毒，此外還有其他類似細菌的生物與變種甲殼類[30]。畫中多數的
非人生命體看似異種，因為這是一張紐約布魯克林區在西元五
○○○年時的錯層式（split-level）全景圖，此時全球暖化不只淹
沒城市，而且還將氣候從溫帶變成熱帶。雖然景中已無人類，但
是人類的遺緒隨處可見，此圖的建築環境遺跡包括右側的布魯克
林大橋（Brooklyn Bridge）、遠方衰廢的摩天大樓，其中最驚人
者或許是城市的地下基礎建設如隧道、儲藏空間、下水道、天然
氣管線與水管，這些遺跡不僅殘存至遙遠的未來，還在此生態演
進的過程中扮演關鍵角色。畫中各處散落著當今資本主義快速發
展下的產品，如漂浮的油桶，以及沉沒的郵輪、匿蹤轟炸機、潛
艇，嘲諷著我們科技世代的自大性格。最後，洛克曼在畫作中納
入了（於二○○四年）尚未建成的計畫殘物，最明顯的就是原本
蓋來防範海平面上升的堤壩與海堤，然而這些事物在遙遠的未
來，早就被來勢洶洶的洪水吞噬了。
　　此畫對於細節與精確性有出色的掌握，洛克曼於創作期間
曾經諮詢古生物學家、生物學家、考古學家與建築師，〈昭昭天

Squint/Opera，〈聖瑪莉烏爾諾斯教堂——豐富的殘跡〉（St Mary Woolnath — Rich
Pickings），《淹水的倫敦》（Flooded London）系列數位影像，二〇〇八年。

命〉並不僅是針對當代人普遍不願改變工業資本主義的毀滅性進程一事，提出鄭重警告而已，它還具象動人地呈現出，人為建造的世界會如何繼續影響環境的演化，即便人類自身都已消失許久。該畫結合了熱帶與超現實的動植物群，配上強烈的陽光以及人類之匿跡，洛克曼所見映照出巴拉德《淹沒的世界》中未來倫敦的奇幻景象；然而，與該小說相異之處在於，該作品將我們導引回此時此刻，刺激我們進一步認真反省並發揮想像力，思考人類集體行為之長程作用對於將來的世界會有什麼影響。如此，〈昭昭天命〉與二○○○年代興盛的人類世觀念極其一致，人類世是新定義的地質新世代，將人類活動——尤其是速度加劇的都市主義——的「地質」力量視為與自然活動相當。雖然這幅畫將人們送到三千多年之後的未來，久遠的時間對於觀者而言難以想像，但該畫依然清楚揭示我們所處時代以及跳躍式遙遠未來之間的關聯。此畫打破了堅固的人本立場對自然歷史與人類歷史之區別，在〈昭昭天命〉中，城市的未來與自然的未來全然交織在一起。於是，該畫突顯出，當代人必須深思上述關聯性，並認知人類正在使自身邁向那幅畫所預見的未來。不過，正如諷刺性的畫名所示，這個未來並非必然；反之，〈昭昭天命〉引發我們思考，自己的小小行為與這個世界相互交織，而兩者的交織結果可以改變而共同創造更具永續性之未來。

　　再者，〈昭昭天命〉也引起人們質疑當前對抗都市淹水的作法。當前的趨勢是追求更有效的洪水防禦建設，例如卡崔娜颶風過後的紐奧良，以及近來頗受水患影響的許多英國城鎮。此畫描繪的則是紐約未來所建的防洪設施被海洋所吞沒，其明顯意涵是此種途徑的愚笨，由於人們不願意同時在緩和及適應全球暖化雙

方面有更深入的改變。這一點至少在英國政府二〇一六年份的
《國家洪患韌性評論報告》（*National Flood Resilience Review*）中
得到承認，其思想已開始轉向韌性與恢復力的相關概念。同時，
這類警告也是前文探討的氣候變遷小說之特質：在《海洋與夏
日》當中，二十一世紀中葉圍繞墨爾本的巨大海防牆，最終還是
被沖破了；《洪水》的情節是紐約市遷徙至較高的區域卻依然付
諸流水；而在《曼谷的發條女孩》裡，牆體與抽水設施環繞曼谷
而建，看似牢不可破，結果還是在居民無能和平解決自身衝突之

下被摧毀。

　　關於未來都市淹沒之描述，無論是文學性或視覺性，其明顯意圖是要我們激發想像力、思考徹底不同的未來都市生活。固然許多小說或圖像所描繪受未來氣候變遷衝擊之都市變化，都太過極端或者誇大，然而它們依然暗示了，屆時真正的人類與社會轉型需要哪些東西。此等概念密切地反映「大難／末日／啟示」（apocalypse）一詞之意涵，希臘文 *apokalupsis* 的意思是「揭示」或「揭露」。在大多數的案例中，文獻或圖像中的都市水患「大

亞歷克希斯・洛克曼，〈昭昭天命〉，二〇〇三至二〇〇四年，板面油畫。

難」，並不是走到一個未來「末日」終結點，而是造成轉型的持續「啟示」。這些圖像開啟一處模糊的空間，於此轉型後的未來都市環境可以暫時由讀者／觀者們所「入住」，以建立起他們內在世界及外在世界之間的共鳴。

　　此等共鳴的結果將會如何尚是未知數，然而這些小說全都堅持外在空間與內在空間沒有清楚的區隔，這點響應了目前強調人類與非人類環境兩者交雜的思潮，人類環境與非人類環境有其各自的歷史（及其未來的軌跡）——意即個人與人類集體的短期歷史以及地球「深層」的地質與生態時間[31]。

水下城市

　　雖然目前已檢視過的小說及圖像所描述者，是受到海平面上升而激烈轉變的都市環境，但它們的建築環境塑造依然屬於相對傳統的條件：《海洋與夏日》、《大洪水》及《洪水》當中，人們所熟悉的混凝土大廈與摩天大樓，是沉入大水之中而不是根據其設計有所改變、適應；城市被放棄，人們登上巨型輪船，但此舉最終在《洪水》一書中依然被證明同樣脆弱不堪。只有在《紐約2140》一書內，我們才目睹了因應上升海面的城市轉變期建築，其作法包括建造「天空橋」（sky-bridges）連接有人居住的大樓、或者創造天空之城、又或者發展出新型的水運網絡。《紐約2140》以新穎的作法適應大水，該書促使我們去想像建築師如何面對半沉沒或已淹沒的建築物。

　　居住並探索水下環境常年來就是諸多作家、設計師們迷戀的課題，從儒勒‧凡爾納（Jules Verne）《海底兩萬里》（*Twenty*

Thousand Leagues Under the Sea, 1870）到二十世紀後半發展出科學及軍事性的水下居地（underwater habitats），無論是一九六〇年代美國海軍設計的潛水「海洋實驗室」（SEALAB），抑或是雅克・庫斯托（Jacques Cousteau）的「大陸棚」（Conshelf）生活實驗。受到這些科技發展的刺激，一九六〇年代的建築師們開始想像完全在水面下的建築物，這包括了通用汽車（General Motors）在一九六四年紐約「世界博覽會」（World's Fair）的「未來景象展」（Futurama）中，展出一座水下旅館的部分複合設施，還有同年瓦倫恩・裘克（Warren Chalk）在為「建築電訊」（Archigram）而提出的「水下城市」（Underwater City）計畫中，設計出相互連結的空間體，以及札克・胡哲理（Jacques Rougerie）、艾迪絲・維尼耶（Édith Vignes）在一九七〇年代初期的水下聚落、博物館與深海研究室計畫[32]。

近年來，人們對於水下生活的興趣復甦，這是同時受到海平面上升與現有地上城市極端擁擠兩者的刺激。在大眾媒體中，「國家地理頻道」（National Geographic）製作了虛構紀錄片（pseudo-documentary）《海底城市》（*City under the Sea*, 2011），片中描繪應對全球暖化之下想像未來的水下城市建造，工程包括了海床上的圓頂社區建物，並連結至一排排供「水人」（aquanaught）家庭生活的小屋*。在建築方面，設計師們提出各自關於未來海底城市的計畫，他們多數採納了半潛性（semi-submersible）結

---

* 「水人」（aquanaught）詞彙之創造類似「太空人」（astronaut），「水人」是專門指長時間待在水底的人，通常這是指需要待在水中超過一天以上的潛水員。

構作為基礎單位。舉例來說，菲爾·保利（Phil Pauley）自二〇一〇年以來的「水中生命圈二號」（Sub-Biosphere 2）計畫，其展望是建造出八個圓頂建物連結至中央球體支撐建築的居住圈[33]。同時雅蘭納·豪伊（Alanna Howe）與亞歷山大·赫斯培（Alexander Hespe）的「海洋城」（Ocean City）設計——同樣始自二〇一〇年——則想像一串串的漂浮平台及水下的生活區域，模樣就像是水母[34]。這些計畫在面對生態危機時癡迷於科技樂觀主義（technological optimism），再加上尋求新自治領土的自由派（libertarian）政治觀，其所展現的恆久訴求是以下觀念：亦即將海洋視為一個有敵意的環境而有待人類加以征服，海洋是個人自由與不受束縛之科技革新兩者得以融合的邊疆領域。雖然這些城市計畫宣稱可以創造真正得以永續的居住地，自給自足的社區可以回收所有廢物，且能從可再生原料中製造能源並生產糧食，然而它們卻未能有力地提出任何進步的社會規劃，反之，它們都掉回了二十世紀初期以來塑造烏托邦特質的菁英式自由精神理念。據我們所知，海洋在吸收人類持續排放至大氣中的二氧化碳之後會有迅速變化，然而這些計畫也沒有將海洋視為一具有動能的環境。近來澳洲的大堡礁經歷了一波大規模珊瑚白化事件，海洋的酸性已隨著暖化而提高，這項因素必定會改變整套海洋生態系統。所以，去假設人類能成功殖民一個嶄新的環境，實在是種危險的幻覺。

　　不過，在水下城市的建築想像當中，亦有思潮傾向在氣候暖化時要更加面對海洋、與海洋相處。將時間推回一九七〇年，當時許多人第一次對於都市可能的黯淡未來充滿恐懼——因為環境污染與人口過多的緣故，當時建築師沃爾夫·希爾伯茲（Wolf

Hilbertz）與藝術家牛頓・佛利斯（Newton Fallis）首度擬定「奧托邦安培」（Autopia Ampere）計畫提案，地址在馬德拉群島（Madeira Islands）以及葡萄牙西南端兩地的中間淺水地帶[35]。城市建造始於在一座海底山頂設置系列金屬網，一旦就位，金屬網就會連上由太陽能板產生的低壓直流電，隨著時間，電化學反應會將海中的礦物質吸引至電樞，進而生成碳酸鈣的牆體，最終自然形成突出海面的螺旋狀水堤，可以保護一定規模人口免於海洋環境的不利威脅。

　　雖然「奧托邦安培」從未成真，希爾伯茲所預見的「成長」建築後來讓他與珊瑚科學家湯瑪斯・戈羅（Thomas Goreau），於一九七九年發展出「生物岩」（Biorock），或稱作「海水泥」（Seacrete or Seament），這是由溶解於海水中的電子積聚物質所構成[36]。這種材料在復育受破壞的珊瑚礁方面發揮極佳的用途，「生物岩」的成長可以吸引珊瑚與其他海洋生物，由此重建海中生態系統並使之更強韌地面對海水溫度變化[37]。當今世界上，珊瑚經常是氣候變遷的第一批受害者，在舊海洋環境受到破壞時，「生物岩」很可能成為創造海洋新環境的有效作法。由此看來，希爾伯茲的海中成長建築材料與傳統的水下居地設計差異極大，因為該材料能夠適應海洋體質的改變，這種材料非常適合「人類世」，若許多城市最終會受到水災淹沒，「生物岩」模型就是能夠適應此環境的都市設計。上述所討論的許多未來性小說都清楚表明，洪水不會是清澈潔淨的，其中會有許多人造物質，這包括已溶解的二氧化碳、不會分解的塑膠以及其他都市廢物。或許，能夠適應都市淹沒的唯一建築材料，就是在此環境轉變之下還能成長的物質。

　　希爾伯茲的「生物岩」是近來建築設計趨勢的先行者，該趨勢意在打造能模仿自然的生物型態材料，由此產生了對於永續性、韌性建築傳統詮釋的挑戰[38]。這種取向造就一些直接處置未來海平面上升問題的激進型都市設計提案。合成生物學家（synthetic biologist）瑞秋・阿姆斯壯（Rachel Armstrong）在二

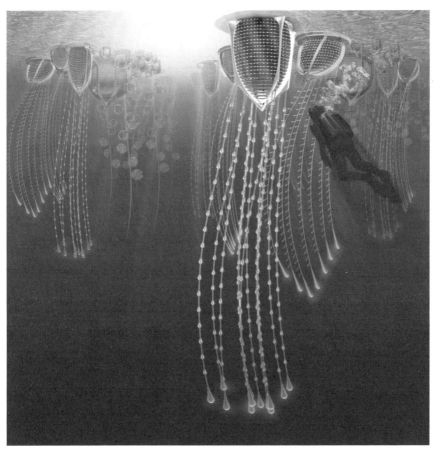

雅蘭納・豪伊與亞歷山大・赫斯培的「海洋城」計畫，二〇一〇年。

〇〇九年的TED演講當中，提議使用——行為類似生命的化學媒介——原型細胞（protocells）在威尼斯下方生出人造石灰礁岩結構以防止城市下沉[39]。同一年、但在不同脈絡之下，由建築師彼得・庫格（Peter Cook）、蓋文・羅伯森（Gavin Robotham）領銜的CRAB事務所為未來倫敦淹水問題提出了「濕城市」（Soak City）計畫，其內容是位於東倫敦區的系列塔樓，以先前建築殘餘及其餘打撈物為材料手工建造[40]。這些塔樓發展自庫格、羅伯森更早期的植被居所計畫，該計畫所構思的建築物會將植物納入其中，而成為建物本身演進與成長的一部分，最後形成融合自然與人工物的混合建築[41]。包覆在洪水下長出的濃密植被之中，濕城市塔樓所表現的是，在未來都市的半下沉環境中，透過激進的適應方式，城市依然可讓人們居住。濕城市的植被塔樓映照著〈昭昭天命〉當中蒼鬱的布魯克林大橋殘部，以及巴拉德《淹沒的世界》藤蔓叢生的大樓，然而植被塔樓與此二者的對比在於，它所預示的狀況是人類繁榮存在，而且人類能夠完全接受、回應淹水的城市，從而造就一種與轉變的都市環境有利共存之狀態。

　　希爾伯茲「奧托邦安培」與CRAB事務所「濕城市」所提出的建築臆測類型，已經徹底地遠離衍生自建築材料產製的傳統建築觀念。反之，「製造」在這些計畫中根本上是種生長過程。如此，它大力響應了人類學家提姆・英格德（Tim Ingold）的主張，也就是將創意概念的更新視為創造過程，而此過程則會干涉「已在進行中的世間歷程，並造就我們周遭的現存世界形式」。根據英格德的看法，建築師不應該將其設計加諸於世界中，好像這兩塊領域是完全分開的；反過來，他們應該「增添自身動力於那些已在運行中的力量與能量」[42]。關於氣候變遷與未

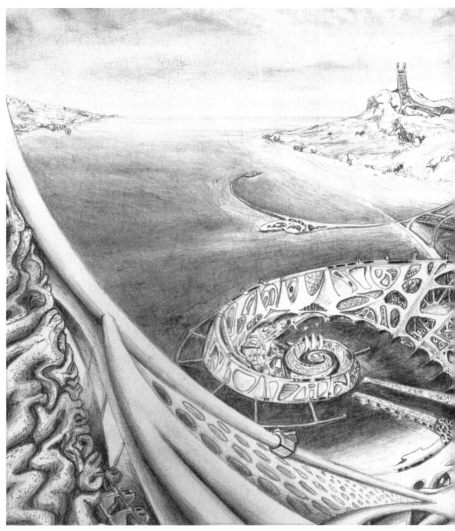

保羅・邱爾頓（Paul Cureton），繼牛頓・佛利斯之後，「奧托邦安培」透視圖，
二〇一三年，筆墨畫。

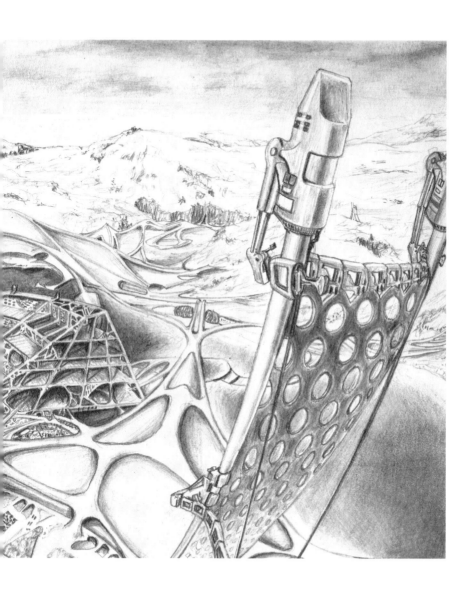

來的淹水情況，都市設計師們應當正面迎接挑戰，根據這些未來條件來進行設計，而不是退守至當前主流的「減緩」、「圍堵」（containment）思維。

氣候變遷科學家能利用經驗性證據，試圖去預測海平面上升後的城市情況，然而那些預測經常以大膽的統計術語來呈現，卻避免這種驚人新聞所造成的情緒效應。氣候變遷的科幻作品無論是採取文字、圖像或建築想像的形式，皆填補了這片空白，為其他類型的預測類型拓展空間，這不是預言性質，而是將重心放在未來敘事的創造，意即能使我們想像「生活」在可能的未來都市世界會如何的故事。此外，這些作品以各自不同的方式，將這些可能未來聯繫至現代的人類經驗。氣候變遷小說看重的是對淹沒城市的主觀或社會性回應，它要求我們思索自己對未來紛擾的感受；未來都市淹水的圖像則向我們展現，轉變的城市依然植基於人們熟悉的地標或地景；建築思考所表達的是，今日我們生活或行動於其中的都市空間，如何才能透過再次加工而使人們能繼續居住。

這些作品並不主張人們只要消極接受水患威脅，或者政治、經濟、社會生活應當維持原樣，反之，它們展現的是若要有所「改變」——在面對全球氣候新秩序時此種轉型的改變絕對必要——就得展現如何在「變遷」中好好活著，不僅僅是接受變遷勢不可免。所以，「大洪水過後」（post-diluvian）類型小說向我們揭示，建築環境的徹底轉型如何改變個人精神與社會關係，「水患持續」（flood-as-duration）類型小說所表現的是更加漸進的變遷。未來城市淹沒的圖像強調往後都市環境轉變的日常美學，導引我們改變現今自己看待與體驗城市的方式。最後，建築思辨則

CRAB事務所，「濕城市」，二〇〇九年，透視圖。

要我們想想自己能如何改變生活於城市中的方式，它開發出關於居住、建築創造及破壞的新可能性。若我們接受城市在想像中的建造與破壞確實一如現實空間——此乃物質與心靈的結合，如此一來，想像性的文獻、圖像與設計就必須彼此互通，以激發出我們對於都市淹水前景的整體性思考，而這就是我們所醞釀出的激進回應之道。

第二章

水上：水文和烏托邦都市

　　史蒂芬・巴克斯特二〇〇八年的災難小說《洪水》之序幕，是氣候變遷小說中的熟悉景象。在不久的未來（小說設定是二〇一六年），全球暖化導致海平面上升約五公尺（16英尺），再加上風暴潮（storm surge）的影響，海水淹過了倫敦的泰晤士河防洪閘，大水肆虐整座城市；然而，這個開場情節設計只是一項詭計，因為海平面繼續劇烈地上漲，這不是因為冰層融化，而是大量的地下水流入海中，在短短三十五年後，連聖母峰都被淹沒，全世界再也沒有陸地。在整部小說中，億萬富商奈遜・藍馬克森（Nathan Lammockson）監督漂浮結構群的建造，這使得他以及他所選定的人，在面對大水日漲時具有優勢，然而，後續發展顯示，這些建物其實是脆弱的，故事伊始，豪華的漂浮結構群就被潮汐風暴潮所吞噬；此外，洪水淹沒安地斯山之後啟用的巨型郵輪「方舟三號」（Ark Three），最終還是遭到其餘更絕望的倖存者攻擊而毀壞。

　　該書的結尾，藍馬克森和隨行者們身居一艘筏子在海上漂浮，這艘筏子是由生物工程的海藻所製造，萃取自新的海洋環境，此事成真有賴於藍馬克森的遠見，也就是整部小說中他對科技從不動搖的信心。這部小說的洪水敘述或許誇張，然而巴克斯

特讓人們能深入理解漂浮結構有許多應用方式，以適應海平面劇烈上升的世界。該小說也吸引人們注意，在面對海平面上升時，以科技為基礎的解決方案有其狂妄愚蠢之處，但也應注重的是，對於科技能力確保人類能適應、生存於環境變化的某些信心，依然是必要的遠見。

歷史上散布著關於水上漂浮城市的豐富圖像，烏托邦主義（utopianism）的企業家、建築師、小說家、藝術家想像著水上的人造都市環境，其中包括了具反動性的「島嶼」城市——擁有領土與社會自治權的水上菁英社區，乃至於反文化的社會實驗，藉以想像新型態的集體都市生活。水上漂浮城市的想像對建築實務具有顯著影響，其程度更勝水中城市，而且目前已有許多建築正在設計建造，以孕育出新型的「水都市主義」（aquatic urbanism）。

不論是想像還是實際居住的水上漂浮城市，皆是具有潛在社會關係的所在，其範疇一方面包括避世的孤立主義（isolationism），另一方面則有激進的連結性（connectivity）型態。漂浮城市不只是在建築形式上採用最尖端的科技，而且還採用悠久的烏托邦政治傳統，後者是在與外在世界隔離的想像都市環境當中構想激進的社會變革。若投入漂浮城市的想像，我們可以進入烏托邦思想動能的廣大領域，建築環境及社會關係能夠與原本有所「不同」（other）。水上城市提供了可能未來的故事——其中有些故事比其他的更務實、有些比其他的更具社會進步意義——，但它們全數都各自下了錨點，以便能探討或挑戰我們認為可能的事物。

島嶼烏托邦

　　西方社會的悠久歷史上，始終有將環繞島嶼的海洋視為屏障之觀點，由此誕生出一塊獨特且純淨的領土，僅遵從島嶼自身的法律、社會規範，免於外部世界的惡劣影響。湯瑪斯·摩爾（Thomas More）西元一五一六年的著作《烏托邦》（*Utopia*）採納柏拉圖的島嶼概念：島嶼具有清楚的界限，且是完整而分離出來的空間，但摩爾將烏托邦立基於他對當時都市世界——都鐸時代的倫敦——的嚴厲批評之上[1]。摩爾書中對於純淨、緊密控制的城市的強調，其實是當時義大利城邦的鏡中影像，其中最著名者或許是威尼斯，這座島嶼城市在十五世紀達到巔峰期，可是在《烏托邦》出版之際，威尼斯已經開始沒落了；然而，中古威尼斯的範本一直存續至今日的島嶼城市如新加坡，這種城市結合了經濟放鬆管制的財富集中區，以及具社會保守性的政治體制。將島嶼想像為烏托邦一事，也會在人工都市島嶼的創造中表現，富裕居民足以負擔社會獨立性的環境，最知名的例子或許是杜拜的巨型棕櫚群島（Palm Island）渡假區，還有目前都還沒完成的世界島（World Islands）開發案——那是由杜拜離岸小型沙島組成的人工群島，其建造的分布形狀有如世界地圖[2]。

　　島嶼城市長期以來被想像、打造，雖然如此，漂浮在海洋上的獨立都市環境一直要到科技使此概念得以實踐後，才算真正扎根。隨著石油產業在二十世紀初期的成長，從海洋中抽取石油的需求亦隨之增長，至一九四〇年代時，鑽油平台在美國離岸好幾公里處開始興造[3]。第二次世界大戰期間，英國軍方開發並建造了海上堡壘（seafort）與大型浮橋，這些固定與漂移的海上建物

啟發許多戰後的建築師們，他們提議挪用工業及軍事科技以創造完整的漂浮城市。推動這些計畫要靠現代主義者對於科技力量的信仰，以及對於建築元件能夠大量生產的信心，由此能夠創造出全新類型的都市環境，免於陸上城市的傳統限制。於是，出現了丹下健三（Kenzō Tange）、保羅‧梅蒙特（Paul Maymont）兩人的「東京灣計畫」（Tokyo Bay projects），二者皆始於一九六〇年[4]，它們設想當年受轟炸破壞後的東京會有巨大的擴張，而其作法是以相連的漂浮平台向東京淺海區殖民，頗類似史達林一九五〇年代在巴庫（Baku）離岸區建造的鑽油平台，位置就在今日的亞塞拜然內[5]。後來，美國建築師兼發明家巴克敏斯特‧富勒（Buckminster Fuller）提出數個漂浮城市計畫，其中包括「特里頓城」（Triton City, 1968）*，這也是為了東京灣規劃，而且此計畫是由美國住房及城市發展部（Department of Housing and Urban Development）所資助；此外還有他與捷治‧沙道（Shoji Sadao）合作規劃的巨大「四面體城市」（Tetrahedron City, c. 1968），這是由大型蜂窩型混凝土牆構成的超級建築，頂端高2500公尺（8200英尺），是一棟可處於任何脆弱環境（如東京或舊金山）的防震建築[6]。

　　這些早期的巨型漂浮都市聚集建物（agglomerations），主要是預期作為陸上都市環境的延伸。雖然如此，當它們全力擁護建築現代主義（architectural modernism）、工業化模組建造的顯著效益主義（utilitarianism），並且拋棄階層式建築——以及其中暗示的社會階層——類型時，它們與傳統城市的差異已極為巨

---

* 特里頓是希臘神話中的海神波賽頓之子，其形象是人魚。

丹下健三，東京灣計畫，一九六○年。

大。至一九七○年代初期，一九六○年代的科技樂觀精神消退，取而代之的是日益增加的恐懼，擔憂工業化對於環境衝擊的代價、全球經濟依賴石油的脆弱性，由此誕生了與自然和諧、強調生機型態的水上漂浮城市提案，軟化一九六○年代前輩那種硬梆梆的科技現代主義。顯然，它們也逐漸構思出完全與陸地城市分離的海洋城市，這也反映出從前烏托邦傳統中島嶼式的另一種世界。

　　札克·胡哲理、艾迪絲·維尼耶對於水上與水下建物的設計同時受到兩件事的啟發，首先是一九七○年代海洋探險家雅克·

庫斯托帶來的驚奇，還有當代對於人口過剩、污染導致適居地區驟減的焦慮[7]；他們的籌畫包括了「海洋城邦」（Thallasopolis, 1971）*，這是一座以印尼原住民當地資源建造、可以容納四萬五千名居民的水上聚落[8]；此外尚有近期的計畫，即外型像巨大鬼蝠魟（manta ray）、可自給自足的水上研究中心，其研究目標是氣候變遷與污染對海洋環境改變的影響[9]。同時，一九七〇年代也是開始落實興建這些海洋城市規劃的時期，包含胡哲理、維尼耶的「伽拉忒亞」（Galathée, 1977）†和「水泡泡」（Aquabulle, 1978），此外還有菊竹清訓（Kiyonori Kikutake）的「水城市」（Aquapolis），那是一間模仿鑽井平台所造的水上建築，其創作是為了日本一九七五年的沖繩國際海洋博覽會[10]。「水城市」有成千上萬人參觀，它展現出海洋建築的科技可行性，並且象徵人類可以和諧與海洋共處；固然如此，菊竹清訓的這項建築卻代表這段水上居地實驗期的高峰，自此以降——至少到目前為止——此概念已不受青睞，這類建物的預估市場從來沒有真實成真，海洋建築的成本令潛在投資者望之卻步，尤其與陸上建築相較時更加如此[11]。

一九六〇與一九七〇年代對於海洋城市的大部分熱情，源於時人相信這可以減少現有城市的問題，諸如人口過多、擁擠、社會分歧等，雖然建築師們很少直接言明此事。近來人們對水上城市的興趣已見復甦，但大都著重於較古老的島嶼城市模式，也

---

* 「Thalassa」是希臘神話中的海洋原始精靈，也可以當作海洋的化身，而「polis」則是古希臘的城邦。

† 伽拉忒亞是希臘羅馬神話中海仙女（Nereid）的其中一位。

就是作為避開外在世界的避風港，那是少數人而非大眾的烏托邦。最明顯展現該情況者便是「海上家園研究所」（Seasteading Institute），該組織是由軟體工程師兼政治理論家派崔·弗萊德曼（Patri Friedman）與億萬富豪科技企業家彼得·泰爾（Peter Thiel）──線上支付系統PayPal的共同創辦人──成立於二〇〇八年[12]，該研究所的目標是要建造政治自治、經濟自主的水上城市，在此可以孕育出加州矽谷那種創業文化，還能擺脫政治、社會與經濟的限制。

　　海上家園研究所擷取艾茵·蘭德（Ayn Rand）、羅伯特·海萊恩（Robert Heinlein）的客觀主義哲學（Objectivist philosophies）*，將現有的自由主義式企圖擴展至海上殖民[13]，其中包括在一九六〇、一九七〇年代所建立的幾個海上微型國家（micro-nation），「西蘭」（Sealand, 1967）是其中一例，它原來是位於英國埃塞克斯（Essex）離岸的廢棄海上堡壘，英國「海盜電台」（pirate-radio）廣播人羅伊·貝茨（Roy Bates）及其家族宣稱這是一個主權國家（sovereign state）[14]。關於水上漂浮結構的考量，更近期的例子是以避稅天堂（tax haven）為目標，例如「自由號」（Freedom Ship, 2003-）這艘巨型郵輪的計畫，其規劃是可以容納四萬名超級有錢的常年居民，而船隻則會緩慢地環遊世界[15]。此外還有「新烏托邦公國」（Principality of New Utopia, 1996-），位於加勒比海地區開曼海淵（Cayman Deep），距離任何領土都超過160公里（100英里）以上，此條

---

* 羅伯特·海萊恩（1907-1988），公認二十世紀科幻小說界三巨頭之一，有「科幻小說先生」之封號。

札克・胡哲理,「海洋盤旋者」(SeaOrbiter)計畫,規劃為海洋漂浮研究實驗室,二○一三年。

件使它可以自稱為主權國家,建國者是美國公民拉瑟勒斯・隆恩
(Lazarus Long),當他發現這塊加勒比海的無主地後,遂向聯合
國發出領土聲明。現在新烏托邦公國是由隆恩的女兒伊麗莎白・
韓德森(Elizabeth Henderson)主事,她已經從世界各地投資者
處募得至少五億美金,這座水上城市目前預計於二○二一年完

成，但建設至今尚未開始，其設計的演變愈來愈像是異國雜燴，借用拉斯維加斯休閒度假、商店建築形式[16]。

　　海上家園研究所則將專業精神導入自己的計畫，這顯然是新烏托邦計畫所欠缺者，而它也能獲得遠多於新烏托邦計畫的經費資助者，例如彼得‧泰爾等人；海上家園研究所亦提出野心宏大的計畫，例如「自由號」這種興建整座海洋城市的規劃。二○一五年時，該研究所發起一項未來水上漂浮城市的建築比賽，如該單位在網站上的聲明，它邀請參賽者繳交的設計是一座小型海洋城市，其組成至少要有十座相連的平台，足以支撐商業性建築、零售商店、休閒設施、住宅、綠色空間等，簡介中要求的是模組化（modular）設計──反映出早期丹下健三、保羅‧梅蒙特的東京灣規劃──足以讓城市保有彈性（模組可以根據需求重設），此外還要求能夠有自給自足、可持續的能源，諸如太陽能、風力、波浪能[17]。

　　獲勝的參賽作品為Roark 3D的「技藝之城」（Artisanopolis），它規劃出分支排列且相連的數個五角形平台，可以支撐幾何形的房舍、辦公室、商店單位建築，其中還錯落著熱帶植物。建築師們提出的3D影像當中，六角形的屋舍形狀乃是根據黑川紀章（Kisho Kurokawa）在東京的經典作品「膠囊大樓」（Capsule Tower, 1972）而來；然而，在新的海洋性設計當中，膠囊大樓原本的設計目的──在空間稀缺的城市中提供低成本且可大量製造的房舍──卻被隱私性與豪華性所取代，這由圖像裡大型郵輪的存在便能理解。確實，雖然技藝之城包括了「綠」建築（如生物圓頂〔biodomes〕）以種植糧食並且強調效率及持續性，但技藝之城的建築型態依然立基於以新自由主義式城市轉型為主流的當代

建築文化,也就是說,其意圖其實是吸引有錢人、驅走沒錢人。

技藝之城顯然是以下列說法自我行銷,亦即「此種另類模式,可以讓新型社群的組成超越現有國家司法的限制,以促進市場的自由與競爭為目的」[18]。目前並不清楚,究竟是哪些人會構成這些社群,但考慮到建造漂浮城市的龐大成本,最有可能的當然是那些渴望政治自治權以保護自身財富的超級有錢人。撇開那些關於自由解放的詞藻,海上家園研究所的目標其實頗為狹隘自私,即便技藝之城自詡為創意人士的避難所,它卻避免提及其他類型的工作,尤其是那些維持城市運作、服務自由菁英們的那些工作。如此一來,要獲得漂浮城市所提供的自由,只能靠購買;簡言之,這種自由是一項商品,且與其它的商品無異[19]。目前看來,這種自由的售價令人目瞪口呆,使多數投資者望之卻步,連

加百列‧歇爾(Gabriel Scheare)、盧安德‧克羅利與盧爾德‧克羅利(Luke and Lourdes Crowley)、派翠克懷特(Patrick White)Roark 3D,「技藝之城」,海上家園研究所二〇一五年漂浮城市設計比賽獲獎作品。

彼得‧泰爾都在二〇一五年時承認漂浮城市的造價實在過於昂
貴。海上家園研究所似乎讓出了自身對於新主權國家的夢想，轉
為「在東道國領海內追尋節省成本的解決之道」[20]。

船艦城市

固然海上家園研究所以及前人所構想的漂浮城市，尚未化作
現實，但自人類首次學會打造船隻以來，就有人群居住在海上。
例如西元一五八八年時，由一百三十艘船組成的西班牙無敵艦
隊（Armada）從法蘭德斯（Flanders）啟程入侵英格蘭失利，將
船隻組在一塊兒，實際上化為可行動的城市，也就是說，大型群
體的人們透過建築、通訊網路、地方法律、社會禮儀、共同目標
——通常是軍事目標——而凝聚在一起。從另一種脈絡來看，
海盜的歷史可以使人了解各種反文化的海洋船上社會（shipboard
society）之組成[21]。今天，最近似的例子已然將戰爭與反文化換
成休閒與享樂：環繞全球的超級大郵輪，目前世界最大的乃是
「海洋和悅號」（Harmony of the Seas），它於二〇一六年在英國
南安普敦（Southampton）啟程，十六座甲板的超大結構足以容
納六七八〇位乘客與二一〇〇位船員[22]。

同等規模的另一種例子乃是船屋，船屋在城市中相對平靜的
水道上十分普及，尤其是運河。光是在阿姆斯特丹就大約有三千
棟船屋停靠於城市水道，其中包括傳統的窄船、改裝成住所的商
用船，還有多層的漂浮屋，有些更近期的例子則是展現出高層級
的建築知識，且常有豪華設施[23]。雖然船屋已幾乎塞滿阿姆斯特
丹邊緣眾多運河與河川，但在一座空間昂貴的城市中，這依然不

失為一個具有吸引力的自給自足選項，而且是更便宜的生活方式。眾多船屋的群聚，創造出一個建築拼湊體（bricolage）：它是未經規劃而且常是未經管制的，是固定建物（例如突堤和繫船柱）與可移動元素的混合體；所謂可移動元素就是指船屋自身及附加的事物，例如繩索、鎖鏈、太陽能板、風力發電機、腳踏車、小船及將就使用的花園。

　　船屋是許多都市環境中的常客，但它們也同時與這些環境分隔，所謂分隔的意思可以是具體的，那就是它們的能源取得不與水電網路相連，由此脫離多數陸上都市視為理所當然的基礎建設網絡。但是，船屋通常依賴陸上城市以維持自身存續，城市提供安全的停泊點以及都市船屋擁有者所需的一切服務，你會很難想像這些聚集的船屋存在於開放海域，全然與現存城市割離。

　　唯有在小說的領域當中，那種類型的城市才得以存在。有兩部小說所想像的漂浮城市，其類型與現代主義建築師及當代海上家園人士所提出的截然不同，它們分別是勞依德・克羅普（Lloyd Kropp）的《漂流號》（*The Drift*, 1969），以及柴納・米耶維（China Miéville）的《傷疤》（*The Scar*, 2002）。《漂流號》出版於六〇年代尾聲，它充滿著輓歌調性與憂鬱感，反映那個時期反文化樂觀主義之喪亡。《漂流號》故事敘述一名心懷怨氣的中年美國人彼得・薩色蘭（Peter Sutherland），他離開家庭獨自開始航行之旅，在經歷暴風雨後喪失意識，倖存醒來卻發現自己孤立無援地身在船艦城市「漂流號」上，這座城市是經過數百年的累積而成，目前仍位於馬尾藻海（Sargasso Sea）中央。漂流號上有好幾百人居住著，他們的處境都和彼得一樣，這座城市是海上建物的壯觀組合──數以百計各種尺寸、年代的船艦最終聚

集在一起：

> 有些船隻以巨大角度傾斜，別的船有的側面翻覆，顯然是靠濃厚生長的馬尾藻支撐而漂浮著。有些船被釘在一起，有些船之間有走道連結，有些船則落在其他船的頂端，後者幾乎完全沉沒在濃密而奇異的海生花卉與綠色植物群當中，彼得從沒見過這樣的植物。某些地方有著腐敗木頭構成的池子，那是船隻腐爛的結果，而且跟前述一樣，海草使它們不會下沉。在其他地方，眾船隻的部件腐敗脫落聚集在一起，形成詭異的形體，讓人不可能辨識出哪裡是船頭、哪裡是船尾[24]。

漂流號結構值得注意之處，在於它的創造過程完全沒有人力介入，這些船隻是被馬尾藻海的離心海流陸陸續續帶來的，它們的位置與物質性完全被同在這片海域聚集的馬尾藻所決定，其所造就的這些「詭異的形體」，與先前討論漂浮計畫城市的幾何秩序乃是極端的不同。

然而，雖然漂流號本質上毫無規劃，它卻對那些來到此地住下的社會生命們產生了深刻的影響。彼得起初強烈排斥船艦城市上被他視為牢獄之災的那些事物，後來，他漸漸學會接受命運，這主要是因為他遇上其他漂到此地的人們。漂流號上不同區域住著不同的派系，這個由船隻累積而成的所在，創造一個想像先於理性思考的社會，根據在此居住許久的居民泰波爾（Tabor）所言：「生命是（被視為）一系列的隱喻……一系列的對應。你愈善於隱喻，你便愈能為自己的感受圈與理解圈帶來更多。[25]」蘿

絲（Rose）是那裡最年長的居民之一，他告訴彼得，靜止是孕育
這些隱喻性對應（metaphorical correspondences）的中心因素，
漂流號將船隻聚集到一個靜止點，由此扭轉了船隻的常規性關
聯。彼得的最終離去，是在他與一位感到幻滅的居民——謎樣的
艙口製造人（所有居民都畏懼此人）——談話之後，彼得回到在
美國的常規人生，但他卻已然受這個經驗所改造，這場經歷「教
導他要渴望屈服、漂流、跟隨經驗自身的歷程，並且對感官敞開
自己的心靈，接收事物的色彩、質料與型態，而不是只看事物的
用途」[26]。簡單說，克羅普的小說結合漂浮建築與反文化社會遠
景，創造出一則力量強大的寓言，寄寓其中的是一九六〇年代末
期的失落與絕望感，此等感受來自於人類想像力遭到扼殺的打
擊，失落與絕望則源於一九六〇年代反文化夢想激情——似乎未
能對社會造成恆久影響——的落敗。

　　柴納·米耶維借用克羅普由船隻造就城市的幻想，運用至他
二〇〇二年的奇幻小說《傷疤》當中[27]。米耶維發明了他自己版
本的漂流號，也就是漂浮海盜城市「艦隊號」（Armada），並且
為漂浮城市構思出另一種政治類型，此等思想之成形將在未來讓
他對「海上家園」的願景發出嚴苛的批評[28]。對比漂流號那種具
有沉思性的靜止狀態，米耶維的艦隊號則是一座超級擁擠、熱鬧
的可移動漂浮大都會，上面住著數十萬人，艦隊號是以鎖鏈與
橋梁連結不可勝數的船隻所構成，上頭還有「高聳的磚造物、
尖塔、旗桿與煙囪，以及古老的索具」[29]；城市下方的活力也不
遑多讓，「鐵絲籠塞在洞裡或由鎖鏈吊著，上好的鱈魚及鮪魚充
斥其中」，由人類與螯蝦混血的「克雷族」（Cray）所捕獲，而
克雷族所住的地方是附著於船體、類似珊瑚礁的水中居所[30]。在

水裡，「與城市鈣化底部相連的，是一個會移動的生態與政治圈」，而在水上，建築物全都「浸潤於持續的潮濕裡，表面上還有鹽，且籠罩在波浪聲以及海的鮮味與腥味之中」[31]。

小說主人翁是學者貝里斯·卡德溫（Bellis Coldwine），他自米耶維筆下另一座被稱為「新克洛布桑」（New Crobuzon）的城市出航流亡，卻在途中受迫成為另類海盜社會的一員，海盜城市盜取船隻或人，以增加城市的結構及人口[32]。此外，與漂流號不同處在於，艦隊號起初移動非常緩慢，靠幾十艘拖船拉著航向無盡的海洋，但後來城市高層成功套住一群巨大的深海生物（名為雅凡克〔avanc〕），讓城市的移動速度大為增加[33]。作者想像艦隊號的構造是種雜亂的混和，一方面，雜亂的混和顯然反映在它「數不盡的水上造物」當中，裡頭「有剝離的長船，有蠍型槳帆船，有單桅帆船和前桅橫帆雙桅船，有長數百英尺的大輪船與長度不滿常人身高的獨木舟」，全都被從裡到外重新加以改造，「從上百種歷史與美學而來的結構、風格與材料，造出混合建築物」[34]；另一方面，此種雜揉也推展至這座城市的社會生活，艦隊號「是由殘酷的重商主義（mercantilism）所統轄，這種重商主義存在於世界各處，並從其他船艦上擄來新市民」，雖然如此，艦隊號的社會法則依然是非常激烈的平等主義——從前被俘為奴隸者如今獲得解放，而與其餘市民平等——而且民主[35]。與漂流號相同之處是，艦隊號也分裂為數個王國，各個皆由強而有力的領袖所控制，各有其特殊的社會風俗。雖然其中有一個王國「加爾水」（Garwater）逐漸掌握整座城市的命運，但這個權威始終不能穩固，且持續受到民主力量挑戰，這也呈現在小說後半部的叛變事件中。

安東尼・劉,「倫敦淹沒二〇三〇」計畫,二〇〇八年。

　　米耶維所勾勒的漂浮城市形象非常成功,能夠生動且長久地使人們感受到此等城市的物質、精神、社會生活意識。這固然是一項幻想性的創作,但是在這將近七百頁的充實內容中,米耶維提出了極具說服力的景象,讓人理解何謂「活在」這種城市中,其說服力超過所有海上家園研究所設計比賽中建築師們製成的3D作品。更重要者或許在於,米耶維的艦隊號重新想像此等城市中社會生活及都市紋理(urban fabric)的可能性,如此一來,米耶維拓展了我們的想像力,使其比海上家園的預想更為廣闊而開放。

　　然而,預想如《傷疤》一書中建築雜揉體的計畫時,在建築師的視覺化呈現及米耶維的小說之間,其實還有更為正面的對照體存在。漢斯・豪萊(Hans Hollein)在他的「變形系列」(Transformations series, 1963-8)當中,有一件相片拼貼作〈地景中的航空母艦城市〉(Aircraft Carrier City in Landscape, 1964)[*],

---

[*]　漢斯・豪萊(1934-2014)是享譽國際的奧地利後現代建築設計師,代表作品為維也納的「哈斯屋」(Haas House, 1990)等。

而詹姆斯・輝格納爾（James Wignall）在他的「倫敦港務局」（Port of London Authority）計畫中，則有一作品〈顛倒基礎建設〉（Inverted Infrastructure, 2010），兩個作品內皆有巨大的航空母艦，重新改造為新的非軍事目標：前者是對應農業地貌的超現實性擴建，後者則是預想倫敦被海平面上升淹沒後，倫敦地標建築得以安全座落之處[36]。安東尼・劉（Anthony Lau）採納豪萊的特點再將其進一步推展，呈現於他二〇〇八年學生計畫當中的〈倫敦淹沒二〇三〇〉（Flooded London 2030），在此作品中，各種海洋建物如鑽井平台、郵輪等等大型船艦，沿著泰晤士河岸築起，且藉由空中走道、可動式基礎建設及水中運輸彼此連結，創造出一整座漂浮城市[37]。類似於船艦號處理船隻的作法，劉氏的漂浮結構乃是不正規建築物的基礎，在此案例中所指的是將裝運貨櫃重新用來當作房舍，利用起重機將貨櫃吊至定位，劉氏所提議的是一種有機的都市紋理，能隨著時間而增長，而不是預先加以規劃。在以上諸項計畫之中，原本我們所熟悉的漂浮建物，在它們的不協調配置或者出乎意料的用途之下，反而使人感到陌生，這種隔閡感、陌生感，讓這些計畫項目與米耶維的海盜城市之間出現連結，因為在每個項目當中，是漂浮結構的雜揉性質生成出奇異感。反過來說，這一點會促使我們去質疑，我們原本接納的所謂奇怪建築，其規範準則為何。這些奇幻的想像會使人注意到，漂浮城市事實上已經存在，或許唯一需要的條件只是我們住進去而已。

　　相較於建築師因應海上家園研究所而製作的高檔 3D 視覺化成品，那些乍看之下比較不可能成真的漂浮居所，實際上卻是較為可信的，因為那是在發揚——而非抗拒——當前環境下所孕生出的漂浮城市烏托邦式設想。《漂流號》和《傷疤》二書之中的建築物，最初便是以人們所熟悉的建物及材料創造出來，在漂流號的例子裡，這似乎沒有人力的干預；而在艦隊號的例子上，那是透過激進的反文化海盜政治來達成。這些拼湊起來的建築，與海上家園研究所推動的那種貧乏建設環境，形成強烈對比，後者閃亮亮的外表與秩序井然的幾何體，僅能散發膚淺的吸引力，卻排除了真正能呈現城市中社會生活歧異性的那種混亂。艦隊號與漂流號上不正規的建築物，同時有著活潑的人類或非人類動力，因此，關於都市環境激烈改變之下會造就何種社會生活，這些虛構的漂浮城市所能傳達者，實際上遠多於海上家園研究所。

　　諸如技藝之城那樣的設計提案，其實對於人們居住在此等漂浮城市中會是如何，所能提供的資訊甚少，人們偏好使用的鳥瞰 3D 景象，其實只會疏遠觀者而已。我們可能會覺得米耶維筆下艦隊號的居民們太過於奇幻，他們是人類與非人類的融合、肉體與機械的結合；可是，固然有此等過度之處，米耶維卻呈現出豐富的可能性，讀者可勾勒出閱讀漂浮城市故事之下的想像。這顯然與海上家園研究所的願景相斥，因為它固然採用追求徹底自由的詞藻，卻似乎退守至現有的確定性中——貧乏而疏離的新自由主義建築，以便說服潛在投資者，它的遠見是可以實行的，而這種作法只會排除更多可能性罷了，因為它犧牲想像的自由，而聽任現實的支配。若要採取能保持開放性而成果豐碩之道，就是採取如克羅普與米耶維這樣的途徑，以創造一系列暗喻或對應，

其主要關懷不在於最終成品（實際漂浮城市的建造），而是要擴展對於可能性的意識，挑戰自我以新方式觀看熟悉的場所與建築，如此一來——若有必要的話——我們或許也能創造出自己的漂浮城市。

活生生的烏托邦

　　海上家園的夢想根基是已有人嘗試、測試過的建築科技，尤其是在荷蘭地區，過去十年來已開始打造漂浮屋，這是由預期氣候變遷對這個土地有26%低於目前海平面高度的國家會造成的效果所促成。二〇〇六年一月，在一個酷寒卻陽光燦爛的早晨，我前去探訪目前為止全世界最大的漂浮屋群：位於阿姆斯特丹東緣、該市重申擁有權的諸多島嶼之一，從二〇一三年開始發展至此時，已有約一百間房舍[38]。在艾湖（IJmeer lake）之上，跨越著兩區「艾湖堡」（IJburg）計畫，在湖的西側，有五十五間閃閃發亮的模組化漂浮屋，高度為兩層或三層樓，由「馬里斯羅莫建築設計事務所」（Marlies Rhomer Architects and Planners）所設計，群聚在刻意建造的碼頭周圍。而在湖的東側，則是色彩更鮮豔的特製房舍群，目前數量為三十八間但仍持續增長中，每一間房舍狀似盒子，特殊元素各有安排，例如彩色的包覆層、天台、個人專用船鎢；每間房子都是由一座混凝土盆支撐，混凝土盆會沉入水中約半層樓的高度，輕型鋼材結構架於盆頂，並裝設包覆鑲板與玻璃。在此，每公頃的居民人數竟然與阿姆斯特丹舊城人口密度最高的區域相同，這座水上社區實現了迷你版的漂浮城市。

馬里斯羅莫建築設計事務所，艾湖的模組化漂浮屋，阿姆斯特丹艾湖，二〇一三年。

　　這座漂浮屋群展現出一種更有彈性的都市主義取向，程度更勝過一般陸上建築，艾湖開發的計畫性質以及所使用的高科技建材與方法，與米耶維書中艦隊號的無秩序拼裝體，簡直是極端相異。這裡可不是反文化主義社群，像是那些海盜城市的居住者，或許依然存在於阿姆斯特丹船屋文化當中，反之，這裡顯然是一個偏好有錢人的獨家開發案，每座特製屋大約要價一百萬歐元（二〇一六年中價格）；除此之外，它的海洋都市主義構想與海

上家園研究所相衝突，雖然兩者所使用的建築材料或模組化設計
方法是類似的。

　　艾湖家園的建造並不是在回應自主性的渴望——亦即獨立而
自治的漂浮社區，它反而是在強化能夠連接水陸的那些要素。在
建造期間，有些模組屋開始傾斜而引發擔憂，必須找出新的解決
之道來提供額外浮力，於是建造數量眾多的碼頭連結水與陸，成
為混合型的街道，住宅內的元素因此出現在戶外，最引人注意的
是屋旁有許多腳踏車。除此之外，漂浮屋的重要設施（飲用水與
電力）是透過陸地懸掛半空的塑膠管線，直接接到房舍當中，看
起來就像是超大型的吸塵器管。強烈對比於海上家園研究所的願
景，這些房子所展現出來的，是與所處環境之間精緻而脆弱的關
係。海洋或許能讓人夢想打造出能倖免未來危機的建築——無論
在生態、經濟或政治上，然而現實中的漂浮屋其實重視與城市的
相互連結性（interconnectedness），這些具有脆弱性之處需要加
以處置而不是抗拒。如此一來，艾湖開發案所提供的模型，是呈
現水都市主義如何嫁接至傳統的陸地城市，而陸地城市在面對未
來氣候變遷衝擊時是脆弱的；艾湖開發案所顯示的，是那些城市
如何與其當前背景維持社會與地理的連結性，即便它們也在企圖
適應未來可能的衝擊。

　　當代藝術實踐的漂浮結構作品也蘊含了脆弱性與連結性的認
知。美國藝術家瑪莉・馬汀利（Mary Mattingly）和愛麗森・沃
爾德（Alison Ward）在二〇〇九年時，連續五個月於紐約市居
住在他們自己設計的「水上艙」（Waterpod）當中，過程有多位
志願者協助[39]。藝術家們租下一艘平底船，在上頭安裝兩座金屬
網格球頂（geodesic dome），高度約六公尺（二十英尺），創造

出多功能且全然自給自足的居所，他們分別航行至紐約的五個市
區，每日都會停泊以供訪客親身體驗這個藝術作品。馬汀利已明
白點出，水上艙的設計理念是渴望「促進革新，因為我們已經
預見未來五十年至一百年的情況」，紐約很有可能在氣候變遷之
下受到海平面上升的威脅[40]。羅伯特‧史密森（Robert Smithson）
於一九七〇年有一作品「漂浮島嶼」（Floating Island），那是在
一艘商業運輸平底船上填土並栽種樹木，再由拖船拉行繞行紐
約，水上艙擷取此概念，其設計意圖挑戰在面對海平面上升威脅
時，以減緩為重點的傳統回應。水上艙的建造完全使用回收物資
與他人捐贈之材料，並使用水耕系統來種植糧食並且蒐集、淨
化、回收水，更採用不與電網相連的太陽能板以及其它再生能
源，顯然，水上艙是要回應蒼涼的未來景象，也就是假設海平面
上升會迫使人類社群要以激進的作為來適應。循此脈絡，水上艙
其實預示了馬汀利更近期作品的課題，例如她的「群屋」（Flock
House, 2012-14）計畫項目，藝術家設計了一個可行動、自給
自足的網格球頂建物，在大災難來臨時能夠輕易移動，也可以
在克難筏艇上漂浮[41]。另外，馬汀利始自二〇一四年的「濕陸」
（WetLand）計畫，在規模上更顯其抱負：這是一座「漂浮可移
動的雕塑居所與公共空間，其建造是為探索都市中心的資源相互
依存度與氣候變遷」[42]，濕陸計畫與教育機構及社區組織相互合
作，相較於水上艙，能夠呈現更加徹底的參與性及教育目標，展
示如何打造全然自給自足的建物與生活環境，藉此，馬汀利認為
可以創造出「蓬勃的區域環境經濟」[43]。

　　網格球頂是群屋及水上艙的主要組成結構，這顯然要歸功

瑪莉・馬汀利和愛麗森・沃爾德，「水艙計畫」，紐約市南街海港（South Street Seaport），二〇〇九年。

於巴克敏斯特・富勒的作品＊，尤其在其作為獨立生活環境的意義上。但是，類似富勒在一九六〇年代的先驅球頂作品，以及更引人注目的網格球頂建物如英國的「伊甸計畫」（Eden Project），馬汀利的漂浮結構被批評為太過於概括化（generalized），而且與現存的都市條件脫離連結[44]，網格球頂建築創造出封閉的世界，卻限制住我們的想像能力，難以想見如此徹底不同的環境，

＊　巴克敏斯特・富勒（1895-1983）是美國著名發明家、建築師，網格球頂或球型圓頂是他揚名世界的發明，廣泛用於各式各樣的建築。

如何與現實上我們在城市中的居住環境，產生有意義的連結[45]。為了反擊這種批評，馬汀利強力申論道，她的計畫是根植於現存的社會實踐之中，其中包括長期處在水上艙中過自給自足的生活並學習與他人發展關係；水上艙與濕陸的教育計畫，其中心目標是要廣泛接觸社區族群；或者與環保人士及永續性專家合作，以設計與打造漂浮結構[46]。然而，對於那些更熟悉傳統都市環境的人來說，馬汀利的計畫無疑是太極端了，雖然如水上艙這類計畫的設計之道屬於「自己動手做」（hands-on）與「由下而上」（bottom-up），它們依然掉進相同的陷阱，也就是諸多反文化社群計畫在一九六〇年代時陷入的陷阱：它們採取了一個危險的立場，亦即設定自己是前衛人士，是孤獨的先鋒，向他人昭示如何活得有所不同，而不是與那些促成漸進變化的人合作。確實不令人意外，馬汀利的合作夥伴與水上艙的志願者們，是那種已受到不同生活之道所吸引的人們，或者為同好的藝術家們，或者是已然接納甚至擁抱該計畫的反文化性基礎者。水上艙計畫所缺乏的，其實正是妥協與混亂的連結，但此等連結反而是更加傳統的艾湖漂浮社區的特質。

　　據此，英國藝術家史蒂芬・透納（Stephen Turner）的作品，看起來更像是極端退守至孤立、封閉的漂浮建物之中。在透納的「海堡」（Seafort, 2005）與「埃克斯伯里蛋」（Exbury Egg, 2013-14）計畫當中，藝術家在海上建物裡獨處很長一段時間，前一項計畫位於英格蘭泰晤士河口一座第二次世界大戰時期的破敗海洋堡壘上[47]，第二項計畫則是在一個蛋型木造生活艙中生活整整十二個月，這個蛋型艙是由透納、空間與都市設計公司（Space Place & Urban Design）、建築師pad工作室一同設計、

建造＊，停泊在英格蘭漢普郡（Hampshire）的比尤利河（river Beaulieu）上[48]。兩件計畫都有包含教育元素，在透納居住於海上堡壘期間，有間肯特郡（Kent）惠斯特勃（Whitstable）的學校響應他，而當透納住在埃克斯伯里蛋的時候，曾舉辦工程工作坊、講座、公共活動等；這兩項計畫背後的驅動力量，乃是透納對於極端孤獨經驗的興趣，以及此等經驗所激發出的創意。

在這兩項計畫當中，透納的創意輸出（creative output）採取線上日記的模式，發布於各個居住期間，內容混合了他個人對於自然世界的觀察、獨處的經驗，以及孤獨經驗如何強化生態意識[49]。埃克斯伯里蛋是被打造成一個烏托邦、一個類似子宮的建物，用以進行創意性冥想，思考人類與非人類世界的關係，而海港則是一個更令人心情起伏的作品，在該計畫中，透納在「默恩塞爾」（Maunsell）──以設計者蓋伊・默恩塞爾（Guy Maunsell）工程師命名──堡壘群之一，獨自待上三十六天，該堡壘群位在泰晤士河口，也就是荷尼灣（Herne Bay）外的「顫抖之沙」（Shivering Sands）。透納所居住的時間，正是二次大戰期間數百位英國軍事人員一次駐守海上堡壘值勤的天數，而這些堡壘用來瞄準德國轟炸機的砲塔[50]，在居住期間，透納將自己的世界限制在堡壘內部，此種內部探索將能找出從前駐守者的蹤跡，他的三十六日計畫非常簡單，他會詳細記錄堡壘內部的每一個房間，完成一間之後再去到下一間，於是透納的世界變得很狹小，他的探索非常緩慢，以此抗拒當代全球化世界中所強調的速

＊　這裡的pad是小寫，經查可能是指位在英國Hampshire的PAD studio：http://www.padstudio.co.uk/hampshire-architects/

「紅沙默恩塞爾海上堡壘」，泰晤士河口，二〇一六年。

度與持續連結性。他自我執行的孤立狀態是刻意在追尋，孤獨狀態如何醞釀對過去及現在的思考，進而能抗拒那樣的全球化世界 [51]。

　　透納在海洋堡壘上孤獨生活時期的觀察與我個人相應和，我曾於二〇一六年五月期間，造訪同類的「紅沙」（Redsands）堡壘群，距離透納居住的堡壘群僅有幾公里之遙。訪客若要登上海洋堡壘，必須從麥德威（Medway）河口搭船，乘船之後，起初堡壘只是地平線上一片模糊的影像，然後逐漸變大、變大，忽然之間，你人已經踩在上頭了。堡壘已年久失修，走道早就塌陷、炮位崩裂、鋼造箱體生鏽染紅，但即便如此，它們依然是驚人的建築。這些海上堡壘與它們令人難以置信的所在位置，以及它們竟詭異地與 H. G. 威爾斯（H. G. Wells）《世界大戰》（*The War of the Worlds*, 1898）殘酷的外星三腳機器（tripod）相似，顯得非常疏離；反過來說，海上堡壘與其擬人形象及簡單的形式安排則顯得較為熟悉：四支預鑄的混凝土腿腳深入海床，支撐鋼製的超大箱型結構，用來容納人員與防禦設備。一時之間，我所乘坐的那艘船以低速在七座堡壘之間穿梭，讓船上約十二位乘客能夠拍照，這是眾人共同感到驚奇的一刻，為這些海上人類居所的大膽與奇異所震驚，這些建物早已荒廢，卻依然如此魅力十足地抓住人們的想像力。它們所喚起的，不只是自主生活或能夠逃出常規人生黏人蛛網的夢想；它們也喚起了夢魘，對昔年千百位被迫在此生活的人們而言，這裡簡直是如同監獄的所在。透納重溫那樣的經驗，好像是在為這些記憶守夜一般，這是透過長期孤獨處在那些人曾經居住的環境廢墟當中，來與過去連結，此等連結與馬汀利作品所設想與採取的非常不同，但這種連結的重要性，對於

預想未來一事的貢獻並不小，它企圖整合歷史，而不是忽略或拒絕。即便是在強烈的孤獨當中，依然有些連結可以產生，而這種連結可以、且應當有助於我們對未來的思考。

透納再次居住於默恩塞爾海洋堡壘的行為，在意圖上與目前對於紅沙類似建物的意見極度不同。那七座堡壘近來已經被慈善團體「紅沙計畫」（Project Redsand）所取得，該組織已修復其中一座，並正在募捐資金以確保七座堡壘有安穩的未來，雖然如此，這些建物距離最近海岸約9.7公里（6英里），實在不太可能為它們找到新的公共用途[52]；然而，「艾洛斯建築事務所」（Aros Architects）在近期提出計畫，建議將這些殘破的堡壘改造為豪華旅遊景點，有飯店式公寓、綜合博物館、海上spa、遊客專用直升機停機坪[53]。這項規劃又把我們拉回社會菁英的獨處夢想，正如海上家園研究所想要加以實踐的遠景。如同透納「海堡」計畫所彰顯的，渴望擁有自己的房間並不是人天生的缺陷，但我們必須時時認知，完美的安全狀態只可能在想像中尋得；即使你到了海上，這個世界依然與我們相連，不管你多麼有錢或多麼有權。海上家園研究所或許想要打造一個如羅伊・貝茨微型國家「西蘭」的大型版本，有著不受褻瀆的領土，而且可以與更廣大的外在世界聯繫，可是，正如所有富人所知的，其實正是由於我們缺乏強硬的保護殼——即我們的脆弱性——，我們最終才被拉入一個更廣大的世界，鼓勵我們分享、促使我們成長。

都市未來組織（Urban Future Organization）、CR設計工作室和查爾摩斯工學院（Chalmers Technical University）的卡琳・赫德倫（Karin Hedlund）、盧卡斯・諾德斯壯（Lukas Nordström）、佩德蘭・賽迪札德（Pedram Seddighzadeh），以及速成科技公司（Expedite Technology Co.）共同合作，「雲端公民」計畫，深圳，二〇一四年。

第三章
空中：建築與飛翔之夢

　　二〇一六年八月，人類有史以來最長的航空飛行器，在英格蘭貝德福德郡（Bedfordshire）卡丁頓機場（Cardington Airfield）升空，它是長度92公尺（302英尺）的氦氣飛船「登空者十號」（Airlander 10）[1]。最初登空者十號的開發是要供美國政府作為偵查監視之用，它將是未來新飛船大隊當中的第一艘，復甦了一九二〇、一九三〇年代飛船黃金時期的記憶。然而，登空者十號僅在第二次飛行時，便於降落時撞擊地面，受到損傷的不只是飛船本身，而且是該公司的整個計畫，本次經驗喚醒更加黑暗的回憶：一九三七年「興登堡號」（Hindenburg）客運飛船的起火災難與致命墜毀。那次意外也導致飛船世代戛然停止。

　　登空者十號引起的這股懷舊之感——人類征服天空的長久夢想、以及天空對人類征服之頑強抗拒的夢魘——是把雙面刃，它概括了我們與天際的關係。雖然億萬人類實際上已經透過大眾航空運輸而飛上天，我們依然無法讓天空成為真正可居住的空間。雖說噴射飛機讓我們可以身處空中，但飛機也同時極力使其內部與高空隔絕，當然它這麼做是有道理的。天空是否能真正成為人類可以居住的所在？或者，天空對人類而言始終會是個不友好的領域，人類與人居住的建築本有的重量，始終無法存在於此環

境中[2]?

空中生活似乎是個不可能的夢，但是，天空卻從許多方面占據我們的心靈。以最基礎的層面來說，我們已與天空／空氣（air）有著糾纏難分的關係，呼吸這個行為已經顯示，我們與外在世界並非隔離，事實正好相反[3]。與此同時，到了現代，空氣成為理性探索的課題：一開始被科學家隔絕在容器當中作為研究對象；後來又被氣候學家、超級電腦加以分析，企圖由此了解氣候變遷的影響[4]。為了要思考天空，我們甚至必須以想像，為無窮的天空設下一些界線，或者當我們試圖思考天空而對其設限時，因而讓自己向天空坦承，認知到我們掌握它的能力實在有限。

天空適合人類居住一事，可能出現在夢境當中。現象學家加斯東・巴舍拉（Gaston Bachelard）對此事探討頗深*，他認為天空的夢境來自於一處原始的地方：「處在空中是一個偉大的、無時間性的記憶，一切事物都沒有重量，其中我們自己乃是天生的輕盈。[5]」以各種方式作為我們的精神、靈魂或內在自我，這種輕盈的想像有時會以重複的飛行夢境來表現，也就是人單靠意志就能讓身體凌空的景象，不需要翅膀來提供動力，像是其他生物或多數飛行器那樣。對巴舍拉來說，在詩學與哲學性想像當中，天空／空氣代表的是輕盈、自由與靈感，而且是精神抬升的運動，他將此視為「生命最深刻的本能之一」[6]。因此，對天空的想像並不那麼像物質元素，而是「一種衝破天際的未來」[7]。

---

* 加斯東・巴舍拉（1884-1962）為法國哲學家，貢獻主要在詩學與科學哲學領域。

　　哲學家盧斯‧伊瑞葛來（Luce Irigaray）進一步推展巴舍拉在詩學上對於天空想像的重視，主張二十世紀的西方哲學在馬丁‧海德格（Martin Heidegger）的影響下已然「遺忘」天空，因為西方思想是建立於密度觀念之上，並且扎根於大地。與巴舍拉相映，伊瑞葛來主張在哲學論述層面恢復天空，將居住重新塑造為一種狀態──「在天空的自由範圍內處於平靜，這能夠保障每件事物的本質」[8]。居住並不是蹲踞於地上，立起保護的屏障以抗拒外在，反之，它是要敞開、面對外在的廣闊豐富，也就是天空本身的無窮無盡。

　　對於海德格過度附著於大地的現象學，伊瑞葛來的批判也可以被解讀為對建築本身的間接攻擊，因為在整部人類歷史上，建築形式近乎絕對依賴於堅固、密實以及穩重[9]。在定義上，建築是指堅固表層的混合以及其中的空間，因此，在所有建築之中都是有空氣的，但是建築卻近乎全然忽略空氣的存在，遑論處置空氣的物質性。對建築師而言，建築空間應當擁有一致的氣壓，盡可能排除外界不穩定的空氣，包括難以預測的對流風、渦流以及起伏不定的溫度。藏在人們房屋內部或底下的循環網絡，能為我們提供重要的服務：看不見的空氣、瓦斯、電力與資訊流動[10]。這些流動有時會被建築師塑造為優點，將通常會隱藏起來的管線暴露出來，以美學特色的方式展現之，例如理查‧羅傑斯（Richard Rogers）的「勞埃德大廈」（Lloyds Building, 1978-86），或者是倫佐‧皮亞諾（Renzo Piano）及羅傑斯的「龐畢度中心」（Pompidou Centre, 1971-7）。更近期一些，「綠」建築愈加採用大量高科技裝置與材料，使建築得以「呼吸」，這包括了建築的吸入（溫度控制與能源輸入）或呼出（廢物排除與回

收）[11]。這樣的概念一概在強調對空氣的控制，即便據說這些建築是在呼吸空氣，它們依然在遠離空氣，因為建築師們只將空氣當作可以操控的東西，用以服務建築或建築中的（人類）居民[12]。在那些以沙漠為基地的城市（例如杜拜）當中，建築對於空氣的控制達到了極致，這些城市的建築環境大肆擴張，乃是建築物無所不在的高耗能空調設備對空氣加以嚴厲馴服的直接結果[13]。

　　建築——尤其是城市中群聚的建築——周遭的空氣日漸受到注意，自從十九世紀工業化與急速都市化以來，城市空氣品質惡化（起初，惡化的空氣被想像成危險的沼氣），都市居民對於有害氣體的容忍程度也愈來愈低[14]。在早期，關於建築內氣候控制（climate control）的嘗試，例如一八五一年倫敦的水晶宮（Crystal Palace）*，顯示出要將內部空間加以封閉的渴望，如此一來便能夠隔絕工業城市裡日益惡劣的空氣[15]；而汽車問世帶來新型的空氣污染，這尤其影響著二十世紀後半葉關於摩天大樓都市（如紐約）的都市設計辯論[16]。主流建築現代主義的根本基礎，特別是二次大戰後的都市主義，有其對工業毒氣與都市擁擠的抗拒，因此，城市受到摩天大樓的轉化，能夠觸及純淨的空氣與不受限的天光，而且有柯比意（Le Corbusier）這等建築師運用鳥瞰圖來想像城市（如巴黎）的全面改造[†17]。有一些高樓建築甚至引入所謂「空中街道」，顯然已有在天空生活的概念，英國雪

---

*　水晶宮是第一屆世界博覽會的展場建築，鋼鐵結構、玻璃帷幕，是當時的建築奇觀。

†　柯比意（1887-1965），瑞士—法國建築師，為現代建築先驅、功能主義建築大師。

菲爾德（Sheffield）的「公園丘公寓」（Park Hill, 1958-61），以及倫敦的「巴比肯中心」（Barbican, 1965-76），就包含多層的行人走道，有意讓居民遠離都市街道的擁擠與塵土，而能擁抱上方更清淨的空氣[18]。

如今，工業化主要已經轉移至全球南方，建築該如何回應空氣污染也是；而建築如何回應空氣污染一事，在中國諸多新興工業城市已成為環境危機[19]。如今，香港有許多摩天大樓之間是以空中街道相連，如此人們可以避開污染日益嚴重的道路[20]。與此同時，有些亞洲的摩天大樓更直接地實踐空中生活，其最戲劇性的展現是在新加坡的「濱海灣金沙酒店」（Marina Bay Sands），此渡假勝地落成於二〇一〇年，其中有座長340公尺（1115英尺）的「空中花園」（SkyPark），橫跨在三棟大樓頂上，裡頭還有一個長150公尺（492英尺）的游泳池。還有更野心勃勃的，是CR設計工作室（CR-Design）為深圳設計的獲獎作品「雲端公民」（Cloud Citizen）計畫，那是一個超現代商業區，近來已獲准興築，區內包括一連串極為高聳的摩天大樓，並透過某些連接的建物而在空中相接[21]。在上述兩個項目當中，空中城市並非由建築與天空之間的回應關係（responsive relationship）所定義，而是由現代主義夢想之延續而定義，也就是要逃開城市底層的有害空氣，並且馴服高空的空氣以供應給都市菁英。

天空之城

「建造空中的城堡」（build a castle in the sky），意思是抱持著一個不現實且遙不可及的夢想，這個片語的起源不得而知，

但它所反映的是一種與空氣的長久關係，或可稱之為「空性」（airiness），其意涵或許是一個缺乏智能的人（「腦袋空空」air-head），或者是缺乏實質的概念（「說空話」hot air）[22]。這麼一來，「輕」（lightness）便等同於膚淺的表面，「重」（heaviness）則是事物的真正實質。

強納森·史威夫特（Jonathan Swift）在《格列佛遊記》（*Gulliver's Travels*, 1726）當中塑造飛行島嶼「拉普達」（Laputa）的奇幻景象，人們習慣的事物秩序似乎都顛倒過來了。在史威夫特筆下的故事裡，格列佛於航向東印度途中，他的船受到海盜逼迫而擱淺在一座多岩石的島嶼，他在沉思自己的命運將會如何，突然察覺到「在我與太陽之間出現一個巨大的不透光物體……它似乎有兩英里高……底部是平坦光滑的，因為反映下方海水而閃閃發亮……側面包括一層層的廊台與階梯，可以引領至冠於島嶼頂端的皇宮」[23]。透過滑輪裝置，格列佛登上飛行島嶼並遇上一個奇怪的族群，這些人永遠沉浸於幾何學及天文學的「深度思考」當中，他們的心思極度專注於駕馭純粹的幾何學，導致他們的房舍完完全全不切實際，房屋的角度完全不對，因為拉普達人藐視所謂的「實用幾何」[24]。拉普達的政治不容許任何異議，這座漂浮島嶼會大力打擊或剷平任何反對意見。史威夫特以這座奇幻的飛行之島，諷刺啟蒙運動思想有種要在純粹幾何的無形世界中尋找本質之傾向，而在他的眼界之中，甚至包括牛頓這樣的人物[25]。拉普達人或許戰勝了地心引力，但如此一來，他們也喪失與真實物質世界的接觸，尤其是他們自己的肉體。

史威夫特的拉普達在近代啟發了一些對飛行島嶼國家的重新想像，這些能移動的城市包括詹姆斯·布利許（James Blish）的

《飛行城市》（*Cities in Flight*, 1955-62）系列小說，動畫《天空之城》（*Laputa: Castle in the Sky*, 1986），以及電動遊戲《生化奇兵：無限之城》（*BioShock Infinite*, 2013）。雖然這些媒介所描繪的飛行城市差別很大，但它們與史威夫特的拉普達共同擁有一種寓意。在《飛行城市》四部曲的首冊當中，未來太空船「曼哈頓號」透過超強反重力裝置「陀螺轉」（spindizzy），與其餘的紐約市分裂，雖然這幕情景看似是荒謬的幻想，但它可以被解讀為一九五〇年代以降許多美國城市急速都市化的比喻[26]。在布利許的奇想裡，紐約中心的消失提供了一個極具力量的景象，也就是現實中一九八〇年代初期城市中心區之清空及其部分荒廢。

宮崎駿《天空之城》當中的飛翔堡壘島嶼則是全然不同的脈絡，乍看之下，拉普達好像是個古代樂園的遺跡，有一系列寧靜的花園與石造壁壘，還有一座堡壘座落於上方，而這全部都是建造在巨大的樹根之上，其核心是股水晶般的力量。然而，這座天空之城擁有陰暗的祕密，有一具由超級電腦控制、強大無比的武器，足以造就難以想像的破壞，那武器最終被劇中兩位少年主角所終止了。宮崎駿的《天空之城》，是在比喻人類科技與自然環境之間未決的衝突，這個衝突充斥著當今的都市生活[27]。

同樣不可能成真的，乃是《生化奇兵：無限之城》之中的飛行城市「哥倫比亞」（Columbia），它讓人不受束縛、自由想像一個飄在雲端的美國州，那是個建築大雜燴的城市，稱得上是十九世紀後期建築的盛大饗宴，這個城市在視覺感受上有刻意的懷舊感，城市光亮的程度有如過度曝光，加上老式的空中運輸（飛船和氣球）以及文化活動[28]。但是，這個有鄉村味道的城邦其實與史威夫特的拉普達同樣殘酷：由宗教狂熱、法西斯、仇外的

飛行城市「哥倫比亞」，《生化奇兵：無限之城》，二〇一三年。

「康姆斯多克」（Comstock）角色所統治，在某一種遊戲劇情之中，這座城市進攻並毀滅了紐約市。《生化奇兵：無限之城》的創意總監肯恩‧勒文（Ken Levine）表示，哥倫比亞乃是「人們相信它存在、但從沒真正相信的美國記憶」，這是仇外民族主義的一種暗喻，而這種仇外的民族主義正在影響當今美國與其它地區的政治地景（political landscape）[29]。

　　若說史威夫特筆下拉普達之寓意，啟發後人以飛行城市當作幻想的主題，拉普達那種反重力建築的理念，則預見了建築現代主義的一大關懷，也就是對於建築輕盈、透明以及——在某種程度上——彈性的新意識。在蘇聯於其早年的計畫當中，可行動建築的夢想恰好契合那個時代無所拘束的科技樂觀主義。一九二八年的莫斯科，喬治‧克魯蒂科夫（Georgy Krutikov）遞交「未來城市」（City of the Future）以作為建築學位畢業作品，那是一系

列的工程製圖，呈現出一座離地漂浮的未來城市，驅動力來自某
種尚未發明的原子能源。在其精美且精準的繪圖當中，克魯蒂科
夫顯示他新都市世界中的所有要素，包含著三種類型的公寓住宅
懸浮在半空，與地面上的工業區相連結，此懸浮區域透過全球性
旅行艙囊而能在空中、地上、水上移動，甚至在水中[30]。克魯蒂
科夫透過大量他類材料的展示，詳述空中結構與運輸的演進，他
強調自己的提案乃是從熱氣球演變至飛船與飛機動力的自然進化
階段。克魯蒂科夫的未來城市將空中生活與社會進步相連，也就
是說，國家會消失，沒有領土界線的社會主義烏托邦將會成真。

　　克魯蒂科夫樂觀的科技與社會夢想殘跡，可見於美國建築
師萊伯斯・伍茲（Lebbeus Woods）所構想的計畫中，那是位於
巴黎上方2公里（1.25英里）處的空中城市，係創作於一九九〇
年代的系列繪圖。伍茲宣稱自己要「反對地心引力」，他自封的
「無序建築」（Anarchitecture）要挑戰底下那穩定的、如博物館般
的巴黎，巴黎並不適合一個所有事物都處在不斷活動與流動狀
態的社會[31]。伍茲的飛翔城市所預期的，是一個全球性的流動之
海，如今數位時代的我們正浸潤其中，伍茲所想像的建築針對周
遭的流動及個人的欲求與居民的需求，完全是臨時性的、回應性
的，抗拒任何階層組織的取向。伍茲的思考確實坦誠，但是，我
們實在非常難以想像，這類建物中的居民是真的要徹底放棄建築
的傳統功能——也就是建築作為一個固定的庇護處、一個處在相
對騷亂世界中的穩定所在。如果我們要成為拉普達人，我們或許
需要推翻壓迫性的建構，無論其為社會的、政治的、或是——以
建築方面來說——物質的；雖然我們也絕對會在初獲如神明般的
自由時，與自己的人性失去聯繫[32]。

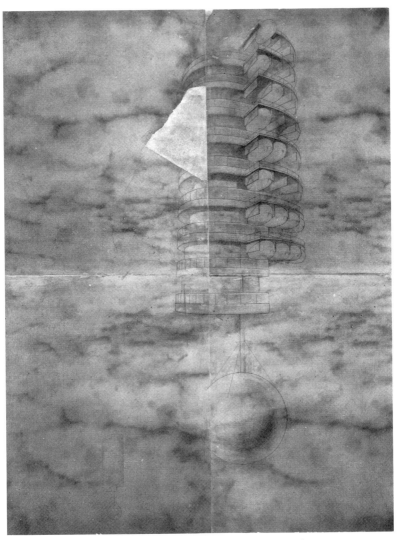

喬治‧克魯蒂科夫，懸浮公寓建築，《未來城市》，一九二八年。

萊伯斯・伍茲，巴黎上空的空中城市計畫，一九九〇年代。

約翰‧沃德爾建築事務所,「多元城市」,二〇一〇年。

　　當代對於空中城市的預想,降低了更早期構想中激進政治的重要性,特別強調生態的重要性。約翰‧沃德爾建築事務所(John Wardle Architects)的「多元城市」(Multiplicity)計畫,是二〇一〇年威尼斯雙年展(Venice Biennale)中澳洲「現在+何時」(Now + When)展區的一部分,該計畫所想像的是二一一〇年的墨爾本,一座漂浮的建築島嶼盤旋在傳統的都市紋理上空[33]。這些新空中建築能夠蒐集雨水、生成能源並且生產食物,它會提供高科技永續性模型,並成為城市上方的保護盾,同時又能解放陸面上的土地。在另一脈絡中,克萊夫‧威金森(Clive Wilkinson)的「無盡工作區」(Endless Workplace, 2015)計畫,則是構想盤據倫敦上空的共享辦公建築。這位落腳洛杉磯的建築

師認為，要解決倫敦極度壅塞及依賴隔間型辦公室的問題，得讓無盡工作區將加州科技業在工作場所上的革新設計帶進英國首都，創造出幾乎全不受限的辦公室，使得工作更能合作並發揮創意，且能消滅威金森所謂「在家工作的麻木孤立處境」[34]。然而，這兩個當代空中城市提案明顯缺乏的，也就是讓它們迥異於早先現代主義烏托邦遠景的，便是進步的社會生活或政治意識。確實，無盡工作區似乎斷言了，當前人類城市的敵托邦趨勢在未來將更加強化，一天二十四小時、每週七天的工作文化不會造就個人自由、而是無窮的勞苦，而城市的超級分層化（hyperstratification）會迅速導致街道層的衰落與毀敗。多元城市提案在面對人口過多與資源稀少的時代，或許對於城市的未來仍投射樂觀精神的景象，但是它的描繪如此粗略，使人不禁思索，如此提議能夠實現的程度到底有多少。於是，我們似乎又再度回到「建造空中的城堡」。

氣浮建築

　　我們或許可以合理地將飛行城市的預想，都歸類於幻想的領域，然而這些預想有許多根源於十八世紀以降的具體科技發展。一七八三年十一月，當孟格爾菲兄弟（Montgolfier Brothers）於巴黎第一次啟動載人的熱氣球時，有數十萬的群眾親眼目睹，從此開創了一個熱衷於實驗打造「輕於空氣」（lighter-than-air）結構的時代[35]。如今，人們對於熱氣球之旅的感受主要是休閒與享樂，可是在那個時代，熱氣球乃是人們驚奇和興奮的對象，它提供一項體驗世界的嶄新方法；即便在今日，搭乘熱氣球還是比搭

乘飛機更能夠切中我們對於飛翔的夢想，身在熱氣球上，我們可以毫不費勁地升空，不需要其他動物飛翔時所需的翅膀。比利時物理學家艾蒂安加斯帕‧羅伯（Étienne-Gaspard Robert）在一八二〇年所繪製的〈密涅瓦號〉（Minerva）熱氣球，就是一個可以進行全球科學探索之旅的空中永久居所[36]，密涅瓦號的氣球直徑26公尺（150英尺），再連上一艘大船，船身又連結了好幾個結構，包括娛樂室、廚房、劇場、讀書與生活空間的「空運艙」（air-marine）[37]。雖然在出版之際受到揶揄，但密涅瓦號熱氣球依然完美地捕捉到早期熱氣球時代的膨脹野心，且可以想見此等雄心壯志在未來可以造就出什麼，而它最終也促成十九世紀後期法國插畫兼小說家阿爾伯‧羅比達（Albert Robida）的先驅科幻小說之作。

羅比達附插畫的未來主義小說三部曲，直接納入當時新興的升空動力科技，也就是造就第一批飛船的科技，這尤其表現在三部曲的第一本《二十世紀》（Le Vingtième Siècle）之中，該書出版於一八八三年[38]。亨利‧吉法爾（Henri Giffard）在一八五二年首度成功展示可駕駛的熱氣球（dirigible balloon），但是一直要到一九〇三年，才出現第一次全程掌控的飛行，也就是勒博迪兄弟（Lebaudy brothers）所設計的飛船[39]。在羅比達所預測的未來世界——也就是書中一九五〇年代的巴黎——當中，大量的飛船組成城市中的主要客運形式。羅比達作為一位未來主義作家，很特別的是他還為小說插畫，《二十世紀》書中有數百張版畫，這不僅使文字更添光彩，而且還提供了未來的「立體」景象[40]。試舉一例便足以呈現：羅比達所繪製的巴黎聖母院上方景象。此圖為高空視角，觀者應該是置身於眾多往返聖母院頂端餐廳的飛

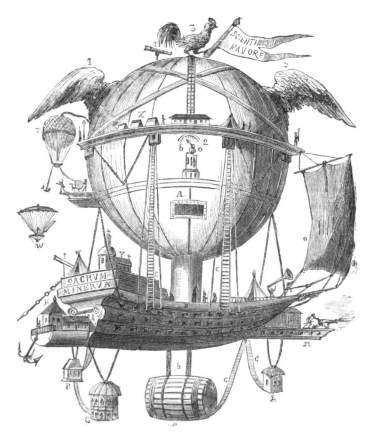

艾蒂安加斯帕・羅伯，〈密涅瓦號〉熱氣球，一八二〇年。

船之一，而餐廳則矗立在一座近似哥德式的鑄鐵建物之上，這幅
圖遂將觀者「帶進」其所描繪的未來世界中。我們體驗這幅圖像
時並不是旁觀者、而像是參與者，我們化身為眾多體驗空中都市
擁擠生活的乘客之一。在羅比達的插圖與文字之中描述的未來文
明日常生活，才是重點，平淡無奇的小說劇情僅是假託，「小說
家潛藏的那個世界藉此導覽之旅，一層一層地開展」[41]。

阿爾伯‧羅比達，巴黎聖母院景象，取自《二十世紀》，一八八三年。

　　《二十世紀》一書的調性是樂觀的，雖然未來的巴黎人生活步調忙亂，但電力科技提升帶來的發展，立即促成通訊網絡的進展（網際網路的先兆），以及安全又有效率的大眾運輸，靠的是大隊奇特的「空中車」（aerocar）、「空中計程車」（aerocab）、「航空巴士」（aeronefs-omnibus）。然而，三部曲小說的第二本《二十世紀的戰爭》（*La Guerre au Vingtième Siècle*）出版於一八八七年，其內容卻反映出未來空中都市生活的惡兆。早在一七八〇年代首批熱氣球問世以來，它們在軍事衝突方面的用途便已被納入實驗，羅比達在《二十世紀的戰爭》中描述了軍事護衛航空器，並預料到日後第一次世界大戰期間，齊柏林飛船（Zeppelin）會從空中震懾都市居民，這項發展的高潮則是在二次大戰末期，轟炸機可以投彈將城市夷平[42]。空中的恐怖也可能有其它來源，意即科技失敗的重大災難，熱氣球墜毀、氫氣動力飛船在熊熊烈火中解體，飛機失蹤或被擊毀、或用以摧毀建築。這種來自天空的恐怖，對於航空科技的整體樂觀精神，造成一股擾人的反作用力，尤其對於熱氣球這個今日依然流行但昂貴的休閒活動而言。現在，航空科技的黑暗面，則被遠距控制無人機對戰鬥人員、平民之攻擊，或者是「群體智慧模型」（swarm intelligence models）所揭開──「群體智慧模型」是指會自我組織的飛行機器軟式飛船（blimp），預示著未來戰爭型態突變的夢魘[43]。

　　二〇一六年登空者十號飛船的首次飛行顯示，雖然一九三七年興登堡號墜毀造成飛船載客時代猝然告終，這種交通方式依然有可觀的未來，尤其因為化石燃料的航空工具變得更加昂貴，且在文化意義上或許更不受人接納。與此同時，在「蒸氣龐

克」（Steampunk）這種類型的文學與視覺藝術當中，飛船所象徵的是懷舊「失落」的科技型態，也代表著想像不同未來的方式——亦即飛船戰勝動力飛行器的未來（或者就是個飛機沒被發明的未來）。從布魯斯・斯特林（Bruce Sterling）、威廉・吉布森（William Gibson）的《差分機》（*The Difference Engine*, 1991）到柴納・米耶維的《帕迪多街車站》（*Perdido Street Station*, 2000），在蒸氣龐克小說當中各色各樣的飛船才是主流，昭示著這項看似累贅的科技如何被賦予某種魔法而能再興，且由此重振飛船原本如何被人看待之道[44]。

在蒸氣龐克作品之中，十九世紀後期羅比達所想像的空中都市世界，被塑造為臆想的未來（speculative futures）以及不同的過去（alternative pasts），於想像中重新修改過去、現在及未來的關係。舉例而言，米耶維《帕迪多街車站》書中所想像的城市「新克洛布桑」，有著非常特殊的混合建築群，還有人類／非人類混雜的居民，甚至延伸至天上而擁有豐富的空中生命，有「從雲間出沒……像是高麗菜上的蛞蝓」的浮空器（aerostat），還有「疾飛經過城市中心直至九霄雲外」的軍用艙，以及各形各色的飛行生物聚集在不經意被釋放的巨怪蛾（slake-moth）之上[45]。米耶維的想像城市天空被他灌注了魔法與威脅，飛船尤其被塑造為令人驚奇的物體，也是軍事壓迫的工具，反映出其雙面刃性質的歷史意涵。在其他的幻想小說中，尤其是那些想像沒有化石燃料的未來都市者，飛船勝過了飛機，在保羅・巴西加盧比《曼谷的發條女孩》（2009）一書中，眾飛船在未來曼谷穿梭，而飛船是世界上唯一的跨國運輸工具，因為沿岸城市都已經被上升的海平面所吞噬。

　　在這些幻想景象當中，浮空結構在不一樣的都市世界——無論其為過去、現在抑或未來——當中，有其重要性，因為這開啟諸多可能性，足以充實並擴充空中城市生活的概念，思維超出傳統的飛機世界，因為在後者中，飛機幾乎都是遠離都市天際的，除非你運氣不好住在機場旁邊。如果有人強調，在環境品質方面，飛船勝過它那吃石油的表親們，那也會有人強調，在抒發人類對自由與平等的理念方面，浮空結構的表達會比飛機更好[46]。

　　在一九六〇年代的實驗熱潮期間，很多建築師轉而注意氣浮結構（air-filled structure），因為這似乎可以用來賦予六〇年代的樂觀精神，並且對抗一九五〇年代歐洲與美國的既有社會

安耐許‧卡普爾與磯崎新，「新方舟」音樂廳，搭建於琉森（Lucerne），二〇一三年。

秩序。除此之外，對建築團體如「螞蟻農場」（Ant Farm）、「建築電訊」、「烏托匹」（Utopie）來說，氣動力結構（pneumatic structure）是全然反對當時盛行的粗獷主義（Brutalist style）笨重混凝土大型建築[47]。雖然其付諸實踐的規模很小，但一九六〇年代的氣浮結構依然有非常高的抱負。對於某些人來說，這是對個人自由及行動力不受拘束的表達；而對於其他人而言，氣浮結構創造出一種新型的感官環境（sensory environment），能夠轉化人類的意識。對激進的團體如烏托匹而言，充氣體代表著對中產階級日常生活——看重的是堅固與永久——的推翻，而烏托匹在一九六八年三月巴黎舉辦的「充氣結構」（Structures Gonflables）展覽當中，展現出此種潛力。該展覽作品的特色不只在於充氣屋而已，而且還有各式各樣的充氣物品，包括機器、工具、傢俱乃至於車輛[48]。

　　依後見之明看來，這種具有革命性、烏托邦主義的氣動力結構理念壽命極短。一九七〇年日本大阪世界博覽會中充滿了野心勃勃的充氣建築，其中體積最巨大的，莫過於村田豐（Yutaka Murata）的「富士閣」（Fuji Pavilion），高度約有30公尺（98英尺）。即便如此，自一九七〇年代以降[49]，充氣建築的顛覆式衝勁便逐漸消弭，日益受限於休閒遊樂的世界中，特別是大眾音樂會的舞台[50]。然而，在更近期的充氣作品例如安耐許・卡普爾（Anish Kapoor）、磯崎新（Arata Isozaki）的「新方舟」（Ark Nova）音樂廳中，充氣結構最初的承諾——彈性適應都市生活的新型態——似乎又為不同目的而復興了[51]。這座充氣音樂廳有著類似甜甜圈的外牆，使用的材料是彈性塑膠膜，它為音樂、戲劇、舞蹈、藝術等提供了一個可拆卸的場地，在二〇一一年東日

本大地震與海嘯災難破壞之後，它曾經巡迴於那些受災地區。在此，具有高度表現性與色彩的氣動力建物，體現出面對災難時所能具有的適應與彈性希望。

　　雖然充氣建築物並不能如同一九六〇年代建築師與藝術家們所預想的那樣改造都市生活，但它們烏托邦式的潛能依然存在於一些近期的理論性計畫項目中。西元二〇一〇年，建築師文森‧卡勒保（Vincent Callebaut）提出「氫化酶」（Hydrogenase）計畫，這是一種新型的城市，建造於數量龐大的飛船艦隊結構之上，它們可以製造出自己的燃料（氫瓦斯），靠的是種植特殊品種的海草，海草可以吸收陽光與二氧化碳，以生成氫氣[52]。把飛船當作未來城市的建築模塊，卡勒保設計的結構可以是永久居住的都市區，他的提案是都市設計的一種徹底翻新。卡勒保雄心勃勃，他宣稱自己這座未來飛船城市將能夠體現最高的生態與人道主義原則（可移動的城市能夠在世界各地提供災難救援），得以取代他所謂瀕死的化石燃料航空業。更加具備烏托邦性質的，乃是蒂亞戈‧巴洛斯（Tiago Barros）始自二〇一一年的「流雲」（Passing Cloud）計畫，那是類似齊柏林飛船的航空球體聚集，以張力尼龍布包覆超輕的鋼骨結構[53]。流雲可以載運乘客，其移動只靠風力推動，這與當前航空旅行幾乎完全相反——亦即全然暴露在空中環境裡，緩慢地、不規則地移動。這個計畫的目標是要改造航空旅行，把緊張壓力的經驗變成一場「行程自由而目的未知」的旅程，讓旅客能夠擁有體驗「完全飄浮感受」的機會，由此，流雲顯然是採納加斯東‧巴舍拉對於人類飛翔夢境的理解，也就是沒有翅膀的協助卻能飄在空中[54]。雖然「氫化酶」及「流雲」兩者都是使用已開發出來的科技，尤其是輕量材料與更

乾淨的能源生成，它們依然牢牢地扣緊充氣結構的幻想，足以回溯至十八世紀末熱氣球剛發明的時代。科技可能演化、也可能變成多餘，但是飛翔的夢想則會始終在那兒。

雲中城市

　　在空中建築的脈絡裡，尤其是在空中城市的提案中，阿根廷藝術家兼建築師托瑪斯‧薩拉切諾（Tomás Saraceno）的作品值得以更多篇幅詳述，因為它代表這個課題至目前為止最為徹底的實踐。薩拉切諾以柏林工作室為基地，從事一場持續演化中的實

蒂亞戈‧巴洛斯，「流雲」，二〇〇一年。

驗，將理論上出現於眾多飛行城市提案中的未來主義，融合硬碰硬的可行性——也就是立基於科學研究與合作。由此一來，薩拉切諾創造出最具說服力的天空城市樣貌，並藉由他為數眾多的展覽與裝置藝術展現，使人們了解要如何打造生活於這麼一座城市中。他的計畫項目有很多是持續進行中的作品系列，都在追求這位藝術家的目標，也就是如何實現全世界第一座空中城市，或者用他的話來說，是「探索全新的、永續的方式，以居住且感受一個朝向天空—太陽能（aerosolar）發展的環境」[55]。

　　如同本章先前討論的數個作品，這個目標聽起來是不可能成真的烏托邦，但是薩拉切諾在持續進行中的「空港城市／雲中城市」（Air-Port-City/Cloud City, 2001- ）系列計畫當中，其精心打造的作品所展現之構建原則（constructive principles），或許最終能啟發這類城市的建造。在過去十年之中，他於杜塞道夫的裝置藝術「上軌道」（In Orbit, 2011），裝設可通行的球體與網格球頂，看起來好像懸在半空中[56]。他還建造了一連串可居住的多邊形模組，就位在紐約大都會藝術博物館（Metropolitan Museum of Art）的屋頂，展覽名稱是「雲中城市」（Cloud City, 2012）[57]。在另一脈絡裡，薩拉切諾於二〇〇七年啟用了一個可以進行世界旅遊的太陽能熱氣球／博物館，名為「航空太陽能博物館」（Museo Aero Solar），其製作材料全然取自回收的塑膠袋，靠參與者在各個啟航地點組裝，該熱氣球迄今仍在環遊世界[58]。此外，薩拉切諾在「邁向太陽能航空」（Becoming Aerosolar）計畫中，創發一項公開的、合作的作品，來蒐集人們對於天空的反應，以孕育一種新型態的集體意識[59]。這樣子的演化型作品，涵蓋範圍從小規模的研究，也就是薩拉切諾長期對於泡沫與氣泡結

構力學（structural mechanics）、設計最佳化模組組裝、蜘蛛網抗張力（tensile strength）之興趣，一直到大規模空中可居住結構的聚集，後者呈現在他思考雲中城市系列的理論草圖之中[60]。

西元二〇〇八年，我有機會第一手體驗薩拉切諾的作品，也就是位於倫敦海沃德美術館（Hayward Gallery）屋頂的裝置藝術——「觀測台／空港城市」（Observatory/ Air-Port-City），它是「心理建物：當藝術家遇上建築」（Psycho Buildings: Artists Take On Architecture）展覽的一部分。這項裝置藝術可說是薩拉切諾空中結構的早期範例，也可以說是飛行居地的原型模組，它是一個可以通行的網格球頂，參觀者可以在充氣枕頭上坐著或躺著，觀察環境或與環境互動，而對於下方的觀者來說（例如我人在裝置內，有位朋友幫我拍照），他們好像是浮在空中。這種飄浮的感覺是種光學幻象，結構建物不是真正浮起來，僅是藉由透明與反光的表面看起來如此。另一類似的情況，是薩拉切諾二〇〇一年在杜塞道夫的作品「上軌道」，它位於北萊茵威斯伐倫藝術館（Kunstsammlung Nordrhein-Westfalen）的玻璃圓頂之下，那些多層的球體好像是懸空的，實際上則是靠一張大網與無數的繩索連接至展覽空間的地板。

薩拉切諾的裝置讓參與者得以強力體驗懸在半空的感受，而不用真正承受現實升空經驗的危險，例如在二〇一五年十一月時，薩拉切諾本人親自在新墨西哥沙漠，舉辦破紀錄的載人太陽能熱氣球航程[61]。他的裝置主要不是為了實現真正的飛行城市，而是要影響人們對於天空的體驗，進而改變人們對天空的態度。因此，我個人對二〇〇八年體驗「觀測台／空港城市」的記憶，感覺像是被帶回了童年，我再度回復並經歷一種與天空連結的驚

托瑪斯・薩拉切諾，「觀測台／空港城市」，海沃德美術館，倫敦，二○○八年。

訝感。「上軌道」那些將球體懸掛的網子，也是衡量人們回應該作品的方法，根據薩拉切諾的說法，他所創造的每一項裝置，參與者的每個動作都會影響他人的動作，而且還會接收到回應。如此可以達到的效果，是「改變一個空間之中的責任與社會行為……在此案例中，指的是新興的飛行空間」[62]。

　　薩拉切諾裝置藝術對參與度的強調，可以將他的作品與一九六○至七○年代早期的螞蟻農場與建築電訊相連結，那兩個團體都在宣揚「自己動手做」（do-it-yourself）原則以鼓勵人們製作自己的氣動力結構[63]。然而，薩拉切諾將參與的概念推展到超越前輩的地步，讓參與成為作品的基礎要素。確實如此，薩拉切諾認為他的未來空中城市若要實現，必須依靠新興組織與有機性聚集

托瑪斯‧薩拉切諾，「上軌道」，北萊茵威斯伐倫藝術館，杜塞道夫，二〇一一年。

（organic agglomeration）的過程，而不是依賴某些個人天才的遠
見。某些評論家以為薩拉切諾作品的參與作法，有其特殊的倫理
—政治意義，亦即努力創造一個可居住的社會空間，「由多元性
加以定義，將不同的上升、下降、方向、速度、動能、材料放在
一起，但卻不使之包含、融合」[64]。薩拉切諾與想像居住於空中
的前輩們類似，他有一套精確的待辦事項，追求可以超越現存領
土疆界的空中城市，其所製造出的社會空間，可以創發居住於世

界中及與他人相處的全新——暗含著烏托邦意涵——方式。

　　社會學家布魯諾・拉圖（Bruno Latour）更進一步拓展薩拉切諾對於參與度的強調，乃至包含與非人類世界的相處[65]。對於薩拉切諾二〇〇九年威尼斯雙年展展覽作品「星系沿著細絲成形，就像水珠沿著蛛絲而形成」（Galaxies Forming along Filaments, Like Droplets along the Strands of a Spider's Web）[66]，拉圖論道，透過薩拉切諾的作品，我們——同時在視覺上及經驗上——理解到，「若與剩下的世界毫無關係，便無身分的存在」。因此，在體驗「觀測台／空港城市」等作品時，參與者透過材料的柔性（充氣塑膠、織網或鋼繩），同時意識到自身與他人的空間關係，以及在透明球體之外的物事：其他的人、城市、空中。拉圖判斷，正是這股雙重意識，「對生態以及政治提供有力的教訓：搜尋『內在』身分與『外在』連結的性質確實直接相關」。對拉圖而言，這種生態生成於人類世更廣闊的文化時代，意即了解人類活動在過去與未來都是塑造地球的力量，與地質變動的規模同等。拉圖將薩拉切諾的作品視為在此新世代當中，一個可以轉化人類彼此關係、人類與非人類關係的模型：非階層化（non-hierarchical）社會結構、生態結構，將人類個體與「人類的支持系統（supports systems）」相連結，這包括了人類所呼吸的空氣與居住的大氣[67]。

　　有拉圖這麼知名的理論家背書，無怪乎薩拉切諾的作品相較於從前空中城市的提案，投注了高度的嚴肅感。薩拉切諾對於空中城市理想的認真程度，可說是前所未見，這種精神展現於其作品的實驗精密度上。然而，舉出其作品中的某些障礙與困難，也相當重要，我認為這位藝術家沒有處置這些難題，而這可能會澆

熄對其作品高度樂觀之評論者——例如拉圖——的激情。首先，
雖然薩拉切諾的計畫項目企圖服膺永續的理想（此點尤其表現在
他追求讓未來飛行結構僅靠太陽能驅動），但他在充氣作品中使
用的許多材料實在不能符合永續的標準。透明塑膠聚合物（PVC
和聚乙烯）所製造的空中結構相較於傳統的地上建物，確實能大
量減少使用的材料量，即便如此，那些塑膠依然是石化產品，屬
於不可再生的產物，且其生產過程會釋放出碳。第二，薩拉切諾
在其計畫中強調徹底的行動性，這種游牧生活方式與螞蟻農場
及建築電訊作品相呼應，但這種去領土化（deterritorialized）活
動的倫理問題卻未受到質疑。連結到一九六〇年代的移動城市計
畫，諸如建築電訊的空中「機動城市」（Instant City, 1968-70），
不受限的活動經常以解放之姿來呈現，但卻不處置為何能獲得此
等自由的政治形勢[68]。

　　薩拉切諾所提出的空中活動性（aerial mobility），顯然只適
合那些強健有力的人，也就是那些願意在他的建物中攀爬、打
滾、跌倒、爬行之人。那麼，那些能力比較差的人，包括肉體殘
障或精神障礙（如眩暈症）者，在其中有何位置可言呢？即便空
中活動性的言論講得頭頭是道，號稱可讓所有人獲得自由，但飛
行城市絕對比較適合那些原本就最活躍的人。至於那些只想要靜
靜不動、待在原地，卻被強迫成為流浪民族——世界上的難民、
尋求庇護者（asylum seeker）、移民——的人們呢？不受限的活
動或許為某些人提供自由，但或許對其他人來說，卻是一種駭人
的動盪。

　　薩拉切諾對於建築與天空之間關係的概念，也可以解讀為過
度簡化。他的空中城市目標是要超越地上領土與民族國家的政

局，尤其在這個民族主義昌隆的時代，這點固然值得讚賞，但是將天空視為邊疆，把天空視為一個空的、無領土的、適合殖民的空間，實在危險。他將這樣的天空想像為仁慈的、良性的，天空歡迎人類入住，只要人們有勇氣這麼做。在人類世中，我們已經了解到，氣候變遷導致大氣層的亂流與極端性增強，天空已經被人類改變，而人類至今的作為，實在讓天空變得愈加抗拒人類的居住[69]。薩拉切諾的輕量飛行城市能處在「這片」天空嗎，能處在這麼不可預測、狂亂極端性日增的大氣層中嗎？或者，薩拉切諾的飛行城市最後會像螞蟻農場及建築電訊的充氣艙一樣，保護我們免於接觸極端氣候，但其實只是提供另一種與天空相處同時也在逃避天空的建築？

　　以上問題將我們導引回天空本身的複雜性，以及我們與天空的關係。即便人類的基本求生時時刻刻要與空氣接觸，但人實在不是天空的生物，我們被設計成地上的生物，而我們要升空非常困難，經常伴隨著巨大的恐懼與脆弱。飛機或許可以保護我們倖免其飛行時的惡劣大氣，但許多旅行者始終無法擺脫登上那些笨重機械的恐懼。乘坐熱氣球或許能使我們比較不會暴露於高空的惡劣空氣中，但是作為一種交通工具，熱氣球極易受到變化無常的天空影響，而且，我們現在將空中旅行的效率與速度視為理所當然，但熱氣球幾乎與此全然相反。假設我們要接受薩拉切諾所想像的那種天空，這幾乎等於要改造我們對目前這個世界一切事物的期望。天空——我們頭上這片如汪洋般的大氣——乃是氣候變遷關鍵的驅動力，前述的改造或為眾人之所想，但它必須接受、解決人類作為地上生物的限制與弱點。

　　要嘲笑人們登天的欲望，說他們是在幻想拉普達，是件很輕

易的事，無論那是抽象的思索、自大的宣言抑或天花亂墜的幻想。但是，人們與天空的關係建立在鴻溝上，一端是我們實際對天空的了解與理解，另一端則是我們對於天空的夢想。或許這道鴻溝永遠無法跨越，無論未來的科技會讓我們如何進入天空，我們永遠都是與天空相隔離的。可是，天空已經無可挽回地被人類集體行為改變了，在這麼一個世界中，天空會變得愈來愈不穩定，我們必須迫切去思考該怎麼辦。事實上，天空與薩拉切諾所想像的穩定和諧有很大的差距，天空會變得愈加躁動、狂亂、惡劣，我們需要留意的是這樣子的天空，我們所正在創造的「這片」天空。我們要注意的不是去主宰或控制天空，而是要尊重並承認我們對天空的依賴。

第二部

垂直的城市

第四章
摩天大樓：從標誌到體驗

　　西元二〇〇九年六月底，未來將成為西歐地區最高樓的地點，還只是一個地上的深坑，好幾架大型打樁機深入地下裝設摩天大樓的地基。它是倫佐・皮亞諾設計、耗資15億英鎊的「碎片大廈」（Shard）。建築地點周圍的圍欄看板上頭，宣傳著建造「垂直城市」（vertical city）的前景，那些文字令人回想起自一八八〇年代摩天大樓在芝加哥誕生以來，便主宰著建築理論的高聳、多層都市地景未來主義景象[1]。但是，當碎片大廈完工於二〇一二年，它卻未能達成原初的願景，雖然這是一棟多功能的摩天大樓，卻難以符合我們對城市豐富性的期望，其用途乃是豪華旅館、高租金辦公室、昂貴的觀光景點，還附有餐廳與零售處[2]。碎片大廈頗受溢美的景觀台「公共」空間，入場費是25英鎊，還要經過機場般的安全檢查，這簡直是在嘲笑何謂公共空間的傳統定義[3]。就像多數摩天大廈一樣，碎片大廈與城市之間的關係，一方面是其視覺上的突出地位，尤其在夜晚；而另一方面則是隱密的孤立性。然而，這種孤立性難道不是高聳建築的必然結果嗎——建造出一個與人類經驗如此不一致的環境？

　　與本書目前為止所討論的想像都市情景——水下的、漂浮的、飛翔的城市——不同，摩天大樓城市已經全然進入都市生

活，這是一百多年來的既成事實。確實，近年來摩天大樓的建造加速了，中東與東亞地區的急速都市化刺激摩天大樓變得比高還要高，以成為城市的主要標誌，走上世界的舞台，加入並挑戰美國摩天大樓城市（以紐約最為著名）主宰的舊世界[4]。根據「世界高層建築與都市人居學會」（Council on Tall Buildings and Urban Habitat）——全世界研究摩天大樓的領銜機構——資料所示，二〇一五年建造的摩天大樓數量乃是歷年之冠，該年有106棟超過200公尺（656英尺）高的建築物。「超級高」（super-tall）建築是指超過300公尺（984英尺）者，而「巨高無比」（mega-tall）建築是超過600公尺（1969）者，這兩類建築的數量急遽增加：在二〇〇一年前，全球已落成的摩天大樓僅有二十三座超過三百公尺，超過六百公尺的一棟也沒有；然從二〇〇一至二〇一六年，有七十四座「超級高」摩天大樓建成，這是人類史上頭一遭，此外有三棟「巨高無比」建築物完工、尚有數棟正在建造當中[5]。

　　摩天大樓興建數的增加，意味著我們必須更加注重城市的垂直軸，包括地表以上及地表以下兩部分[6]。世界上眾多新建的摩天大樓是在服務極少數鉅富菁英，其功能有如全球資本流動的容器，此外，它們在城市裡乃是非常強大的視覺存在，足以影響所有的都市公民[7]。文學史家保羅·哈克（Paul Haacke）主

摩天大樓高度比較表，二〇一六年。

張，進步的想像概念「需要更高的制高點（vantage point），由此察覺未來的多重視野以及歷史過去的多元性，同時在此時此刻保持行動」[8]。雖然摩天大樓的高度代表著全球菁英的權力，但摩天大樓依然提供給所有人一種拓展進步想像（progressive imagination）的工具。把這些再真實不過的物質人造物，對應眾多摩天大樓的想像性景象，可讓人把垂直城市的核心觀念帶回地面、帶回眾人的領域。

標誌

　　如今，各種類型的摩天大樓經常被描述為「標誌」（icon），其意義是一個具有主宰性力量象徵的物體。這種描述所反映的，是更久以來對於摩天大樓的崇拜，其淵源可以追溯至此建築類型的誕生階段。第一批被視為摩天大樓的建築物，誕生於一八八

○、九○年代的芝加哥與紐約，對於摩天大樓的敬畏感即源自當時，成為一種穩固的傳統，將城市裡的高聳建築物視為標誌性地標。整個十九世紀的倫敦旅遊指南，經常將快速成長的城市，向外國旅客再度呈現為一系列地標性建築，由一個制高點望出去，在高聳建築群的背景中製造複雜混亂的城市經驗[9]。除此之外，現今人們所熟悉的摩天大樓高度比較表，源頭其實是維多利亞時代的資訊爆炸，當時，類似表單的印刷品大量湧現，這些表單還觸及摩天大樓之前的時代，意即以教堂尖塔與圓頂為主的都市垂直空間。因此，即便在商業摩天大樓於十九世紀末問世，並凌駕已存宗教性建築之前，就已經有了如何觀看──包括宗教性與世俗性──高聳建築，並視其為標誌性建物的穩固文化。

　　但摩天大樓在美國的誕生，依然被視為新建築世代之濫觴，同時建立於特殊的建築原則（多層鋼骨結構支撐著帷幕）以及嚴格的商業用途之上。歐洲自十八世紀末以降，便使用鋼與鐵的結構框架（structural frame）來建造工業建築，但是將其運用至城市中心的商業建築，或說鋼鐵結構框架被認定為摩天大樓的必要特質，則是比較晚近的事情，一直要到一八八五年威廉‧勒巴隆‧詹尼（William Le Baron Jenney）高42公尺（138英尺）的芝加哥「家庭保險大樓」落成才算[10]。高聳的建築物愈來愈高，它們在美國城市中突出的視覺存在，使人們開始將其與更古老的建築物相比較，藉此為摩大天樓空前的視覺效果加上一些熟悉感與歷史延續性。一八九○、一九○○年代造訪紐約的旅客通常將這些高聳建物造就的新興垂直地景，與古代巴比倫相比擬，後者印象源自於《聖經》文獻及藝術家如老布勒哲爾（Pieter Bruegel the Elder）的著名畫作〈巴別塔〉（Tower of Babel）所強化的想

像圖像[11]。荷蘭建築師亨德里克‧貝特魯斯‧貝爾拉格（Hendrik Petrus Berlage）曾於一九〇六年論及紐約的摩天大樓：「它們看起來就像是巴別塔夢想之完成，這些建築物高高築起，幾乎觸及天庭。[12]」有些人將新興的紐約高樓天際線比擬於歐洲中古的城邦：在卡爾‧蘭普萊希特（Karl Lamprecht）的著作《亞美利加》（*Americana*）當中*，便把當代紐約天際線景象直接與義大利聖吉米尼亞諾（San Gimignano）的高塔照片相比[13]；還有另一些人將摩天大樓與古埃及神廟或兩河流域神壇（ziggurat）相對應。將

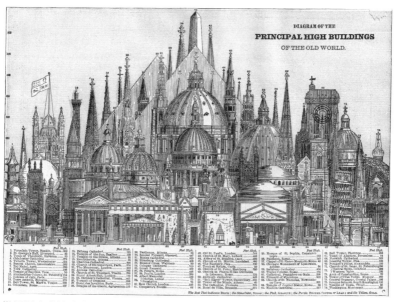

世界最高建築高度比較表，印製於倫敦，一八七〇年代。

---

*　卡爾‧蘭普萊希特（1856-1915）為十九世紀末挑戰蘭克實證史學的德國文化史家。

此種建築圖像學（iconography）的想像性覆蓋於摩天大樓，顯示出全新型態必須藉由與現存型態相連結，才能被人們所接受[14]。

　　第一次摩天大樓興建期的巔峰，是在一九二〇、三〇年代第一批超高建築物興築期，其中最高的正是「帝國大廈」（Empire State Building, 1930-31），高度為381公尺（1250英尺）。為了要符合一九一六年引入紐約的嚴格土地使用分區法（zoning laws），這些建築物的設計刻意在其垂直構造中採用「下階式」（step-back）型態*，在某些案例中創造出與上古神殿驚人的相似性。藝術家兼建築師休伊・費里斯（Hugh Ferriss）以超凡的視覺力道，將下階式型態灌注到他一九二九年的出版品《明日大都會》（The Metropolis of Tomorrow）中，他以黑炭筆繪出現實與想像中的摩天大樓，並且極為強調高聳建築的幾何型態，以及從遠方觀看的視覺效果，好像在天色半黑或霧氣當中若隱若現。若說費里斯的標誌性建築壓倒了上古的巴比倫型態，它們也同時具有強烈的矛盾感，究竟這是意味著「驟升」（headlong ascent）至未來——享有極盛的富裕與文化——，抑或墮落為災難性的破壞，而反映《聖經》故事中巴別塔的悲劇結局呢[15]？

　　一九二〇年代以降，早期摩天大樓的諸多象徵參照（symbolic reference）與顯著歷史主義（historicism）受到現代主義建築師們的挑戰，造就出令人熟悉的、過度功能主義式（functionalist）的幾何盒子狀高樓大廈，這種高樓在第二次世界大戰結束之後的三十年間，廣泛建設於世界各地的都市中心。不過，近期的摩天大樓建設潮，無論其發生在舊世界或新世界的城市，都極具力

---

* 「下階式」約是指大樓中央最高，愈至周圍愈低的階梯狀設計。

休伊‧費里斯所想像的未來摩天大樓城市，畫作收錄於《明日大都會》（1929）

道地——但可能使人不適——將強大的象徵意義再次投注於高聳建築。如西薩‧裴利（César Pelli）於吉隆坡的「雙子星塔」（Petronas Towers, 1998）等摩天大樓所標誌的，乃是世界最高建築的頭銜首次由美國轉移至亞洲（然後在二○○四年被「台北101」所超越），它同時被視為全球地位的標記「以及」地區認同的象徵——雙子星塔的尖端顯然在視覺上參照了伊斯蘭叫拜塔（Islamic minarets）[16]。新世代的最高摩天大樓亦有其歷史意涵，它似乎在執行前人思想的提案：以雙子星塔為例，它似乎是在落實亞恩‧霍賽克（Arne Hosek）一九二八年的「未來之城」計畫，以一座天橋連接兩座雙胞胎大廈[17]；另外，目前世界最高樓、也就是高度829.8公尺（2722英尺）的杜拜哈里發塔（2004-10；它是當今世界最高建築，但很快就要被沙烏地阿拉伯的「吉

達塔」〔Jeddah Tower〕）所取代，後者高度為1公里／超過0.5英里），則是在貫徹一九五七年法蘭克‧洛伊‧萊特高度1英里的「伊利諾大廈」（Illinois Tower）計畫[18]。這些視覺參考對象不只將建築素養灌注於新生的摩天大樓，它們還提供了歷史延續性，讓後人的計畫變成對前人夢想的實現——此乃西方國家已無能或不願實現者。摩天大樓如雙子星塔與杜拜塔的標誌性質，在於其顯示出「必然性」的意味，它們是摩天大樓演化過程中，已在過去被預見的產物。

倘若未來的某些摩天大樓是取材自過去，並藉此同時完成了過去、克服了過去，那麼我們該如何解讀倫敦最新的一些高聳建築被賦予的標誌性暱稱呢：例如，「碎片」、「小黃瓜」（Gherkin，聖瑪莉艾克斯〔St Mary Axe〕30號，開放於二〇〇四年）或「起司刨絲器」（Cheesegrater，芬喬奇街〔Fenchurch Street〕20號，完工於二〇〇四年）？或者那些正在興建者：如「尖塔」（Spire，預計二〇一九年完工）、「手術刀」（Scalpel, 2018）或「火腿罐頭」（Can of Ham, 2019）？於此，作為參照的那些標誌，都是極為普通的日常物件，這是將這些建築的強大視覺外觀，用可以記得住——雖然可能有些庸俗——的圖像加以總結的方式。這些暱稱未必是大眾接納之下的產物，若能受大眾接納，這象徵的是新建築物很輕鬆地進入日常的都市生活，但事實上，這些暱稱打從概念上就已經融入設計與行銷策略。其實，「碎片」一稱正是建築師倫佐‧皮亞諾本人在設計階段所設定，他將自己這棟建築形容為「玻璃碎片」[19]。暱稱的功能是要在一個日益擁擠而競爭的天際線中，作為自由流動（free-floating）的辨別指示符號（signifier）；暱稱可以幫助開發者與計畫機構將

建築物推銷給廣大民眾[20]。可是，相對而言，第一代美國摩天大樓的標誌性地位根植於公民價值，也就是發自公司企業的善意遠見，但今日的標誌性高聳建築物，不過是在投射一種「品牌化」的圖像，它們挪用公共空間的語言來掩飾事實──即它們實際上是在為極少數全球菁英創造高度安全化的空間[21]。造訪碎片大廈的人都能夠發現，其觀景台的「公共性」假象掩蓋了實情，也就是該建築內部受到仔細隱蔽以避免公眾目光。宣稱一種訪客享有尊榮的氣氛，只是更增添廣大民眾與正規使用建築者之間的隔絕，而所謂的正規使用者，便是那些商務人士或極其奢華之人。

根據地理學家瑪麗亞·凱卡（Maria Kaika）的意見，這些豪華摩天大樓實屬於「自閉建築」（autistic architecture），它們在其中展現出「只在乎自己」（self-absorption）的病態，將自身與外在世界隔絕[22]。對於不是在摩天大樓內工作或生活的人們而言，這些大樓在都市地景上是屬於高度媒介性的物體。現在的摩天大樓通常要在遠處才能加以欣賞，它愈來愈靠著特殊效果來引人入勝，尤其是夜晚探照的精緻燈光，或是投射到建築表面上的圖像，以便宣傳商品或者紀念特殊節日、場合[23]。除此之外，當代摩天大樓的媒介性質也為影視中垂直都市地景的想像景象提供了素材：例子可參照本書開頭的那張插圖，也就是類似《銀翼殺手》的那張照片──影像投射在雲霧繚繞的高樓上。將小說與現實之間的界線變得模糊，這個行為可以被理解為，突顯都市經驗物質層面及精神層面的相互連結性，該行為也加劇一項趨勢，也就是讓人全然將注意力集中在高聳建築物的視覺效果上，導致其心思都固著在建築的外表，從而閉塞了建築的內部。

杜拜的哈里發塔（2004-10），
以及其可能參考的史上模型：
法蘭克·洛伊·萊特高度一英
里的伊利諾大廈計畫。

　　標誌*可能是崇拜的對象，但它們亦可能
淪為目標，尤其是意識型態暗含破除偶像主義
（iconoclasm）之時，例如「九一一事件」中高
度的伊斯蘭破除偶像主義。破除偶像者執著於
將標誌設定為摧毀的對象，標誌所造就之力量
也醞釀出他人擊垮標誌的意志。長久以來有一
種相關的破除偶像主義——但較為無害——強
化了摧毀紐約高樓的文化狂熱：在H. G.威爾
斯小說《空中戰爭》（*The War in the Air*, 1908）
中，德國飛船消滅了紐約的摩天大樓天際線，
乃至於九一一事件之前或之後的影視作品，似
乎是在預期／重播那類事件，諸如《ID4星際
終結者》（*Independence Day*, 1996）、《科洛弗
檔案》（*Cloverfield*, 2008）[24]。

　　在災難小說或影片的悠久傳統之中，有些
作品特定聚焦在瓦解摩天大樓外表及內部的懸
殊差異。這類小說直接挑戰那些將摩天大樓內
部視為隱私空間的人——即享有特權的樓中
人。其中有一種關鍵的敘述主題，是從外部入
侵摩天大樓，例如恐怖主義者企圖破壞洛杉
磯摩天大樓城市的眾多堡壘，這便是拉瑞·
尼文（Larry Niven）與傑瑞·波奈爾（Jerry
Pournelle）小說《盡忠之誓》（*Oath of Fealty*,

---

*　icon也有偶像的意思

1981）的故事；或者是在喬治·羅密歐（George A. Romero）電影《活屍禁區》（*Land of the Dead*, 2005）中，成群行屍侵襲企業大樓的情節。然而，侵襲一事也可能從內部發生，例如想像摩天大樓的社會與物質結構崩解，此類情節最有名的應屬詹姆斯·葛拉恩·巴拉德一九七五年的小說《摩天樓》（*High-Rise*），亦可見於大衛·柯能堡（David Cronenberg）電影處女作《毛骨悚然》（*Shivers*），該電影同樣上映於一九七五年，內容敘述一棟菁英居住的公寓大廈被寄生蟲感染，居民們紛紛變為性欲殭屍。《摩天樓》和《毛骨悚然》兩片的結局皆是摩天大樓內部的社會解體，向外擴散：在巴拉德的小說中是擴散到其他大樓，而在柯能堡的電影中則擴散到其餘城市，發狂的大廈居民們離開建築，搭上車輛準備感染外在世界。

一九七〇年代初期至中期，是描述摩天大樓社區敗壞的敵托邦小說盛產時期。除《摩天樓》之外，梅克·雷諾茲（Mack Reynolds）《烏托邦之塔》（*The Towers of Utopia*, 1975）所呈現的是，高樓大廈淪為預謀衰敗的犧牲品。在這部小說當中，企業巨人擁有一棟一一九層的超級高樓，卻遭到刻意廢置，以創造出一個幾乎全然依賴建築業的新經濟需求。在另一脈絡中，湯馬斯·迪斯科（Thomas M. Disch）的《334》（1972）描寫衰敗紐約大樓區域的生活，那是一個具有嚴苛威權而社會階層激烈化的未來。更加奇幻者當屬羅伯特·西爾柏格（Robert Silverberg）的《裡頭的世界》（*The World Inside*, 1971），故事設定在遙遠的未來，不可勝數的大樓群（高3公里／1.9英里）容納著總數750億的全球所有人口[25]。一九七〇年代敵托邦都市想像的增長，反映出人們對於都市主義環境成本（environmental costs）的意識

提升；但這些敵托邦景象通常聚焦於高樓大廈，這是因為當時人們感受到大廈作為主流社會住宅（social housing）的失敗。關於這一點，可見於一九六八年倫敦「羅南角」（Ronan Point）大廈區的結構倒塌，起因是其劣質的建築方式；此亦可見於聖路易斯（St Louis）「普魯伊果」（Pruitt-Igoe）住宅案的社會性失敗，普魯伊果住宅遂於一九七二年遭到拆毀；此外尚有曼徹斯特的「荷姆新月」（Hulme Crescents）住宅案，該建案幾乎在一九七二年完成之際便開始衰敗[26]。

　　人們斷言，近年來住宅大樓的復興幾乎完全否定高樓作為社會住宅的可行之道。目前，以私人資金建築菁英型摩天大樓，使城市天空「豪奢化」（luxify）的趨勢，在人們特別注意少數有問題的社會住宅大樓案例時獲得支持，卻忽視了許多成功的社會住宅故事，藉此合理化新自由主義政策體制性地拆除社會住宅，而將其轉手至私人手中[27]。如此一來，一九七〇年代初期的敵托邦小說其實沒有深入探討，社會住宅是如何被不負責任的建設公司與市府當局所忽視，導致這些小說可能促成更近期意識型態上──與實際上──對社會住宅大樓之顛覆。然而，小說的批判模式亦有可能復興而攻擊目前的意識型態，該意識型態的假設是，富裕的大樓居民們不用承受那些無權者所承受的社會壓力。因此，巴拉德的《摩天樓》依然擁有衝擊那股傲慢意識型態的能力，書中所描述的高樓區社會崩解，顯然屬於中產階級，這點有力削弱了當前摩天大樓建造論述中，高度的階級歧視[28]。或許，新的「入侵」故事可以特別針對那些相信自己能不受騷擾的人們──那些繭居在城市上空豪華公寓的人們？新型小說或許可利用摩天大樓內部／外部的消解，作為一種警告的議題，以反對那股

意識型態的自大，並且呼籲進行重新連結，也就是要讓那些菁英們同時承認並接納自身的脆弱性。

　　阿拉斯泰爾・雷諾茲（Alastair Reynolds）的小說《終點世界》（*Terminal World*, 2011）正是精準地做到了這件事，其背景是想像的垂直城市「矛端」（Spearpoint），矛端城的位置似乎在外星球，人類、智能機器（sentient machine）與雲居天使混合居住於其中，而所謂的雲居天使，其實是演化至可以生活於不可思議高度的人類。矛端這座城市的「人口」超過三千萬，座落於──高到難以估量的──巨大人造尖頂的表面，雖然矛端屬於幻想的產物，但它很聰明地推翻了垂直建築的傳統假說，讓人注意到那些摩天大樓總是沒能達成它們自許的垂直城市承諾。從遠處望過去，龐大、旋轉狀的矛端城，其標誌型態類似今日的媒體化摩天大樓（mediated skyscrapers）：「城區近似一層光，在上升螺旋狀結構表面的磷光層。[29]」然而，矛端城的光並不只是投射在外表的光線，這些光線的視覺提醒那裡有人居住，這就是垂直城市本身的活潑生命。固然矛端城的建造是垂直的，但它的下部結構則是低矮的建築群，沿著一條上上下下繞行奇特都市區的鐵路而造，鐵路的坡度極陡，不禁令人想起第九世紀伊拉克薩瑪拉（Samarra）的螺旋叫拜塔。此外，那些都市區的建築紋理，其實是由矛端城核心發出的震波變化所決定，震波創造出垂直城市內部的奇特區域──過渡點，此處居民需要服用抗區域（anti-zonal）藥物，以緩和跨區移動造成的症狀。

　　在整本小說當中，打從故事主人翁墮落天使奇兒隆（Quillon）勉強自暗殺行動脫身而逃離矛端城，矛端城的脆弱性就已被強調了：脆弱性首先在於矛端城與下方世界的連結，代表

此種連結的是將物資運到城市的眾多凌亂纜車、滑車；其次則是故事前期災難性的區域轉換事件，為此，矛端城幾乎全毀，甚至姊妹市「雲集城」（Swarm）——飛船相連而成的龐大聚集體——都前來救援受災的尖頂區。起初，矛端城的姿態似乎可被視為都市自給自足的縮影，大量人口集中於這座巨大而年老的垂直建物中；但即便是這樣一座堡壘般的城市，在面對其無法控制的力量面前，依然是脆弱難當的。簡言之，矛端城的標誌性地位，因為這座垂直壁壘需要與外在世界相聯繫而受到損害。正如雲集城領袖里卡索（Ricasso）所言，在孤立狀態下，矛端城「是條演化下的死路：這是一種無法適應的型態」。在里卡索看來，若欲延續矛端城的繁榮，它就必須與「危險而嬌嫩的事物」重新連結——後者便是指雲集城，因為雲集城是座逆城市（counter-city），「其整體並不比任何部分更為強健」[30]。《終點世界》的寓意是強者必須重新與弱者連結，該書的力道衝擊著當代摩天大樓標誌日益將孤立視為美德之行徑。

經驗／體驗

　　自從西元一八八九年艾菲爾鐵塔設立觀景台以來，登上高樓、自高處俯瞰城市儼然成為都市旅客的一項重要儀式。二〇一六年時，我讓自己也成為那登上倫敦碎片大廈數百萬遊客的一員，碎片大廈在二〇一三年開放六十九樓與七十二樓的觀景台。商品名稱「碎片大廈觀景」（View from the Shard）極為吸引人，這種俯瞰倫敦的熱潮至少可以追溯至十九世紀初，當時有全景圖風潮（大型的倫敦全景圖畫在特殊設計的圓筒型建築牆上）與風

靡英國首都的熱氣球之旅（亦風靡其他歐洲國家首都）[31]。這種自上而下觀景的流行風尚，正值倫敦因工業革命而經歷迅速轉變與急速成長的時期。今日，一種更巨大的轉變正在發生，日漸加溫的房地產市場造就倫敦樹立起數百座新建的住宅用或混合型大樓[32]。

　　從極高處思考城市之複雜性，此等經驗／體驗（experience）會造成對平靜支配感的渴望，尤其當城市經歷急速變遷之際，此種欲望會更加強烈。從碎片大廈244公尺／800英尺高的觀景台往下看，倫敦瞬間變成一個可以解讀的、流動有序的網絡，道路與鐵軌呈扇形延伸至地平線；在天黑時分出現這壯觀的一幕，如神話般的彩色閃爍織錦；這座城市似乎一把將你這位觀眾拉到它的中心。當然，這種支配感會產生，是因為觀者遠離了在地面所體驗到的混亂感官轟炸[33]。確實，大肆強調視覺而犧牲其他感官，反過來複製了區別當代摩天大樓外部與內部空間的標誌性景象。當你身處在碎片大廈72樓時，其餘樓層好像根本不存在一樣，旅客無從體驗其它樓層，同時，遠觀的倫敦本身變成標誌，正如遠觀的夜間摩天大樓成為標誌一樣。

　　高聳建築物的觀景台，亦可呈現出摩天大樓如何限制肉體在垂直化空間中的行動。為此，我們可試想將碎片大廈旋轉九十度，從垂直變成水平，換句話說，就是成為一棟「貼地大樓」（ground-scraper），意即又長又窄的低矮建築體*。其結果會是這麼一座城市：擁有眾多內部死路（cul-de-sac），以及僅僅簇擁於建築物一端的少數入／出口。可能的爭議點在於，現實中一座水

---

*　其造詞刻意相對於「摩天大樓」（skyscraper）。

平建築物在空間上絕對不會如此受限，但是此番描繪想要揭示，垂直建築環境與其餘城市之間的差異究竟有多大。都市居民在處置城市空間時，其選項是開放的，但摩天大樓卻不得不減少選項的範圍。在地面上，城市提供了「街道良好的相互連結，側向連結性擁有近乎數量無限的可能性」；而在垂直城市當中，那種連結性始終頗為受限，而且經常受到嚴格禁止[34]。

　　垂直方向的建築無可避免地意味著相互連結性的減少，然而當代摩天大樓建築師們並不情願深入探究，設計師與計畫師們挑戰高聳建築物垂直軸主宰力的長久歷史。自摩天大樓世代伊始，許多人思考未來的高樓城市將會納入諸多連接高樓大廈的平面層，由此得以大量增加「都市地面」。於是，在二十世紀初期，許多垂直城市的理論預想激極地增進水平性（horizontality）。關於這一點最有力的呈現，是在已存城市的未來想像版本中，例如理查‧倫美爾（Richard Rummell）為《金恩的紐約觀點》（*King's Views of New York*, 1911）書籍扉頁所作的紐約景象，以及哈維‧懷利‧柯爾貝（Harvey Wiley Corbett）的版畫〈未來的城市〉（*City of the Future*, 1913）[35]。在倫美爾和柯爾貝兩人的未來紐約當中，高度與日俱增的摩天大樓建築，使得建造多層的高樓交通網絡成為必要，以便連結各座摩天大樓。在類似的脈絡下，早期電影中的未來城市景象，諸如一九二七年的《大都會》（*Metropolis*）與一九三〇年的《五十年後之世界》（*Just Imagine*），預設了類似的垂直軸及水平軸之相互連結性[36]。紐約摩天大樓蓬勃發展也啟發了H. G.威爾斯一九一〇年的小說《睡醒時刻》（*The Sleeper Awakes*），書中遙遠未來的倫敦，轉型成一座大樓高度逼近天際的城市，樓與樓之間由使人容易眩暈的走

倫敦碎片大廈七十二樓觀景台所見景色，
二〇一六年十二月。

理查‧倫美爾，摩西‧金恩（Moses King）《金恩的紐約觀點》書中插圖，一九
一一年。

道相連。許多預想是根據對都市不同交通形式的嚴格區分，顯然是要緩解地面交通壅塞的問題，但它們也預想未來城市居民們能夠擁有豐富的水平式經驗，因為城市已包含著多層的「地表」。

　　都市規劃師們有些成功的嘗試，例如芝加哥的「L」高架捷運*，以及曼谷的「空鐵」（Sky Train），還有美國明尼阿波利斯（Minneapolis）及香港許多高樓之間的空中走道。即便如此，多層次城市這種激進的想像傳統已經大為萎縮，如今主宰的範式乃是垂直堆疊的高聳建築[37]。雖然近來有人想要再次將水平維度引入摩天大樓，但它們通常未能納入早期構想中的社會維度。中國北京的「中央電視台總部大樓」（Central TV Headquarters, 2012-14），還有新加坡的濱海灣金沙酒店，皆具有驚人水平要素來彌補垂直型的高樓，但兩者皆未運用水平要素讓高樓與其餘城市相連。正如本書第三章所陳述，橫跨濱海灣金沙酒店屋頂的豪華游泳池，其實是摩天大樓訴求特權菁英、提供庇護空間、遠離城市底層的另一個例子。即便是當今最富雄心壯志的提案，例如由建築師丹堤‧畢尼（Dante Bini）、大衛‧迪米崔（David Dimitric）所提出的超大垂直城市——即清水建設公司（Shimizu Corporation）的「金字塔巨型城市」（Mega-City Pyramid）[38]，又或者是CR設計工作室為深圳構想的「雲端公民」計畫，它們構想的高樓建築環境都不過是與自身相關（self-referentially）的相互連結，也就是說，它們全部都是封閉的垂直城市，全然與現存的都市環境分隔。雖然這種高樓上的生活未必會導致如巴拉德等小說家們預測的社會崩解，但是層疊模型內在的垂直孤立傾向，

---

*　L是高架（elevated）之縮寫。

確實是高樓居民體驗不滿的一項刺激要素[39]。

並不令人訝異，最能在垂直建築環境中清楚找回水平經驗者，乃是摩天大樓的虛構故事而非現實建築。從負面的脈絡來說，這種故事的形式是高樓大廈反噬樓中居民。舉例而言，電影《火燒摩天樓》（*The Towering Inferno*, 1974）當中吞噬大樓的漫天大火；或者是《終極警探》（*Die Hard*, 1988）恐怖分子與布魯斯‧威利（Bruce Willis）的硬碰硬衝突，簡直讓那棟摩天大樓變得像是活起來似的[40]。在這些影片之中，層疊的垂直環境從一個安全的所在淪為極度危險的地方，而這一點居然經由九一一事件的電視報導，恐怖地進入人們的真實生活，雙子星世貿中心（World Trade Center）的逃生路線缺乏，釀成許多人跳樓身亡。在極高處進行水平式活動的危險，也被製片者用來強化故事的戲劇性及緊張感。例如一九八二年電影《銀翼殺手》的全片高潮，就是哈里遜‧福特（Harrison Ford）手指緊扣住未來洛杉磯一棟摩天大樓的屋簷，他就這樣懸掛著，下方一片虛空，直到他被自己原本要殺死的仿生人所救。在近年的電影《雲圖》（*Cloud Atlas*, 2012）當中，一對被追殺的情侶利用高科技輕薄彈出式天橋，在華麗的未來首爾高樓之間奔逃。於垂直建築環境中接觸水平一事，也有更現實主義的呈現形式，例如安德莉雅‧阿諾德（Andrea Arnold）電影《紅路》（*Red Road*, 2006）的一幕，在格拉斯哥（Glasgow）即將拆除的紅路大樓上，二十四樓的貧苦居民們打開窗戶，體驗到風的力道刮過他們的臉龐與身軀。在所有的虛構故事裡，九十度垂直移動引起的眩暈，可以同時被理解為恐怖與刺激。

關於眩暈與摩天大樓兩者契合的最有力呈現，或許就是一九

七四年八月七日，菲利普・珀蒂（Philippe Petit）在兩座雙子星大樓間走高空鋼索，該事件曾兩度拍成影視作品，分別是《偷天鋼索人》（*Man on Wire*, 2008）與《走鋼索的人》（*The Walk*, 2015）──雖然該真實事件本身並未拍成影片紀錄。兩部影片除了呈現雙子星大樓建築的奇特影像，以及作為標誌性記憶而鞏固它們在九一一事件後的重要性之外，還將令人屏息的水平式經驗加以戲劇化，也就是臨時跨越兩座高樓間的垂直虛空之上。珀蒂走鋼索的事蹟已然被塑造成英雄行為，珀蒂本人成為「超級英雄」，延續了奇幻人物如「蜘蛛人」的悠久傳統，可以輕而易舉地在摩天大樓上飛簷走壁[41]。

攀爬摩天大樓以自我滿足或博得名聲，乃是所謂「都市探索」（urban exploration）各類活動中的一項關鍵部分。它逐漸變成極端的都市運動型態，探索者彼此競爭以搶先登上即將完工的摩天大樓頂端，這類探險的最終階段通常是在極為危險暴露的位置，攀爬起重機或台架[42]。城市探索者布拉德利・加雷特（Bradley Garrett）認為，從事這類非法攀登行為的動機，包括一種測試個人恐懼極限的欲望，乃至於體驗非凡自由感受的衝動，或者感覺自己像超級英雄，如同珀蒂甚至蜘蛛人一般[43]。而在探索者攀爬高樓所產生的意象之中，最為看重的就是從高處往下看，那種令人頭暈目眩的景色所造就的壯觀感。它的必然結果，就是探索者們創造的圖像會愈加商業化，廣告商會利用這些圖像來賦予產品某種鮮明的顛覆意識[44]。

許多都市探索者之所以攀爬摩天大樓，是因為他們想要照自己喜歡的方式自由地體驗城市。他們質疑自己為何要被迫付費登上高聳建築的觀景台，為什麼自己的經驗要受到他人所訂規則之

拘圍？都市探索者們將個人自由的渴望視為世界上最重要的東西，但是，將遊客們吸引到如此高樓上的力量，難道不是同樣的一股渴望嗎？這兩種行為，都是為了要從城市處獲得自由，而其作為竟然恰恰是「逃開」城市。那些參加「碎片大廈觀景」的遊客們，感覺自己身處城市中心，獲得一種支配城市的感受，其實城市探索者所要的感受和這些遊客如出一轍，他們只是靠自己的方式登頂而已。不管靠什麼方法上去，景色都是一樣的，這個居高臨下的位置可以單純化城市連結之凌亂、單純化那些日常生活中無法控制與無法掙脫的事物。但這些鳥瞰的景色，並不能幫助摩天大樓回復與城市下層之間的豐富關係。

　　不過，都市探索者這種引發眩暈的攀爬行為，讓人饒有興味地看出摩天大樓中最不友善的空間究竟在哪，那就是摩天大樓的外部表面。在許多超級高與巨高無比的建築裡，為了防範意外發生，窗戶永遠都是關閉的，因為在此等高空處，外牆不斷受到難以預測的強風所吹襲。可以理解的是，摩天大樓的外牆鮮少刺激人們的想像，其效果遠不如大廈內部或者自遠處的眺望。不過，有一部小說——K.W.傑特（K.W. Jeter）的《再見地平線》（*Farewell Horizontal*, 1989）——的奇幻設定是，超大型摩天樓「圓柱號」（Cylinder）靠著它的外牆保護全體人類的生態系統。也許是受到建築師弗德里希·聖弗洛黎安（Friedrich St Florian）一九六六年「垂直城市」（Vertical City）計畫——共三百層的圓柱串型高樓——所啟發，傑特的圓柱號不可思議地巨大、高聳，無人知道它真正的規模。圓柱號表面的所有生命都位在雲層屏障之上，在此屏障以下則屬於尚未探勘的區域，甚至可能是無底深淵[45]。

　　《再見地平線》故事主角尼亞克斯特（Ny Axxter）是一位圖形設計師，他決定離開在建築物內部的枯燥生活，前去進行「垂直活動」，他計畫將自己設計的圖形標誌兜售給為爭奪圓柱號外部霸權交戰的部落之一。尼亞克斯特使用以地衣為燃料的摩托車在摩天巨樓外牆上移動，靠著拍攝與兜售不尋常的景色（例如在交配的天使們）來維持生計。尼亞克斯特與他的機器之所以能貼在巨樓外牆上，靠的是複雜糾纏的鋼索、夾鉗、特殊改造的靴子、還有吊掛的帳篷。當尼亞克斯特碰上有兩千人之眾的部落「浩劫團」（Havoc Mass）──居住在圓柱號外部的主要部落──他進入了一個改造適應垂直牆面的建築環境：

　　　　眾多隨機座落的鮮豔帳篷，帳頂有飄動的三角旗，彼此交相的通道、懸空狹道、繩梯、網子創造一種混亂局面。這個部落在此處的時間夠久了，於是從第一層的帳篷與平台衍生出第二層、第三層，簡直像是突出建築外牆的交疊帽貝[46]。

　　汲取自一九八〇與九〇年代賽博龐克科幻作品的諸多課題，也就是現實與虛擬之間的模糊界線、高科技與低科技的融合、渲染「很酷」的反文化，傑特的小說能讓讀者浸淫在一個幻想世界中。那方奇幻世界的中心設定──人類生活可以在摩天樓的外部進行演化──受到探索的程度，說服力極佳[47]。

　　《再見地平線》當中顯著的嚴重眩暈感，與較為務實表現人類對摩天大樓外牆經驗者，形成強烈對比，而後者最著名的呈現應是電影《不可能的任務：鬼影行動》（*Mission Impossible: Ghost Protocol*, 2011），此片利用杜拜哈里發塔作為動作場景之

一。湯姆‧克魯斯穿上特製的吸盤鞋,在哈里發塔外部往上爬了十一層樓(從一一九樓開始爬),拍攝鏡頭聚焦在下方的劇烈陡降及其在建物玻璃反射中的倒影,更增添緊張感。這一幕運用了教科書上的所有技巧,大力刺激觀眾的眩暈經驗,然而它卻沒能超越傳統對於摩天大樓外部的觀感——這是個例外的空間。傑特的小說力道所在,是能夠反向地說服眾人:書中結局是尼亞克斯特選擇回到圓柱號外部定居,「昔日的恐懼與噁心感都煙消雲散」,他準備好要去深入探索「垂直世界的曲面空曠地帶」[48]。

自然

　　當世界第二高樓「上海中心大廈」(Shanghai Tower)在二○一六年完工之際,它也宣稱是第一棟巨高無比的「綠」建築,被「能源與環境設計領導」(LEED)——美國最廣受肯定的綠建築第三方認證——評為頂尖的白金級[49]。上海中心大廈採用了永續能源來源的全景式裝置,並且能夠減少能源消耗,舉例而言,大廈頂端設有兩百座風力發電機,還有廢水再利用設備及雨水蒐集箱,而雙層玻璃的使用可以增進自然的涼爽與通風,整座大廈的螺旋形狀就是參考自然世界中的相似型態。

　　事實上,第一代巨高無比建築所伴隨而來的環境破壞程度,乃是史上未見,打造偌大一棟建築,其材料製造所需採石、採礦、加工的數量不可思議[50]。或許人們可以爭論,只要是達到此等規模的都市化,無論其為垂直或水平方向,釀成這番破壞實在無可避免。但是,當世界上的新興高聳建築物,擁有這麼多空出來的(unoccupied)——或在有些案例上是不

可占用（unoccupiable）的「虛榮」（vanity）空間時[51]，這些摩天大樓自我吹捧的環保證書，很可能僅是另類形式的「洗綠」（greenwashing）罷了[*]，那只是遮掩極高建築物強大象徵主義的煙霧彈，其真面目正是日益破壞環境的資本主義動能[52]。

　　除了令人起疑的環保品質之外，為摩天大樓賦予「自然」的作法，也可以被解讀為一種軟化這些人造物堅硬邊鋒的努力。在二十世紀初期，曼哈頓的摩天大樓——現實與想像皆然——經常被塑造為自然之物。高聳建築物被聯想為爭取陽光的大樹；人們將名山連結至曼哈頓的標誌摩天樓；冰凍噴泉象徵著靜止不動的克萊斯勒大樓（Chrysler Building, 1928-30）、帝國大廈與美國無線電公司（RCA）大樓（1931-4）[†53]。在休伊・費里斯一九二九年的《明日大都會》中，摩天大樓化身為巨型水晶，借用歐洲表現主義（expressionism）對於這類礦物結晶的熱衷，同時，摩天大樓高度比較表則呈現出一種「自然」的高聳建築物系譜。類似的高度比較至今依然是呈現當代超級高、巨高無比建築的主流作法，由此再度強化長久以來的自然演化成長論調，無視高樓愈來愈高、隨之增長的破壞性。在這些圖像之中，將摩天大樓比喻成自然的力量，能夠強而有力地解釋摩天樓的視覺主宰性，卻模糊了其中那股「太過人為」（all-too-human）的力量。

　　這個演化模型亦能夠解釋，在未來主義都市幻想當中，有種主流趨勢是要將想像的城市描繪成比當今城市更加垂直化，這包

---

[*]　「洗綠」是修改自「洗白」（whitewashing）的新詞，也就是包裝環保形象卻名實不符的行徑。

[†]　RCA大樓是洛克斐勒中心（Rockefeller Center）的中央建築，從一九八八年後改名為GE大樓，直到二〇一五年。

括《大都會》中的巨型裝飾風（Art Deco）摩天樓，乃至於《雲圖》新首爾的未來科技高樓、《迴路殺手》（*Looper*, 2012）的堪薩斯城（Kansas City）、《關鍵報告》（*Minority Report*, 2002）的

上海中心大廈，二〇一六年完工。

華盛頓特區。在這種大多演示敵托邦的模型中，城市垂直軸的密集化可能會被塑造為有機的演化；然而，如同熱帶叢林一般，城市垂直軸密集化的壓迫主宰性使其自身窒息，導致社會不平等與都市崩潰的威脅日漸惡化。高聳建築的現代主義提倡者引入一種不同──且樂觀正向許多──的模式，來理解摩天大樓與自然之間的關係，他們把重點放在要如何將自然的事物「帶回」建築之中，主要作法是創造出更加可滲透的（permeable）外部表面。那樣的自然與它所反抗、反對的表現主義模式中的自然，其實象徵性是相同的，它們都放棄思考摩天大樓的建造及使用如何與自然連結，反而去贊同另一種概念，讓固體的建築對抗光與天空的非物質性[54]。

　　近年來，建築業對於環境破壞影響的意識逐漸崛起，某些建築師構想出建造高樓的新作法，結合摩天大樓與自然接觸的程式性（the programmatic）與象徵性。馬來西亞建築師楊經文（Ken Yeang）與哈姆札（T. R. Hamzah）合作的作品，是綠摩天大樓概念發展的樞要。楊經文有許多建案、設計案與出版品，當世界最高樓的範例從溫帶地區的美國轉移到亞洲熱帶，他是第一位徹底思考摩天大樓設計該如何演化的人[55]。楊經文所造就的「生物氣候」（bioclimatic）建築，以吉隆坡「雙頂屋」（Roof-Roof House, 1984）為例，包含許多利用自然通風與蔽蔭處的設計特色，以緩解當地氣候的炎熱與潮濕[56]。楊經文後來的作品如「梅西尼亞加大樓」（Menara Mesiniaga, 1992），位置同樣在吉隆坡，是一座小型辦公大樓，該建築納入更多先進特色，包括傾斜的景觀美化基地，以及中等高度的輻射狀玻璃帷幕，外部又包覆螺旋狀的遮陽板，建築頂層還有天台與遮陽露台[57]。楊經文未興建的參賽提

案，例如中國「重慶大廈」（Chongqing Tower）、倫敦「大象與城堡生態大樓」（Elephant and Castle EcoTowers）以及新加坡的「熱帶生態設計大樓」（EDITT Tower），相較之下在規模上都更具野心，每一座都納入建築師精心設計的特色，強調真正的大樓綠化，也就是透過斜坡與露台直接將植物帶進建築物本身。

至目前為止，此等綠化最令人驚訝的實踐，莫過於義大利建築師史蒂法諾・博埃里（Stefano Boeri）的作品，而其中最知名的，就是他在米蘭的「垂直森林」（Bosco Verticale, 2014），這兩棟住宅高樓裡竟有九百棵樹與超過兩千株植物，此外，目前已有一個類似案子正在中國南京興建當中[58]。博埃里計畫以此法打造整座城市，他主張，綠建築可以創造出自然的「島嶼」而有其獨特的生態；植物吸收都市空氣中的二氧化碳，製造有益的氧氣；植物能提供自然的遮蔭及隔音屏障，減緩水平式的都市擴張（urban sprawl），尚能吸引鳥類與其他動物[59]。雖然博埃里的垂直森林外型令人驚訝，但被植物部分遮蓋的高樓建築本身，依然是用傳統的建材（主要是鋼筋混凝土），實行同樣傳統的設計（多層大樓）。除此之外，挖取土壤來興建綠色摩天大樓的環境成本相關資訊極為稀少，遑論未來維持大樓綠意的成本問題。若要將博埃里的摩天大樓斥責為另一種形式的「洗綠」，批評其掩蓋了摩天大樓的真實環境成本，這麼說或許有些過分了；不過，它也確實不能代表對現存高聳建築模式的徹底告別。

由此看來，摩天大樓設計的思想遠遠超出了建築現實，最顯著的證據就是，設計與建築雜誌《eVolo》所舉辦的摩天大樓設計大賽，至今已收到數以千計的參賽作品[60]。這項每年一度的盛事始於西元二〇〇六年，成為設計探索垂直密度（vertical

楊經文，「熱帶生態設計大樓」提案，新加坡，二〇〇八年。

史蒂法諾・博埃里,「垂直森林」,米蘭,二〇一四年。

density）問題的重要試驗場；光是二〇〇九這一年，《eVolo》就收到來自三十六個國家的四百八十九件作品，其中僅有少數精選作品登上雜誌[61]。提案的數量這麼多，要找到能一以貫之的主題絕非易事，遑論任何統一的形式語言；然而，自二〇〇六年迄今，大量的摩天大樓提案奠基於生態關懷，它們經常大膽推論不久的未來可能變成如何。在二〇〇九年的參賽作品之中，有一些想像的摩天大樓化身為垂直農場，將高集約農業和永續農業（permaculture）帶回城市中*，從而解放城市之外的土地[62]。其它的提案則展示，尖端科技如何能將摩天大樓外表轉變為巨型環境過濾器，其中裝設了雙層清淨槽，能夠淨化空氣及雨水[63]；或是效法楊經文的作品，讓大樓能提供光線、隔熱與自然通風[64]。與此同時，這些公開的生態性計畫經常以令人震撼的仿生（biomorphic）型態出現，包括「都市噴霧大樓」（Urban Nebulizer）的巨型螺旋結構[65]、形似巨大花瓣的「天空領域」（Sky-Terra）[66]，還有「網架組織」（Trabeculae）中的人類肺部結構[67]。

　　一件二〇〇九年《eVolo》的比賽作品——林權元（Kwonwoong Lim，音譯）的「高層空間」（Space High-Rise）——提案建造高度一千公里（621英里）的摩天大樓直達太空[68]。無怪乎那些批評家認為許多摩天大樓設計案只是在展示「單純形式的癖好」，完全不注意實際上這種結構要如何建造或予人居住[69]。不過，即便是最天馬行空的參賽作品，依然奠基於可行的科技，或在某些案例中已經實際運用的科技上。舉例來

---

* 　永續（permanent）和農業（agriculture）的組合新詞。

說，史蒂芬‧蕭（Stefan Shaw）與約翰‧丹特（John Dent）的
「生物城市」（Bio-City）提案，是兩座仿生的摩天大樓，高度1.2
公里（3/4英尺），位置在英國伯明罕的高速公路交流道——暱
稱「義大利麵交流道」（Spaghetti Junction）——上方[70]。摩天樓
表面有數千個光生物反應器（photo-bioreactor），可以滋養大量
藻類，其營養源來自陽光以及樓下車輛往來製造的污染廢氣。
藻類能被轉化為生質柴油和液態氮，為建築物與城市交通系統
提供能源。這項提案中建築表面的光生物反應器，確實被運用
在現實的建築物中，那便是史匹特沃克建築事務所（Splitterwerk
Architects）和奧雅納（Arup）位於漢堡的「生物智商住宅」
（BIQ House, 2014），其目標是要表示，即便是最奇幻的提案，
也不能輕易將其斥為不切實際[71]。當然，設計探索的強大力量，
就是要將人們認為可能的極限所在更加擴大；摒棄實務建築師的
一切限制以思索眾多可能性，這些可能性並不是在「預測」、而
是在「孕育」可能的未來。像生物城市這樣的提案，確實徹底重
新構想了摩天大樓的「皮膚／表面」（skin），將其視為有生命一
般，人造與非人造科技的混合可以防止我們輕率地在建築內部及
外部間設下界限。與第一章論及CRAB事務所「濕城市」提案的
脈絡類似，自然進入生物城市的目的不是要軟化其人工性，而是
要與之融合，創造出新型的自然，能夠與建築共存、而不是相
抗[72]。

　　《eVolo》摩天大樓設計比賽仍在持續進行，這證明了高聳建
物依然是深刻影響全世界人們想像力的建築型態，高聳與繁榮劃
上等號，好像建築物的高度本身就是經濟成長的護身符一樣。摩
天大樓以前是、且至今仍是未來城市想像的要素，即使那種未來

已經愈來愈與現在媒合，就像杜拜這樣的城市。因此，目前有一項急切任務，是要去徹底思考垂直城市的想像，而能同時顧及所有創意性作法，這些作法會對現實高樓建築造成影響。

　　在當代的實際建築領域中，摩天大樓的社會進步概念要如何更明顯地浮現呢？首先，高聳建築的形式必須被大力賦予歷史意義，此意義超越了品牌，並且刺激我們對摩天大樓的未來進行嶄新思考。究竟一座真正的垂直城市，一座可以同時容納地面上豐富都市生活流動的城市，能不能建造出來呢？這點依然需要時間來觀察；不過，像是《終點世界》矛端城那樣的例子至少顯示，垂直城市可以如何被想像、並由此擴張未來的可能性。其次，摩天大樓必須更加徹底地被體驗，或許高聳建築的本質不得不減少人們居住其中的可能性，但是，我們至少要去質疑垂直層疊的標準模式傾向「使住戶孤立」這一點。將人類的摩天大樓經驗加以戲劇化，此類的虛構故事為數眾多，例如傑特的《再見地平線》，若將注意力集中在此，我會認為建築師與都市設計師對此等經驗之可能性，接納的程度其實還不夠。或許可以將新型的水平性引入高聳建築之中，將高樓與高樓之外相連結，並讓其中居民擁有更多產生連結的自由。最後，摩天大樓的設計者必須承認高聳建築的破壞力，並且努力將此破壞降低，而不是用綠色手法加以掩飾。摩天大樓不應該破壞自然或者與自然分離，例如史蒂芬‧蕭與約翰‧丹特的生物城市或許能引領設計的前進道路，跨越人造與有機之間的鴻溝，並創造出兩者的融合體。

　　目前，這類的轉型不太可能實現，因為摩天大樓與新自由資本主義的關係如此親密，所以，差異化的形式與功能是摩天大樓被都市人口認可的關鍵，摩天大樓在我們看來就像是菁英不受侵

史蒂芬・蕭和約翰・丹特,「生物城市」計畫,二〇〇九年。

犯的堡壘。許多人經歷了九一一事件而體會到高聳建築的弱點竟化為駭人的現實，但這居然沒有讓人認知摩天大樓的「弱點」，承認此弱點，才是這些堡壘與——目前嚴格隔離的——外部再度連結之關鍵所在。但事實卻相反，過去十年來，摩天大樓面對這些日漸增加的威脅，其傲慢卻持續延續與增長。我們只能感到疑惑，這種反常的態度究竟該如何扭轉呢？這可不是要仿效充滿恨意的破除偶像主義者在九一一事件的破壞行徑，反之，摩天大樓要「下來」面對大地，或者大地得「上去」。與此同時，我們可以在自己的想像中，以這種方式居住在高聳建築之內。

第五章
地底：安全及革命

　　在維多利亞時代小說《即臨之族》（*The Coming Race*）裡，好奇的故事敘述者發現一支住在礦區底下城市的超級進化人類族群──「維若亞」（Vril-ya）。小說作者愛德華・布爾沃─利頓（Edward Bulwer-Lytton）*如此描述進入地下都市世界的通道：「一條寬廣的平路，視線所及由固定距離設置的人造煤氣燈所照明。¹」這段文字其實直接取用對世界第一條水下隧道的描述，也就是興建於一八二五至一八四三年間的倫敦「泰晤士隧道」（Thames Tunnel）²。泰晤士隧道被公認為現代世界奇觀，許多尋求新穎都市經驗的人都前來拜訪，當藝術家艾德蒙・馬爾克斯（Edmund Marks）在一八三五年到訪的時候，形容自己有一股「無法言表的地底空曠感」：「我所體驗到的驚訝與欣喜把我自己征服，我不得不暫時離開與我共同探索的朋友，在寂靜之中流淚、沉思。³」但是，當隧道的新穎感退潮之後，這些強烈的感受也消逝了，泰晤士隧道在一八六九年併入新興地下鐵網絡，由一個絕妙神奇的空間淪落為平淡乏味的空間。

---

*　愛德華・布爾沃─利頓（1803-73）曾任英國殖民部長，文學作品眾多，其子為著名大英帝國印度總督利頓勛爵。

　　如今的人們正在構思計畫，為世界各地城市的廢棄地下鐵基礎建設找到新用途。倫敦地鐵（Tube）或巴黎地鐵（Metro）的廢棄車站，被改建為游泳池、滑輪滑板場、藝廊等，為都市居民再次提供新穎的經驗[4]。在紐約，曼哈頓下東城（Lower East Side）的一條老舊隧道受美化之後，被豔稱為「地底線」（Lowline），對應曼哈頓著名的「高架線」（High Line）——近來後者這座高架鐵路被改造為城市公園[5]。與此同時，中國北京目前約有一百萬人住在地底下的避難所，那是在一九五〇年代為市民興建以防備核子攻擊的場所；這些人之所以要住到地下，是因為巨大都會帶（megapolis）的急速成長導致土地短缺[6]。若說在《即臨之族》當中，虛構與現實縮合在一起，那麼今天這種進占地下的行為，會如何啟發我們對這些空間的想像呢？若有人居住的話，這些效益主義式（utilitarian）的基礎建設是否開啟了不同世界的想像大門，正如百年前它們對維多利亞時代文人的影響（如布爾沃—利頓）那樣？又或者，它們的新興價值最終會使其再度受到拋棄？

　　城市愈來愈受到地下空間的控制，而這些地下空間的功能——無論是下水道、地下鐵、火車隧道或其餘型態的基礎建設——具有極高的效益主義性質，雖然如此，如《即臨之族》一書所示，這些空間依然對人類想像造成強大的影響[7]。我們已經意識到城市地下空間之必要性，也會定期使用其中某些空間，特別是地下道與地下鐵。可用的地下空間幾乎都是交通運輸地點，其目的是要快速通過，而不是逗留居住。這些空間仍然充斥著我們對於地下冒險的恐懼與焦慮，至今尤其被恐怖攻擊的威脅所強化，例如二〇〇五年七月七日的倫敦地鐵爆炸案。

　　地下與地面上的想像意義相當不同。若說摩天大樓高高築起而在視覺上宰制了城市，則地下空間內依然充滿著幽暗無形的深處。我們在城市地下的移動能力，與我們在摩天大樓中的移動能力同樣受限，惟兩者受限的方式截然有別。地下深處也許是被壓縮的空間，但是與朝向天空發展的大型膠囊不同，地下空間也擁有造成革命性扭轉的潛能。地下空間的隱形特性——與地上世界的隔離——使其擁有一種攻不破而且安全的氣氛。不過，近來倫敦超級富豪的地下室建築熱潮，或日新月異的尖端3D軍事監視科技在在顯示[8]，上述革命性潛能可能會輕易淪為另一種菁英的掌控範圍。針對地下空間的想像，要如何產生出一種都市主義，能夠以挖掘來充實——而非耗盡——城市的社會生活呢？地下空間豐富的多層歷史，也許能夠啟迪我們該如何打造或居住於這些空間內。

圓頂

　　密閉的人類環境歷史悠久，甚至可以追溯到人類的起源——當我們還居住在洞穴的時候。不過，將整座城市蓋上人工保護罩的念頭，一直要到十九世紀方才出現，因為當時鋼鐵與玻璃的新興科技讓事情成為可能，於是出現了一八二〇年代法國社會主義思想家夏爾・傅立葉（Charles Fourier）所想像的自給自足的烏托邦社區，以及一八五〇年代約瑟夫・派克斯頓（Joseph Paxton）的設計提案，亦即蓋起一座環繞倫敦的巨大拱廊。十九世紀初以來，巴黎與倫敦便在興築鋼鐵與玻璃打造的拱廊，因此，以上兩項計畫其實是將已存結構加以擴大的版本[9]。同時，

鋼鐵與玻璃結構的建造規模愈來愈大，或建成展示異國植物的溫室，或者成為國際展覽的展場建築——後者肇始於一八五一年約瑟夫・派克斯頓的倫敦水晶宮[10]。鋼鐵與玻璃的使用讓建築師與工程師們可以開發出規模與透明度皆前所未見的密閉空間：水晶宮的第一批參觀者們，對於這兩種材料打造的偌大封閉空間竟然能夠這麼明亮，感到驚訝不已[11]。在查爾斯・狄更斯所辦的《家庭箴言》（Household Words）雜誌上，一位匿名投書者寫道，水晶宮內部「紋理真是壯觀，其巨大令人感到崇高，其單純使人感到美麗」[12]；對於日耳曼訪客洛塔・布赫（Lothar Bucher）*來說，水晶宮超越了一般的建築體驗：「在這裡，視線不是從一道牆移動到另一道牆，在此，視線是無盡的，直到沒入地平線為止。我們分不清楚這座高聳的結構到底是一百英尺、還是一千英尺高。[13]」

這些鋼鐵與玻璃建築的發展，和地下材料資源的利用是並進的，尤其是為鋼鐵製造業提供原料的煤礦。於是，在十九世紀時，對於促進全然人造隱密環境的觀念，開採和居住於礦區以及鋼鐵與玻璃建築，兩者的貢獻是同等重要的[14]。這兩種封閉的世界——亦即地上的鋼鐵與玻璃建築和地下的礦坑——在空間品質上，可以說是雲壤之別，雖然如此，這兩個世界是有連結的：二者皆預示了居住空間內的新型地下層，也就是上方的包覆層或屏障讓二者實際上成為「地下」空間。

---

* 洛塔・布赫（1817-92），德國政治人物，因主張自由主義而在一八五〇年代流亡到倫敦，後來曾任俾斯麥（Otto von Bismarck）的重要助手。

　　十九世紀鋼鐵與玻璃建築的抱負與規模雖然宏大，但是那些包覆都市的構想卻未能化為真實，主要原因是鉅額的興建費用使人望之卻步。一直要到一九六〇年代，人工都市環境的想像才再度浮現。那十年間正是保護地球環境意識崛起的時候，第一批從太空看地球的照片是由一九六八年美國阿波羅八號任務所拍攝，這批照片廣為傳播，人們看見地球是何等柔弱——維持生命的脆弱大氣層四面八方全是不懷好意的外太空[15]。此外，伴隨著對於地球生態系統威脅的警覺，例如殺蟲劑、人口增加、剝削型資本主義等，這股高漲的地球脆弱性意識竟導致一種對封閉性的癡迷[16]，瀰漫於整個一九六〇與七〇年代。這正是建築評論家道格拉斯・墨菲（Douglas Murphy）所說的：

　　一次又一次，這個球體環境的概念，也就是圓頂（dome）或泡泡，代表著新興的地球意識，那就是指，地球是一個小小的、脆弱的球體……而這種訴求，對某些人來說，就是要擴增受保護的內部，以包含更多的生活層面[17]。

　　此一時期的大範圍計畫，預示著保護罩之下的新型都市社區。這包括巴克敏斯特・富勒開發的網格球頂狀生物圓頂（bio-dome），以及他在一九六七年蒙特婁世界博覽會實際蓋成的「生物圈」（Biosphere）展館，直徑達到驚人的76公尺（249英尺）。生物圈是由無數的等邊三角形構成，材料是輕量鋼管，創造出精巧封閉的絕妙視覺展示，而其中竟然容納了七層樓的展館建築[18]。在該屆世界博覽會上，尚有建築師弗雷・奧托（Frei

「墜落城市」的網格球頂，科羅拉多州，約於一九七〇年。

Otto）[*]設計的德國館，使用巨大的半透明聚酯纖維棚頂，以鋼纜固定在地面。德國館整片棚頂的拋物曲線製造出一種驚人的空間效果，因此被評價為新型人道建築（humanitarian architecture）的藍圖，可以迅速且彈性地回應人類需求[19]。

　　一九六〇年代後期，美國的環保運動促成新興反文化居地的建立，例如一九六六年的「墜落城市」（Drop City）。這個社區在各個層面實現富勒的網格球頂，墜落城市即興創作式的圓頂結構之所以可能，便是仰賴自己動手做的DIY文化，此種文化受到史都華‧布蘭德（Stewart Brand）《全球型錄》（*Whole Earth*

---

*　弗雷‧奧托（1925-2015）為德國建築結構工程師，以善用輕量結構著稱，代表作品是一九七二年慕尼黑奧運場頂。

Catalog, 1968）以及一九七〇年以降的史蒂夫·貝爾（Steve Baer）《圓頂食譜》（*Dome Cookbook*）系列所推動[20]。墜落城市的圓頂建立於超級輕量結構的新科技上，可以減少在地球上的生態足跡：它們同時也是強大的宇宙相互連結性（cosmic interconnectivity）象徵[21]。網格球頂結構的基礎，是無數結構單位間的複雜互動，這項圓頂科技所銜接的，是奠基於「圓」（roundness）概念的一種反文化生活方式欲望。對一九六〇年代的反文化者而言，圓與圓頂的想像內涵是很清楚的：在圓的屋子裡，所有事物好像都是安詳的，大地與天空相接，人類與宇宙相合[22]。然很快地，墜落城市開始崩解，它原初的社會凝聚力因輟學吸毒人口流動與資金日益短缺而惡化。時至一九七〇年代初期，墜落城市的多數圓頂已遭遺棄或處於失修狀態[23]。

　　另類社區如墜落城市等在一九七〇年代的失敗，正好符合那十年間所彌漫的幻滅感與悲觀精神。在這段期間的封閉城市想像當中，圓頂代表的並不是宇宙連結性或生態意識，而是人類的禁錮與社會停滯。一九七六年麥可·安德森（Michael Anderson）導演的電影《攔截時空禁區》（*Logan's Run*），內容根據的是一九六七年威廉·諾蘭（William Nolan）及喬治·克萊頓·強森（George Clayton Johnson）的小說，時間設定在西元二二七四年，有座巨大的圓頂城市容納了從前華盛頓特區的人口，而後者已淪為一片廢墟[24]。這座表面上的都市烏托邦使其居民們可以享有不受拘束的快樂主義，但卻有一項野蠻的作法：所有公民都會在三十歲時經儀式而被殺害，目的是為了控制人口數量。《攔截時空禁區》結合當代對於人口過剩的恐懼，以及對一九六〇年代反文化價值的諷刺性批判，這座圓頂城市最終造就了無生氣的都

市環境，完全不能接受任何顛覆。城中一位警官（也就是片名的羅根〔Logan〕）起而反抗自己預定的死亡，帶著女友逃離城市，逃到荒廢卻豐饒的昔日首都所在之處尋求自由。

　　這儼然是敵托邦的封閉城市景象，其根源其實是在更早之前的科幻小說傳統，也就是基於對科技的不信任，尤其是威脅人類自由的工業科技。最早在一九〇九年愛德華・佛斯特（E. M. Forster）*的短篇故事〈機器停轉〉（The Machine Stops）中，就有一片隱密的未來都市環境，不過它是位於地下而不是一座圓頂，這個都市讓公民們與外在世界完全斷絕連結，甚至讓人們彼此分離、使人與自己的肉體分離[25]。在佛斯特的封閉城市中，人類肉體萎縮成「肉塊」，多數公民根本沒離開過自己的房間，用來通訊的手持裝置，就像是原型的電子平板或行動電話。維繫城市的機器後來失靈，導致整座城市全毀，唯一的倖存者是已經找到蒼翠地上世界的叛徒。比較不具末世性但負面氣息依舊的作品，則是亞瑟・克拉克（Arthur C. Clarke）†在《城市與群星》（The City and the Stars, 1956）中想像的城市「狄亞斯帕」（Diaspar），那是一座有一千萬居民的巨大都會帶，它距現在已經又倖存了數百萬年，星球其餘地區都因熵力（forces of entropy）破壞而化作廣袤的沙漠[26]。狄亞斯帕受到無所不能的超級電腦——也就是位於城市地下的「記憶銀行」（Memory Banks）——以及城市周圍的環境過濾器所保護。我們最後卻發現，狄亞斯帕其實是懦弱的產

---

* 愛德華・佛斯特（1879-1970）為英國文學家，代表作有《窗外有藍天》（A Room with a View, 1908）與《印度之旅》（A Passage to India, 1924）等。

† 亞瑟・克拉克（1917-2008）是公認的二十世紀科幻小說界三巨頭之一。

物，也就是人類拒絕外在世界而尋求的完美庇護所。故事結局是，狄亞斯帕恆久的秩序在背叛者亞爾文（Alvin）面前崩潰，亞爾文已經找到出走的道路，並且領導著一場默默的革命，讓人再次擁抱外在世界的豐饒。

　　即便是在悲觀的二次戰後時期，圓頂環境依然具有矛盾的意義。在一九五三年艾西莫夫的小說《鋼穴》（*The Caves of Steel*）中，地球有八百座城市，每座城市都位於地下，是「半自治的單位，經濟上自給自足。每座城市各自將自身設在、將自身藏在、將自身埋在……一個鋼穴中，一個巨大的、獨立的鋼鐵及混凝土洞穴。[27]」未來的地下紐約城與鄰近的圓頂聚落形成對比，居住於後者的「星空人」（Spacer）是星際移民，他們企圖說服那些都市穴居者一同前去進行星際探索[28]。在此書中，圓頂再度代表了宇宙連結性、代表了在地球上的輕鬆生活，還代表了具有積極演化性質的科技。

　　與《鋼穴》並觀，巴克敏斯特・富勒和捷治・沙道於一九六〇年的提案，亦即覆蓋於曼哈頓中城地區、直徑3公里（1.75英里）的圓頂結構，它可以同時被解讀為對於「挖洞造就安全感」一事之抗拒，以及創造出內部自由而切斷與外部城市連結的環境主宰性[29]。富勒以經濟與環保的理由將該計畫正當化，他的圓頂可以減少城市中摩天大樓保暖或冷卻所需的能源，還能提供「與外部世界的不間斷接觸」，卻能免於「不宜人的氣候、炎熱、塵土、蚊蟲與日曬」，但即便如此，富勒的預想當中瀰漫強烈的科技決定論（technological determinism），企圖用環境控制的簡化模型來抑制人類／非人類生態系統的複雜性[30]。小說家腓特烈克・波爾（Frederik Pohl）在其作品《城市年代》（*The Years*

of the City, 1984）中，想像未來紐約實施類似的圓頂計畫，書中
有兩座圓頂「泡泡」（blister）矗立於紐約，而此時的紐約社會變
得更加分裂而充滿暴戾之氣，反映一九八〇年代初期紐約扶搖直
上的犯罪率[31]。在波爾想像的景象之中，圓頂並沒有創造出一座
「伊甸園」，反之，原先要避免混亂後來卻失敗的圓頂結構，卻
和受政治與經濟利益鬥爭的混亂城市共存。

　　波爾的想像小規模地化作真實，那就是自一九九一年以來
的「生命圈二號」（Biosphere 2）計畫。反文化界人物約翰·艾
倫（John Allen）是美國生態學家兼工程師，艾倫的公司「空間
生物圈企業」（Space Biospheres Ventures）打造了生命圈二號，

理查·巴克敏斯特·富勒和捷治·沙道，曼哈頓中城區直徑三英里圓頂提案，一九六〇年。

意圖呈現人類與自然建立的關係是否應該多一些細膩、少一些跋扈。生命圈二號是占地1.2公頃（3英畝）的一系列圓頂，這是史上最大的全密閉居住區。有八個人在生態圈二號中待上整整兩年，他們要體驗人類是否可以在全然封閉的系統裡活得好好的，期間是完全孤立的，生物圈內與外部世界沒有任何食物、廢物、空氣、水的交流[32]。這場實驗打一開始便遇上諸多困難，圓頂內部的氧氣逐步減少，食物不足以供應居住者，最終，計畫失敗了，原因是居民之間缺乏合作協調，這反映了圓頂城市若要成功實現，最大的障礙其實是城市居民自己。後來，當第二批人員在一九九四年進入生態圈二號，計畫依然不到六個月就結束，破壞者正是其中兩名打開空氣閘的組員[33]。

　　生態圈二號計畫的徹底失敗並沒有阻撓人們繼續創造密閉建築環境的執念。例如倫敦「千禧巨蛋」（Millennium Dome, 1999）、英國西南部康沃爾（Cornwall）的「伊甸計畫」（Eden Project, 2000-2001），還有西雅圖Google新總部設計等結構，都是在利用圓頂概念作為連結性、生產力、創意的景象，實際上就是在延續一九六○年代的樂觀潮流[34]。然而，近年來圓頂環境之復興，其承繼自早期計畫如墜落城市的社會意義反而退減，代之而起的是將圓頂視為遊憩、消費、企業特殊用途的膚淺埋解[35]。或許，最顯著的例子就是杜拜的「陽光山滑雪巨蛋」（Sunny Mountain Ski Dome）——在二○○八年金融風暴後暫時停工——提案，以及杜拜更近期的購物中心案，後者全長共7公里（4.4英里），還有可伸縮的圓頂，以上這些近年提案都是將重點放在如何於當今受氣候暖化威脅的世界中，創造獨特的氣候控制

小區（enclave）*36。未來，除了這些圓頂小區以外，如杜拜這樣的沙漠城市可能會變得無法住人。簡而言之，覆蓋城市的圓頂代表著排外性，這種趨向絕對無可避免，無論設計辭藻講得多有正面意義都一樣37。近年來大眾的圓頂環境景象再度拾起敵托邦傳統，例如電影《飢餓遊戲》（*The Hunger Games*, 2012）的同名地點，以及電影《楚門的世界》（*The Truman Show*, 1998）中真人秀的圓頂世界，或是美國連續劇《穹頂之下》（*Under the Dome*, 2013-15）當中恐怖外星人的干預等，此等負面印象潮流所要描繪的，是封閉環境中社會關係之惡化，以及人們對於該社會關係的反叛。

不過，對某些人來說，圓頂、泡泡、球體的觀念也代表著現代生活中脆弱的相互連結性，人類生活與建築環境被視為相互連結的領域，包括物質層面與概念層面38。本書第三章已探討過藝術家兼建築師薩拉切諾的作品，封閉環境——薩拉切諾的作品多是透明球體與網格球頂——的功能是讓環境中的居民與外在世界相連。就此意義而言，透明圓頂的人工本質可以提醒我們，我們經常將頭頂的大氣層視為無限的空間，但它其實是有限的。正如文化史家羅莎琳‧威廉斯（Rosalind Williams）所言，現實真相是，「我們一直都活在表面之下，活在大氣層的汪洋之下，或活在一個封閉而有限的環境之中」39。在非常實際的意義上，圓頂並不意味抽離現實，而是象徵人類存在的真相，意即我們是綁定在地上的生物。以較有希望的表達方式來呈現圓頂作為脆弱的庇護所，二〇〇九年「瑪特西斯設計」（Matsys Design）團隊

---

* 　一塊小區域，其環境、條件、內涵皆與周遭地區的狀況有差別。

美國CBS電視連續劇《穹頂之下》，二〇一三至一五年。

的「內華達聚落」（Sietch Nevada）計畫便是個例子[40]。建築師解
釋道，該計畫的靈感來自法蘭克‧赫伯特（Frank Herbert）小說
《沙丘魔堡》（*Dune*, 1965）沙漠星球中的想像地下居所。內華達
聚落展望的是一個淡水逐漸缺乏的未來世界，作為回應，該設計
案則是地上與地下之間的媒介，是一座覆蓋著可伸縮圓頂的蜂窩
狀地下城市，城市中綠意盎然，面對未來氣候變遷的衝擊，它承
認人類生活的脆弱性並予以回應。內華達聚落堅決抗拒如杜拜那
種排外的豪華圓頂環境，它所提出的是密集的地下社區，繼續與
地上世界保持密切聯繫。

瑪特西斯設計，「內華達聚落」計畫，二〇〇九年。

地堡

　　圓頂城市是地上及地下之間的媒介。當都市環境全然轉移到地下時，它們也全然變成了另一種城市——地堡城市（bunker city）。個人或眾人會有一種欲望，想退隱到一個完全與外在世

界隔離的封閉空間，地堡體現了這種欲望，而地底下正是此種結構的理想環境[41]。雖然地堡這種建築型態到二十世紀才問世，但創造地下安全生活空間則歷史久遠，最著名的例子當屬現代土耳其境內卡帕多奇亞（Cappadocia）地區的地下城與基督教堂，其遺跡可追溯到基督徒遭受迫害的古羅馬時代[42]。二十世紀地堡的差別在於其基礎是先進軍事科技，此項科技的進展，尤其肇因於第二次世界大戰期間城市廣受空襲，再加上冷戰期間核子武器的威脅。二戰期間，整片大地上都有地堡建造，包括納粹所蓋的大西洋壁壘（Atlantic Wall），還有大大小小混凝土地堡（群）共一萬五千座，散布在整個西歐地區沿岸，從法國南部到挪威的極北端[43]。一九五〇、六〇年代核子戰爭危機引發的焦慮，導致全世界各大重要城市興建軍用與民用的深層地堡，至今許多遺跡尚存，有些變成旅遊景點，有些變成了都市窮人的居所（例如北京的案例）[44]。這些庇護所多數由軍事工程師所設計並興築，試舉其中一個建築案例，是奧斯卡・紐曼（Oscar Newman）一九六九年的未執行設計，他想深入城市的基岩底下複製一個球體曼哈頓，但諷刺的是，這座地下的巨大洞穴本來預計靠核子爆破清出空間[45]。二次大戰期間的地堡多數是給小隊士兵或軍事人員居住，至冷戰時期，地堡被視作一個可容納數千居民的理想「倖存機器」，其中要容納的人員，主要是能在核子戰爭後數十年乃至數百年，有能力重建社會的軍事或社會菁英人士[46]。

　　幸好這個世界至少目前為止還沒爆發大規模核子衝突，深層地堡裡人滿為患的情形依然屬於虛構故事情節。但虛構情節可以讓人反省：如果這是真的該怎麼辦？生活在一個核爆避難地堡會是怎麼回事？冷戰時期的地堡故事，諸如莫迪凱・羅希瓦爾德

（Mordecai Roshwald）的小說《地下第七層》（*Level 7*, 1959）以及電視劇《火線》（*Threads*, 1984），顯示在核子戰爭之後，地堡複合建築完全不能勝任其保護人類生命的任務。在《地下第七層》中，全球核子戰爭造成數百萬美國人被安置在巨大的地下避難所內，從淺層的平民地堡一直延伸到該書標題的「地下第七層」，也就是位於地表以下1341公尺（4400英尺）的菁英軍事庇護所。故事敘述者是按下核子攻擊按鈕的眾人之一，只知道他叫作X-127，這本小說的內容就是此人在封閉地下世界的經歷。起初，X-127對於能與人類隔離感到安全：「自己像是個無所不知的存在，與其他人類全然切斷聯繫，同時又完全知道人類發生了什麼事。[47]」但是，隨著上方避難所一層層受到輻射污染，他開始感到自己的無助與脆弱。小說的結局是絕望，X-127自己因輻射致死，而他已經是──全世界或地底下的──最後一個人類了。

　　冷戰地堡的虛構故事有種以極端悲觀方式結局的傾向，因為具有爭議的內容，直接挑戰那些自負相信核子衝突可以控制、人類可以倖存的人們。在更近期一些的地堡故事裡，核子衝突的威脅退居為背景，這契合了一九九一年蘇聯崩解後的文化及政治變局；同時，地下結構中的社會關係則成為重心。於是，休·豪伊（Hugh Howey）的「地堡」（Silo）小說三部曲《羊毛記》（*Wool*, 2011-12）、《星移記》（*Shift*, 2013）與《塵土記》（*Dust*, 2014），訴說世界人口全都居住在為數眾多的地堡之內，各個地堡結構可延伸至地下一百四十四層。雖然第二部曲《星移記》揭示，人類存活於地下其實是核子大災難的結果，但整個三部曲──尤其是第一本《羊毛記》──的重點，是放在地下社會生活

的組織。休・豪伊聰明地倒轉傳統城市社會階層的概念，強調地下社會中最重要的一群人——工程師與負責採集原料讓地堡運作的維修者——住在地堡的最底層。正如《羊毛記》中生活在極深處的女豪傑工程師茱麗葉（Juliette）所言：

> 那些關於外部世界的禁忌夢想，在她看來，是空虛而令人沮喪的，那些，是死掉了的夢。上頭的人們崇拜那幅景象，把它全倒轉過來——未來在下方。地下有石油為他們提供動力，有可用的礦物，以及能讓農場土壤恢復的氮氣[48]。

　　維持地堡運作的代價不斐，任何想要離開地堡的意圖都不被允許，反對分子會被送到地堡之外受死，在那之前，他們會先儀式性地被迫去清潔感測器——將地上世界的殘破與毒害狀況回傳給地下居民的機器。

　　類似於其它近期的地下虛構故事如青少年小說《微光城市》（*City of Ember*, 2003）與二〇〇八年的改編電影[49]，《羊毛記》的場景大約設定在西元二三四五年的遙遠未來，距離地堡初建已歷時三百年，這項設定的效果是，避免對地下城市的建造產生清楚的因果關係意識；然而，這麼做並不會讓該故事與當代關懷疏遠，恰好相反，它反映出人類目前更加普遍化的焦慮，擔心被掌權者監禁和控制。在《羊毛記》中，如監獄般的城市之所以如此長壽，是靠少數菁英嚴格宰制的結果，這或許是對當前全球資本主義趨勢的一種反省，批判資本主義將財富日益集中在少數人手中。

　　在電影界，地堡城市的想像景象所看重的，是個人或小群體

喬治・盧卡斯電影《五百年後》（1971）的地下多層城市景象。

企圖逃出牢獄般地下世界的經歷，可能以核子大戰浩劫為主題、也可能不是。喬治・盧卡斯著名處女作電影《五百年後》（*THX 1138*, 1971），故事情節隨著英雄主角逃出自己生活的地下城而開展，我們不知道主角的名字，只知道他的代號是THX 1138。如機器人般的光頭主角在西元二十五世紀受消費型資本主義（consumer capitalism）所奴役，並且被無所不在的電腦監控系統以及恐怖的警察勢力所監視。與佛利茲・朗（Fritz Lang）導演的電影《大都會》的描繪相同，這些工人們被去除人性且受到嚴厲控制，他們的情緒因服用各種藥物遭到壓抑。盧卡斯這部影片值得重視，因為它設計出明亮俐落、現代主義的地下城市，其特色是光亮的白色空間與效率一流的交通網絡。此外，整部片聚焦在這些形似購物中心的多層空間網絡中，人體的移動或活動狀況。電影最後，主角偷了一部車並駕駛它穿梭數公里的隧道逃離地下城，結局畫面是THX 1138在日落陽光下的黑影。

電影中的地下城市常像座監獄，《男孩與狗》（*A Boy and His Dog*, 1975）、《堤》（*La Jetée*, 1962）以及據其翻拍的《未

來總動員》（*12 Monkeys*, 1995），還有《微光城市》皆是如此。以《男孩與狗》為例，電影改編自一九六九年的短篇小說，作者是哈蘭‧艾里森（Harlan Ellison），經歷核子戰爭之後，美國比較保守的人口選擇在地下生活，他們被稱作「地底人」（downunder），而地上拾荒世界的自由派居民，多數是暴戾的年輕人，稱為「漫遊者」（roverpak）。小說及電影都是以漫遊者維克（Vic），還有能與他進行心電感應的狗「布勒德」（Blood）為中心[50]。地下城市「托佩卡」（Topeka）為了增進有限的基因庫，派出一位姣好女性來誘惑維克跟她回去，維克的反應就像任何一九六〇年代的反文化青少年對於地下「規整」（square）生活的反應，他嘲笑那些「排列整齊的小屋、彎曲的街道、修整過的草坪」並對此作噁，由此抒發對一九五〇年代美國郊區生活的懷舊鄉愁[51]。《男孩與狗》所表現的是，即便在大災難的末世環境，禁錮依然是人們的選擇，並不是脅迫的結果，而某人的監獄可能是另一個人的樂園。

　　地堡城市監獄般的空間似乎象徵著社會的死路；另外對使用者較為友善（user-friendly）的地下居所設計範例，可見於所謂的「摩地大樓」，這個詞彙首先發端於一九三一年《每日科學和機械》（*Everyday Science and Mechanics*）雜誌，上頭刊登的一幅插圖是為日本防備地震所設計的反向大廈（inverted skyscraper）[52]。近年一些反向大廈提案，其目標是為快速成長的都市節省寶貴的土地，諸如馬來西亞建築師楊經文的諸多設計[53]，以及「碉堡建築事務所」（BNKR Arquitectura）二〇一一年的地底大廈計畫，位置在墨西哥市最古老的區域——憲法廣場「索卡洛」（Zócalo）[54]。地底大廈計畫共計十層，包括住家、

商店、辦公室等，倒轉的金字塔型設計目的是為高敏感的歷史區域提供高密度住宅，卻不會影響到地面層。公共廣場的地表會覆蓋上巨大的玻璃地板以利自然光照射，還能夠提供全新的地下居地景觀。此外，在同一年，建築師馬修·弗朗波露迪（Matthew Fromboluti）提案重塑亞利桑那州比斯比（Bisbee）的廢棄礦坑，讓它變成一棟「地函大樓」（mantle scraper），一座全然自給自足的地下城市，更附有藉天窗採光的農作區域[55]。

　　這些設計的意識有意透過地上自然光灑落，以減少地底下的黑暗特質，由此「消弭地上與地下的差異，讓事情可以變得更有趣」，也就是以更細膩的取徑處置都市的各種層次，面對其特殊的物質條件與意義[56]。在這方面，有一個非比尋常的例子是艾瑞克·納卡吉瑪（Eric Nakajima）的「液化大樓」（Liquefactower）計畫，該作品獲得二〇一四年*eVolo*摩天大樓競賽榮譽獎[57]。此作品設計是為了應對紐西蘭基督城地震頻繁的不穩定土壤，這棟反向大樓的建造與土壤液化同時進行，建築物會逐漸沉入大地，都市居地經此歷程而擴大，並且在城市下沉過程中利用地熱獲取能源。這棟液化大樓的設計目的是正視地底的物質特性，該提案顯示地堡城市未必得是死氣沉沉的空間或者社會死胡同。

革命

　　假使想像的未來圓頂城市或地堡城市，其重心是放在能抵禦外界威脅的安全條件，無論此威脅是真實還是想像的，那麼，地下空間應該也能被解讀為革命的空間。古羅馬晚期的卡帕多奇亞地下城，建造目的是為了逃避迫害，基督徒之所以去到地下，是

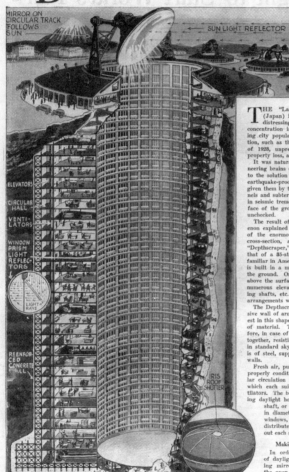

(Continued on page 708)

《每日科學和機械》東京「摩地大樓」提案插圖，一九三一年十一月。

因為他們被別人視為威脅——一群有危險點子會顛覆羅馬社會秩序的傢伙。一旦藏身於安全的地底，那些革命的點子就能夠繼續醞釀，不受地上世界的習氣所干預。

　　與革命相關的地底空間，最著名者或許是巴黎地底下的「採石場」（carrières）[58]。全長超過285公里（177英里）的廢棄採石場，有一部分在十八世紀末成為納骨室或地下墓穴，「採石

LIQUEFACTOWER
The Sinking City

艾瑞克‧納卡吉瑪，「液化大樓」計畫，二○一四年。

場」在一八三二年革命及一八四八年革命，以及一八七○年巴黎公社（Commune）事件期間，被起事者當作藏身之處[59]。這類真實事件成為想像作品的參考對象，「採石場」於是成為顛覆活動的場所，例子可見於伊利‧貝赫戴（Élie Berthet）的《巴黎地下墓穴》（Les Catacombes de Paris, 1854）、大仲馬《巴黎的摩希根人》（Les Mohicans de Paris, 1854-9），以及最負盛名的雨果《悲慘世界》[60]。在《悲慘世界》一書中，地下空間與革命之間的關

係顯然非常清晰。在提到點燃一八三二年革命的力量時，雨果寫道，在人類社會的表層之下，是眾多具有象徵意義的坑洞：

> 有宗教性坑洞、有哲學性坑洞、有政治性坑洞、有經濟性坑洞、有革命性坑洞，有個人帶著想法在這裡挖掘，別人是協伴來挖，還有其他人是用怒火去挖。

　　地底深處很安全，顛覆的想法在此「叢生、孳生」並持續醞釀，到最後它們已蓄勢待發，準備衝出地表[61]。雨果使用許多比喻的形象，例如火車、疾病、地雷，甚至是原型無意識（proto-unconscious），有些矛盾地將地底描述成一個充滿力量的區域，在此，新穎而具有衝擊性的觀念可以發展，準備挑戰各種根深柢固的習俗。

　　這並不令人意外，巴黎作為歷史上政治與社會動盪頻仍的城市，在小說故事裡它的地底經常被描繪成一個要顛覆政權的空間。至二十世紀時，巴黎地底又登上舞台，這次是一九六八年爆發的巴黎「五月學潮」，係自一八七〇年以降的第一次革命熱潮。「情境主義國際」（Situationist International）的激進藝術家與文學家團體，以「街道底下的海灘」為號召，採用雨果所提示的巴黎地下空間意象，將革命意識型態與城市的物質空間相結合[62]。換點比較輕鬆的好了，諷刺電影《洞穴》（*Les Gaspards or The Holes*, 1974）將巴黎「採石場」想像成「不適應社會者、怪胎、浪漫分子的反文化遊憩場，既安全又有孕育力」，除卻他們被迫去面對地上世界的時刻。在這部電影裡，地上與地下的衝突中心是在當時重建的巴黎中央市場「大堂」（Les Halles）──變

身成為地下購物中心與火車站[63]。

　　地底與顛覆活動兩者間的關係，依然是某些未來城市預想的特色，包括一九二七年佛利茲・朗電影《大都會》中的地下工人城市，那座城市最終爆發全面性革命，卑下的居民起而推翻在地面摩天大樓上統治的壓迫者。《大都會》大量取材自 H. G. 威爾斯早期的未來城市小說，其共同特質是非常極端的社會分歧。舉例而言，《時光機器》（*The Time Machine*, 1895）幻想在久遠的未來世界，貧富之間的鴻溝愈見嚴重，那正是威爾斯在維多利亞晚期倫敦親眼目睹者。時光旅行者發現，遙遠的未來世界赫然分為稚氣又閒散的地底住民「埃洛伊人」（Eloi）以及地上的「莫洛克人」（Morlock），莫洛克人是怪物般的勞動者，捕獵他們的演化遠親埃洛伊人。類似風格尚有 H. G. 威爾斯的《睡醒時刻》，在不久以後的未來倫敦，敘事者發現倫敦地底的工人區污穢而粗野，但地面上則是壯觀的烏托邦式景象。上述各種故事都借用了雨果將地底作為真相之地的概念，將都市地下當作一種批判的工具[64]。在此，暴露真相的關鍵作為，就是讓地上與地下重新連結；可是，要增進對真相的自覺，卻可能要以整體社會體制為代價，也就是得推翻或毀滅該體制。

　　尼爾・蓋曼（Neil Gaiman）在《無有鄉》（*Neverwhere*）所創造的，是個比較溫和但顛覆性依舊的地下世界，《無有鄉》原本在一九九六年為 BBC 電視劇所寫，然後在同年出版小說[65]。《無有鄉》幻想倫敦底下有一整片世界，故事是以「地上倫敦」尋常公民理查・梅休（Richard Mayhew）的冒險來開展，梅休遇見「地下倫敦」的多爾（Door）之後，人便「消失了」。經歷一連串地上、地下倫敦的冒險，梅休最終殺死一隻常在他夢境出沒

的兇猛野獸，他發現另外一整個倫敦，但倫敦居民們都看不見
這個世界──這個跨越真實與幻想的世界。在整部小說當中，
倫敦那些人們熟悉的名字，例如「老貝利」（Old Bailey）、「伊
斯林頓天使」（The Angel, Islington）、「黑衣修士」（Blackfriars）
等*，全被重新幻想成神祕的角色，擁有滲透世俗世界的魔力。
在《無有鄉》之中，地上與地下的連結是可能的，但唯有那些不
會被地上尋常世界人們看見的人，才能辦到。這個設計其實是
社會上「看不見」（unseen）的人之隱喻，例如常被我們忽視的
無家可歸之人，另外，這也是在呼籲人們超越對城市的日常感
受，用新的方式看待城市。這當然不是個巧合，十九世紀中期調
查倫敦下層世界（underworld）†的傑出編年史家名叫亨利・梅休
（Henry Mayhew），梅休探索倫敦最窮苦居民的處境，發表系列
文章且最終彙整為《倫敦勞工與倫敦貧民》（*London Labour and
the London Poor*, 1851）一書出版[66]。《無有鄉》那位英雄梅休的
奇幻旅程，就像維多利亞時代的那位梅休一樣，體驗了一場感知
上的革命，這是非常個人式的革命，但其衝擊力絲毫不亞於想像
在巴黎地下世界中醞釀的集體顛覆之力。小說的結局是，理查放
棄他的尋常人生，走進世俗倫敦的一道牆裡，通過魔法洞回到倫
敦地下世界的迷人黑暗之中[67]。

　　《無有鄉》所見證的，是一個尋求豐富都市感受的預想，以
想像力將城市中隱藏的地底空間──下水道、廢棄地下鐵站、地
窖、墓穴等──與心靈結合，同時善用地下空間本身的特性，以

---

* 　這三者本是倫敦的知名地名。
† 　underworld有「底層世界」與「地下世界」的雙關義。

及在時間長河中那些空間裡累積的豐富歷史及祕密往事。如此一來，尼爾·蓋曼的幻想，和那些冒險者們將潛入地底空間作為一種娛樂方式，兩者之間的差別並沒有那麼巨大。本書第四章已論及非法攀爬摩天大樓一事，同理，都市地下探索的重點在於讓身體與城市融合之渴望，用布拉德利·加雷特的話來說，那是在「揭開都市代謝（urban metabolism）的神祕面紗」，真實進入地下的基礎建設之內[68]。你會在地下找到城市的血脈，這些空間實際上維繫著都市生活。老實說，我們不該出現在那些空間，但這點反而會激發人們去發掘城市地下隱藏的真相。

　　許多地底探索者們會在造訪這些祕密空間時留下痕跡，巴黎「採石場」側面與上方牆壁有過去三百年間訪客留下來的大量標記，這些美麗的圖片收錄在書籍《地下巴黎》（*Paris Underground*, 2005）中。留下這些標記的人，包括官方訪客和非法探索者，前者留下的是銘文、調查測量標記、指路記號，而後者所留下來的，有繪畫、有馬賽克拼貼、有雕刻（被稱為「卡塔」〔kata〕藝術）、有速寫、有塗鴉，甚至有論文。在地上世界，這些暫時性的痕跡常常被抹去，地下世界則不同，多重時空的（multi-temporal）歷史在這裡依然可以——以豐富而令人眼花撩亂的表達方式——觸摸得到，證明地底是個保存物質化記憶的所在。

　　要將此等痕跡隨意、無計畫的本質聯繫上建築實務，實在是件頗為困難的事，因為後者是奠基於組織和控制之上。比較可能的作法是，就讓建築師與都市計畫者們允許這些空間繼續存在吧，換句話說，就是別去管它。這項作法簡直完全悖離本章最初所介紹的重建或再開發計畫（redevelopment plan），例如將廢棄地下鐵車站改造為新的「生產性」空間，無論是游泳池、滑輪滑

巴黎「採石場」中眾多藝術作品的一部分。

板場或藝廊。然而，設計者或許可以——就像都市探索者那般——與地下空間進行對話，企圖將那些空間納入視線，也就是進行干預、切入都市的層次，創造針對都市空間的新穎垂直觀點。城市地底具有歷史價值，尤其在起源悠久之地，上述的情況已然發生了，諸如雅典、墨西哥市或羅馬等常有地下古代遺物的地方。舉例來說，當人們在墨西哥市底下發掘阿茲特克大神殿（Aztec Templo Mayor），遂直接保留了那幅景象，也就是位於市中心的一個大洞[69]。另一個簡單卻有力的干預範例，位在義大利布雷西亞（Brescia）城，有個名為「地下布雷西亞」（Brescia Underground）的團體得到市政當局的允許，將當地一個人孔蓋換成圓形玻璃，這麼一來，行人們都可以看見下方的古代城市河流[70]。

　　近年來有一種趨勢是，某些城市當局企圖讓地下河流能夠露出，這是一種反向的都市化，使河水能「重見天日」。其中一例為紐約市的「鋸木廠河」（Saw Mill River），這條河在一九三〇年代時潛入涵洞，然後於二〇一一年重見天日，作為新建「范德東克公園」（Van der Donck Park）重建計畫的一部分[71]。另一案例則是在曼徹斯特大都會帶的斯托克波特（Stockport），當地政府在二〇一五年時，發掘橫亙於該市鎮「梅希威購物中心」（Merseyway Shopping Centre）的古蹟「蘭開斯特橋」（Lancaster Bridge），露出在一九三〇年代沒入涵洞的梅希河[72]。有時地下空間若能重現於世人面前，靠的是有心人士奉獻的結果。例如利物浦的艾吉丘（Edge Hill），開放了十九世紀初當地居民約瑟夫·威廉森（Joseph Williamson）與其雇工所挖出的壯觀隧道網絡[73]。有兩個志願者團體花費非常大的心力重新探勘隧道，這項計畫已逐步開放給公眾。探勘行動並沒有土木工程或商業規劃，它只是當地居民的熱衷與愛好；而且志願者們發掘隧道所使用的技術，其實與兩百年前建造隧道時幾無二致，志願者以一種非常個人、內心的方式，與這些空間的歷史連結起來。他們選擇再次親身居住於城市地底，並利用非正規的作法達成此一目標。

　　在以上諸案例中，地下空間本身似乎就是在提供人類表達欲望的空間，就此點而論，這與本章先前講的圓頂城市或地堡城市想像形成強烈對比。然而，這裡討論的地下空間或可串起在此探索的三個想像性理念，足以啟發未來該如何處置都市地底之道。第一，圓頂、地堡與革命性地下空間皆由「閾口」（threshold）所定義，所謂閾口或者臨界處，就是連結地上與地下兩者的空間，比如「地下布雷西亞」計畫所示，這些閾口被帶進公共領域

重新探勘「威廉森隧道」，利物浦艾吉丘，二〇一六年。

而不是被隱藏起來。第二，所有的地下空間都可以讓外在與內在在此交會，換句話說，這是相互連結性的意識——甚至此種意識是靠與相互連結性全然相反的隔絕（incarceration）而達成。未來的計畫項目也許可以利用封閉的概念來突顯人類脆弱性，目的不是對其加以譴責或閃躲，正好相反，這是為了發揚其解放之潛能，塑造內在及外在、地上和地下的「更深」連結。第三，地下空間的隱藏本性——也就是其黑暗與陰影處——可以靠創意而融入都市紋理，其方法是去強調、而不是消弭地上與地下之間的差異。因此，我們或可從已經身處地下空間的人們那裡汲取靈感，例如尋求庇護處的無家可歸者、被迫住在掩體內的士兵、塗鴉畫家及都市探索者、跑去地下水道的流浪兒、被奇怪挖掘欲望所驅使的怪人等等[74]。將地下的黑暗帶入都市空間，聽起來好像與人的直覺相違背，尤其過去幾百年來都市發展的追求——將光線和露天帶入「黑暗」城市中——明明正好相反。然而，若我們願意讓黑暗進駐，也許會發現自己對於地下空間的恐懼其實並不是真的，然後我們便可以接納這些恐懼，而不是加以排斥。

第三部

毀壞的城市

第六章
毀壞：蔓延、災難與熵

　　城市裡到處都有廢墟，拆除與重建持續進行，舊建築物拆毀後被新的取代，而這通常僅是因為新建築物比舊的更能獲利。許多建物被拋棄之後繼續存在，它們以荒廢姿態倖存著，是因為目前尚未為其找到新用途。另外還存在一些更為古老的廢墟，也就是那些刻意被保留或奇蹟似倖存的歷史遺物。最後，即便我們看不見，但建築環境其實一直處在衰敗邊緣，要靠著對所有建築結構持續不斷地維護，方可預防其衰廢的趨勢。過去的廢墟見證了柏油路底下的鵝卵石，提醒我們城市下方所埋藏的事物。

　　廢墟還會以其他方式出現在我們的城市裡。我們幾乎每一天都能在螢幕或報紙上，看見暴力破壞都市的恐怖事件，這包括刻骨銘心地埋藏在我們集體潛意識當中——源於那日鋪天蓋地的即時媒體報導——的九一一事件，乃至於更近期中東地區城市的「都市滅絕」（urbicide）[1]，無論那是內戰、宗教極端主義抑或美國領導的「反恐戰爭」之結果。此外，這是近數十年來頭一遭，核子威脅再度重振旗鼓，據說目前爆發核子衝突的機率甚至高於冷戰高峰期。這樣的廢墟景象進入了虛構世界，諸如最近的末日（之後）類型電影或電視節目、愈見複雜的電動遊戲背景，又或者見於當代藝術家的作品，例如二〇一四年倫敦泰特不列顛博物

館（Tate Britain）的展覽「廢墟之欲」（Ruin Lust）[2]。我們如何想像城市廢墟一事，會影響我們在現實生活中如何處置或規劃城市廢墟，這點當然無庸置疑；但整體而言，對於該怎麼去理解這種連結，建築師與都市規劃者們要麼無能、要麼沒有意願。

廢墟一定會是未來城市的一部分。都市生活所受的威脅，在未來世界應該會加劇，這或許源自氣候變遷的災難，也可能是戰爭或恐怖主義刻意瞄準城市，還可能是社會分歧惡化之下的暴力。建築師與城市規劃者面對建築環境的破壞與廢墟，他們別無選擇，只好發展出一種接納性（receptiveness）[3]。我們倘若能接受自己的生命有限，便可以促成更自由、更富同情心的人生，建築也是同理，若能接受建築的壽命有限，這樣或可使建築環境轉變為更具人道精神、更豐富而有意義。這個世界受到全球資本主義的宰制，不顧一切地堅持要持續並加速其「創造性」破壞，當前我們之急務是構思極度不同的毀壞觀點，將毀壞視為無可避免的產物——這不僅是資本主義的產物而已，而且是所有不願承認和接受極限、弱點與終結的社會之產物。

蔓延

如同美國作家雷貝嘉・索爾尼（Rebecca Solnit）的觀察，「一座城市——任何城市、每座城市——就是在消滅甚至破壞原先的地景」[4]。不過，現代城市所造成的破壞，遠比現代以前的城市要大得多。一直到十九世紀為止，城市整體上屬於緊密的建築環境，因為城市交通網路主要是以步行為目的。一八三〇年代以降鐵路的發展，以及一八六〇年代以降地下鐵的建造，還有一

八八〇年代以降電車的設立，推進了城市的水平式擴張，形成十九世紀的工業都會圈，例如曼徹斯特。這是史上頭一遭，鐵路與電車使城市裡的人們得以住在離工作地點不必太近的地方，由此促進郊區的急速成長，環繞於從前的緊密城市（compact city）四周。至二十世紀初期，汽車的大量生產更加快上述過程，導致大都會廣大郊區迅速開發，在美國尤其如此[5]。今日，都市蔓延（urban sprawl）造就大城市彼此融合成區域大都會帶，其中最有名的或許便是中國的珠江三角洲，在這裡目前所進行的，是人類史上最快速的都市擴張，未來還有可能讓香港（二〇一八年時人口740萬）、深圳（1180萬）、廣州（1300萬）合為一體[6]。

　　有鑑於這股都市向外擴展的趨勢，無怪乎都市蔓延的想像主宰著二十世紀以降的未來城市形象，無論是烏托邦或敵托邦模式皆然。一方面，在前衛建築計畫當中，如弗雷德里克・基斯勒（Frederick Kiesler）「空間中的城市」（The City in Space, 1925）與「康斯坦特的新巴比倫」（Constant's New Babylon, 1956-74），蔓延一詞可以等同於非常彈性且解放的都市生活型態。基斯勒的計畫項目原本是為一九二五年巴黎「現代工業裝飾藝術國際博覽會」（Exposition Internationale des Arts Décoratifs）展覽所設計，那是一座有彈性的靈活城市，消除了一切鄉村與都市的區別，其建築物設有連續的、交織的、多層的系列坡道，將居民從硬性建築幾何的牆壁與地板中解放出來[7]。後來康斯坦特的新巴比倫計畫，花費該建築師近二十年的時光。新巴比倫預示一座無秩序的、具有環繞地球（planet-girdling）潛能的城市，而該城市將由其公民在持續遊戲的狀態之中建造起來[8]。

　　自一九七〇年代以降，人們預測蔓延的城市容易受到生態

破壞、人口過剩與社會崩解影響而淪為惡劣的環境。一九八○、九○年代賽博龐克小說的一大特色就是蔓延城市，例如在威廉・吉布森《神經喚術士》（*Neuromancer*, 1984）中，都市世界的主要區域「波士頓—亞特蘭大超級大都會」（Boston-Atlanta Sprawl），或者是瑪芝・皮爾西（Marge Piercy）小說《他和她和它》（*He, She and It*, 1991）之中的都市「格洛普」（Glop）。威廉・吉布森所想像的未來超級大城裡，充斥著過往科技的殘骸：

> 這垃圾看起來簡直是從地上長出來的，像是一朵變形金屬與塑膠組成的菇類，在時間的壓力中逐漸沉澱下來，碎片靜靜地形成一片覆蓋層，晶瑩剔透，由廢棄科技產物所構成，逐漸在大都會的廢棄場上綻開[9]。

在同時期的敵托邦影視作品之中，未來城市的蔓延常被描述為人口過剩與無法紀狀態。一九七三年電影《超世紀諜殺案》（*Soylent Green*）當中的未來紐約共有四千萬居民，這是一個沒有新鮮糧食的世界，而這座怪物城市製造出的污染讓鄉村地區受害而滅亡。與《神經喚術士》的超大都會類似者，是電影《超時空戰警3D》（*Dredd*, 2012）的「超級都市一號」（Mega-City One），一望無際的都市區從佛羅里達延伸至安大略（Ontario），居民大約有一千萬至八千萬之多[10]。超級城市的超級市區犯罪猖獗，城市得以繼續存活全靠執法者的嚴酷手段，判官爵德（Judge Dredd）便是其中佼佼者。

對廣大城市聚集體的想像只要再進一小步，就會變成整個世界：整顆星球都是城市。例如艾西莫夫《基地》（*Foundation*）

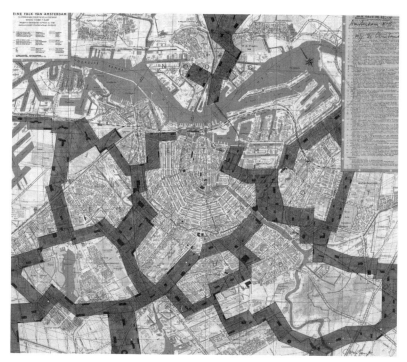

「康斯坦特的新巴比倫」計畫設想蓋在阿姆斯特丹上，約一九六三年。

系列小說中的「川陀」（Trantor），或者其當代的模仿創作，也就是《星際大戰》前傳裡的「科洛桑星」（Coruscant），科洛桑星是《星際大戰》系列的帝國政治中心，可說是名符其實的「全球城市／星球城市」（global city）。無須訝異，在此等規模之下，城市的人類層面以及任何可識別的場所精神（*genius loci*）*，都被廣大無垠的城市本身所吞沒。於是，科洛桑星最令人印象深

---

* 「場所精神」是指某一場所有其獨特的性質或氣氛，能對於人的精神心靈產生影響。

《超時空戰警3D》（2012）超級城市中的高樓大廈。

刻的場景便是《星際大戰二部曲：複製人全面進攻》（*Star Wars Episode II: Attack of the Clones*, 2002）的夜間追逐戲，城市中規模異常巨大的摩天大樓群成為電腦合成動作的壯觀背景。

　　去人性化的城市（inhuman city）對其居民生活會造成什麼影響呢？這正是詹姆斯‧巴拉德一九五七年短篇故事〈集中城市〉（The Concentration City）的設定。在該故事出版的時代，關於未來城市的科技樂觀主義依然高張，巴拉德這篇故事反映作者長期關注的議題，也就是不久之後的未來城市空間收縮（contraction of space）問題[11]。故事伊始便是一連串簡短的對話，立即勾勒出城市規模之大（「第一百萬條街」，「搭紅線電梯往上一千層樓抵達終極廣場」），巴拉德以工程師法蘭茲（Franz）為中心，法蘭茲企圖在城市裡找到一些開放空間，讓他測試自己夢想打造的飛行機器[12]。這是一座永遠在進行價格競爭

戰的城市，法蘭茲想要喘口氣的努力徒勞無功，在搭上高速鐵路連續旅行三個禮拜之後，他意識到這座城市是無邊無際的，於是他又回到原本的出發點。法蘭茲被認定犯下了某種「思想罪」，於是遭到逮捕並被送至精神科，精神科醫師向他解釋道，自由空間的概念是荒謬的。在巴拉德筆下這座可怖的都市世界中，人類以及都市空間全部都被化約為經濟單位，其結果是城市居民受到全面禁錮。此外，在這座沒有盡頭的城市裡，開發變得與破壞無異，法蘭茲在旅途中目睹一座巨大的坑洞，那是城市某區崩塌陷落的結果，數百萬人因而喪生；法蘭茲親眼看見數千名工程師與拆除工人在重建城市廢墟，目標就是要增加城市主要商品——空間——的價值[13]。

　　一九八〇年代賽博龐克興起，成為公認的文化類型，包括音樂、影片、小說與視覺文學（Graphic Novel），它挑戰了——存在於〈集中城市〉等作品中——關於未來都市蔓延的普遍悲觀精神。一九八〇年代初期個人電腦問世，而賽博龐克的起源便是對於個人電腦未來衝擊的意識。賽博龐克故事幾乎全部都是在預期，人類會如何被媒體主宰與資訊飽和時代所改造。賽博龐克以「暗黑未來」（future-noir）美學融合高科技與龐克反文化、融合肉體與機械（通常是電腦）、融合虛擬與物質，它採用大戰過後蕭條、敵托邦式的都市未來，並將崇高美感及激進的新社會文化可能性灌注其中。賽博龐克最精采的表現莫過於威廉・吉布森《神經喚術士》與雷利・史考特（Ridley Scott）導演的《銀翼殺手》，將未來的都市廢墟變成特殊反文化群體活躍的所在，例如《神經喚術士》中衰敗而布滿殘骸的超級大都市，或者《銀翼殺手》裡荒涼而受雨水浸淫的洛杉磯。眾多賽博龐克故事都設定

拾荒為未來都市社群的一項重要經濟活動，比如理查・史丹利導演的《機器戰士龍》（*Hardware*, 1990）中經歷核子戰爭後的洛杉磯，有位單身女藝術家從拾荒機器黑市處取得零件來打造她迷人的廢物雕像，結果其中一件廢物居然搖身變成能自我修復的殺戮機器人。固然賽博龐克想像的未來城市，其敵托邦與廢墟性質與前輩作品相同，但前者卻不是設定成都市生活的窮途末路，反而是一個新的出發點，能夠吸收、而非消除廢墟。此等關於廢墟的觀點，是傾向將其視為一座遊戲場：能夠在賽博空間（cyberspace）的新虛擬世界中逃脫或繁榮的「空白畫布」。如此將物質與精神空間劈開的作法，經常讓賽博龐克故事主角熱愛使人著迷而毋需負責的賽博空間世界，不願認真參與其實際居住的城市物質層面[14]。

廢墟在賽博龐克城市裡的作用，另有一項重要的呈現方式是城市新、舊建築之交雜，也就是建築風格大雜燴及古今建築並陳，最壯觀的例子應是《銀翼殺手》中新舊科技混雜的未來洛杉磯。這部電影的標誌性結構──宏偉而龐大的「泰瑞爾企業」（Tyrell Corporation）大廈──神似巨大的阿茲特克或埃及墓葬建物，而電影開場鏡頭充溢著高度工業化的城市地景，使人想起英國提賽德（Teeside）的鋼鐵廠，那正是雷利・史考特從小成長的地方[15]。在這座未來洛杉磯裡頭，建築的新可能性展現於在現代城市上再度刻寫歷史──亦即後現代針對現代主義遺忘過去一事進行的獨特反動。此等歷史經常是以源自過去的廢墟型態自我展現。於是，在貳瓶勉（Tsutomu Nihei）的漫畫《Blame! 探索者》（1998-2003）當中，香港的前都市區「九龍寨城」被重新想像為未來賽博龐克城市的基地。九龍寨城曾經是地球上人口

最密集的都市帶，它在二十世紀初本是一塊自治的聚落，後來擴張至一九五○年代時已算是一座非正式的城市，全盛時期有三萬三千人居住在2.8公頃（6.9英畝）的土地上，大多是居民自建的一層一房建築，而樓層高達十三或十四層[16]。九龍寨城於一九九四年拆除，當時是為了一九九七年英屬香港回歸中國（如今該處是座都市公園）而預備，雖然如此，九龍寨城依然存在於人們的靈感之中，例如像貳瓶勉這樣的人，他從九龍寨城的混亂結構中獲得啟示，意即未來城市之建造是遞增而自主的。市民如果能從市府所訂的規則下解放，也許可以創造出一座位元城市（city of bits），在此，未來增長的人口不會身處於連串超高摩天大樓內，而是在個別結構的超級有機性聚集之中。這麼一座城市肯定是混亂且混沌的，它是西方都市生活的極端對立面，後者十分重視清潔以及秩序；然而，諸多當代都市空間實在是死氣沉沉，因為它們拒絕面對古老的事物，並且將其視為過時落伍。若試著學習接受都市生活的亂糟糟場面，我們可以藉此了解古老事物始終在啟發新生者——新、舊二者可以互相交織、而不是彼此隔絕。

　　新與舊的融合在建築師處置廢墟的歷史上，是一股強勁的暗流[17]。十八世紀時，義大利藝術家喬凡尼·巴提斯塔·皮拉奈西（Giovanni Battista Piranesi）狂熱地記錄古羅馬廢墟，同時他又將它們加以想像來創作奇幻的「幻想畫」（capriccios，此即組合古代陵墓紀念建築與其它廢墟的想像市景）以及「監獄」（caceri，意即包含半毀、龐大建築與渺小人影的巨型監獄）[18]。皮拉奈西的作品影響一整代的建築師們，他們刻意設計並建造會變成類似古羅馬廢墟的結構，以為未來提供宏偉的紀念性建築，其中一例便是約瑟夫·甘迪（Joseph Gandy）的鳥瞰

《銀翼殺手》（1982）電影片頭的未來洛杉磯市景。

圖繪畫，他將建築師約翰・索恩（John Soane）＊設計的英格蘭銀行，化身為未來的廢墟，此畫繪製於一八三〇年，其委託者正是索恩本人[19]。在更近代的建築實務裡，來自過往的廢墟愈來愈與新事物相結合，這展現於英國的兩個案例中，建築師威瑟福・華森・曼恩（Witherford Watson Mann）二〇一三年的「亞斯特利城堡」（Astley Castle）翻新建案，將城堡裝修為家庭房產（domestic property），該案贏得聲望極高的英國皇家建築師協會史特靈獎（RIBA Stirling Prize）；另外則是倫敦「海沃夫・湯普金斯」（Haworth Tompkins）建築事務所二〇一〇年的建案，將一座位於沙福郡（Suffolk）斯內普村（Snape）的廢棄鴿舍改造為藝術工作室[20]。更大規模的例子可見於二〇一〇年建築師彼

＊　約翰・索恩（1753-1837）為英國皇家學院建築教授，新古典主義建築師。

貳瓶勉漫畫《Blame! 1 Master Edition》（2016）的插畫，田中梅莉莎（Melissa Tanaka）譯，頁251。

約瑟夫・甘迪，英格蘭銀行廢墟鳥瞰圖，一八三〇年，水彩畫。

得・卒姆托（Peter Zumthor）於德國科隆創作的「科倫巴博物館」（Kolumba Museum），讓現代主義磚造結構從二次大戰盟軍轟炸後的哥德式教堂廢墟裡「長」出來[21]。雖然在美學上迥異於賽博龐克的新舊雜揉景象，這些當代計畫項目依然運用了相同的原則，也就是將廢墟納入建築之中，而不是加以消滅。即便這些當代項目的規模僅是個別的（與鄉村的）結構，它們依然能讓人一葉知秋，想見未來城市建築如何與廢墟同在而非將其抹殺。

災難

　　城市始終受到其「廢墟該如何處置」一事而困擾，此情況愈接近現代愈是如此，因為戰爭科技的演進竟可以實際上毀滅整座城市，由此造就人類歷史上最嚴重的都市破壞，那便是第二次世

海沃夫‧湯普金建築事務所，廢棄鴿舍內蓋起的藝術工作室，斯內普馬爾廷斯（Snape Maltings）藝術村，沙福郡，二〇一三年。

界大戰期間的盟軍轟炸，釀成大量德國與日本城市的毀滅[22]。綜觀歷史，關於都市毀滅的想像曾經以許多文化型態出現：從《聖經》故事巴別塔、索多瑪、蛾摩拉之毀滅，到西元第一千紀時期的中國懷古詩內容[23]。在西方現代時期，都市破壞的想像經常是一種針對自然災害的美學式反應，例如西元一七五五年的里斯本大地震[24]；此外，都市破壞的想像尚可作為帝國衰頹之暗示，這可見於史家愛德華‧吉朋（Edward Gibbon）鉅著《羅馬帝國衰亡史》（*The History of the Decline and Fall of the Roman Empire*, 1776-88），以及十九、二十世紀歐洲及北美針對帝國的大量反省，而當今美國在這方面亦有再興趨勢[25]。對於帝國弱點之擔憂，促成第一批歷經浩劫後的未來城市形象：從十九世紀前期格

蘭維爾（Cousin de Grainville）《最後之人》（*Le Dernier Homme*, 1805）及瑪麗・雪萊《最後一人》（*The Last Man*, 1826）的「最後一人」故事設定，乃至於如古斯塔夫・多雷（Gustave Doré）版畫中倫敦淪為廢墟等圖像創作。這些奠定基礎的文字與圖像，啟發後來諸多文學與影視作品中的未來城市廢墟，從 H. G. 威爾斯的小說《世界大戰》——第一部想像外星人毀滅城市的作品——到《魔鬼終結者》（*Terminator*）系列影片，此外《魔鬼終結者》還加入近代人對電腦力量日益茁壯的恐懼。

　　在這些浩劫過後的都市故事當中，雖然未來廢墟城市能有力地預言文化性焦慮或是警告都市生活的毀滅危機，但其作用乃是倖存者故事的舞台，主角大多是個「英雄」人物，而且幾乎一概是男性[26]。災難還會造就廢墟，使廢墟在都市生活裡有更積極的角色。第二次世界大戰交戰雙方遭空襲轟炸造就的都市廢墟，有一些被指定為記憶的重要地點，英國與德國境內最知名的例子，分別是考文垂大教堂（Coventry Cathedral）以及柏林的威廉皇帝紀念教堂（Kaiser Wilhelm Memorial Church）[27]。這兩座教堂在一九五〇年代以現代主義風格重建，半毀的廢墟結構被融入新建築物以紀念戰爭。較不直接的記憶化形式，可反映在某些當代廢墟是如何被解讀為都市衰亡的託寓上，其中最著名的或許是底特律的密西根中央車站（Michigan Central Station），該站建於一九一三年，於一九八八年後廢棄，後來在二〇〇二年戈弗瑞・里吉歐（Godfrey Reggio's）導演的電影《戰爭人生》（*Naqoyqatsi: Life as War*）片頭出現。密西根中央車站在該片中被呈現為當代版的巴別塔，挑戰資本主義無限進步的概念，或者更廣泛地說，是在批判人類野心無窮的愚蠢。

　　更加酷似巴別塔的，是麥可‧科爾伯（Michael Kerbow）
「兆頭」（Portents） 系列繪畫中的〈精緻的衰亡〉（Their
Refinement of the Decline, 2014）。在此，老布勒哲爾著名的巴別
塔畫作被重新改作為有大量煙囪的巨大工業結構，宰制著周遭的
城市[28]。顯然，這幅敵托邦都市未來圖像誇張的戲劇性效果，是
在比喻工業生產的破壞性，同時警示未來地球可能受到的衝擊。
這幅廢墟圖像兼有建設性及毀滅性，工業巨塔就像是老布勒哲爾
繪畫中的聖經傳說，遊走在狂熱建設與大難崩潰兩者的不確定性
之間。若將廢墟變作紀念物，這麼做其實是違背傳統的紀念碑概
念，因為後者應是「永恆的」。就本質來說，廢墟是暫時的；若

麥可‧科爾伯，〈精緻的衰亡〉，二〇一四年，油畫。

廢墟成為紀念物，它所要紀念的乃是萬事萬物皆不永久的本性，以及人類抗拒不了永恆的有限力量[29]。

　　像考文垂大教堂與威廉皇帝紀念教堂這類的建築物，是很不尋常的廢墟範例，也就是將其加以保存並整合入新建物之中。然而，若未來城市將其「全部的」廢墟都與新建物融合，沒有任何東西被移除，那種物質性紋理又會是怎樣一幅光景呢？建築廢物之利用或許可以創造耀眼的拼裝美學，同時，處置廢墟本身的形式品質（formal quality），也許能造就出新的建築幾何。英國藝術家迪安娜‧皮瑟布麗吉（Deanna Petherbridge）有許多繪畫作品，是讓廢墟進入建築表現及其實務之間的對話[30]。其作品具有多元視角與系列形式，例如「翁布里亞鄉村一號」（Umbria Rurale I, 2010）所探索的，是廢墟如何在想像中被重構進入新的建築組合之內。以翁布里亞鄉村一號的案例而言，這些廢墟是藝術家在義大利鄉間所發現的廢棄農舍，它們與新建物彼此相鄰，而這些廢墟實際上所傳達的是「一場農業演進與淘汰的歷史」[31]。在迪安娜精緻的畫作之中，那場歷史濃縮注入單一的結構內──一棟由塑膠管、石柱、陳舊木材所構成，有稜有角的拼裝建物。在迪安娜的其它創作之中，諸如系列作品「世界圖像之城」（The City as Imago Mundi）中的〈緞帶城市〉（Ribbon City, 1976），半完成結構的聚集化作奇特的都市地景，其組成看起來像是危險的石造或混凝土街區裡冒出工業廢棄物。雖然皮瑟布麗吉的畫作在精準度與正射投影（orthographic projection）方面，類似於傳統的建築表現，但它們的視角模糊性會使人迷失方向感，並且顛覆建築本質為擬人（anthropomorphic）的觀念。不過，這乍看之下讓人感到疏離而困擾的建築物，其實是企圖將歷

史意識融入建築的結果，使其不只是不痛不癢的遺產而已。如皮瑟布麗吉本人所言，她採取破裂的、半毀的、半完成的形式，是企圖表現出灌注在所有建築及城市中「破壞與保存之型態」[32]。換句話說，那些形式是要開啟建築本身未受開發的潛能，可以公開以建築展示過去、現在與未來之間豐富但不確定的碰撞，而不是僅僅透過建築打造城市及其歷史的膚淺形象而已。

　　假若藝術有潛能去想像如何將廢墟融入城市的新方式，那麼廢墟本身也會被藝術家大加利用並予以改造。幾乎全世界的每座城市裡，廢棄建築物都會成為非法藝術興盛的場所，在視覺上最明顯的便是塗鴉、塗畫與其它繪圖主題的孳衍，出現在諸多都市廢墟的牆面上。有座城市在這方面尤其突出：都市廢墟化以及透

迪安娜‧皮瑟布麗吉，「翁布里亞鄉村一號」，二〇一〇年，水墨畫。

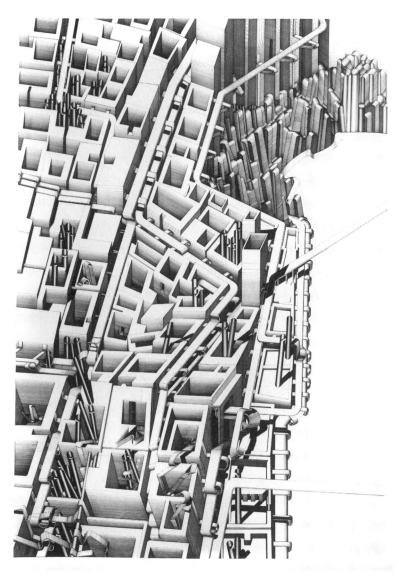

迪安娜‧皮瑟布麗吉,「世界圖像之城」系列之〈緞帶城市〉,一九七六年,筆墨畫。

史考特‧哈金，〈神壇與費希巴蒂廿一大樓〉，特定場域裝置藝術，二○○七至○九年。

過創作轉化廢墟，幾乎已經與底特律畫上等號了[33]。這座城市的廢棄建築物居然有八萬棟以上，此乃數十年來當地種族歧視、工業投資縮減、白人搬至郊區的結果，然而底特律卻在近年湧入不少年輕——白人為主——的藝術家、作家、音樂家，他們受該城市的低房價與低租金所吸引[34]。

　　底特律的廢墟遂成為藝術家進行各類創作的寶庫，包含舉目皆有的街頭藝術與塗鴉，乃至於特定場域裝置藝術（site-specific installation），還有被納入都市農場的建築物。其中歷久不衰的作品包括泰瑞‧蓋頓（Tyree Guyton）發起於一九八六年的「海德堡計畫」（Heidelberg Project），他在市中某一貧窮、黑人為主的街區廢棄住宅上，裝置滿滿的廢棄物，廢物種類從生鏽汽車

零件到玩偶娃娃都有[35]。城市中更近期的作品，則是底特律標誌性廢墟裡的系列特定場域裝置藝術，諸如史考特·哈金（Scott Hocking）的〈神壇與費希巴蒂廿一大樓〉（Ziggurat and Fisher Body 21, 2007-9），他在面積廣大的費希巴蒂廠房內*，以該建物的6201塊木製地磚堆起一座驚人的金字塔[36]。雖然當地藝術史家朵拉·阿佩爾（Dora Apel）批評此作品掩飾了底特律廢墟化的社會經濟原因，但哈金的裝置藝術依然是一個令人驚訝的範例——意即從廢墟內誕生的建築形式（built form）[37]。哈金的這座神壇看似屬於遠古，但其形式卻是取自廢墟化的過程本身。確實，就像哈金許多雕塑作品的遭遇，這項作品已經在廢墟化的過程中消失，它被該建築所有者蓄意摧毀了。哈金的裝置藝術一如皮瑟布麗吉的畫作，標舉出創造與破壞的漫長循環有其重要意義，這種循環定義著城市的歷史，包括現代以及更久遠之前。

佛洛伊德在晚期作品《文明及其不滿》（Civilization and Its Discontents, 1930）當中，對於城市歷史與心靈歷史兩者做出明確的類比。對佛洛伊德而言，心靈就像是城市，是可以重複書寫的「羊皮書卷」（palimpsest）†，「早期的發展階段被吸收入晚期階段，而早期階段為晚期提供材料」[38]。也就是說，心靈絕對無法擺脫造就自身組成的事物，無論有多少創傷或多麼痛苦。整合良好的心靈，其基礎正在於接納過往的創傷，昔日創傷雖無法移除，卻能夠持續加以處理。城市亦是同理，於是建築師與都市計畫者有其義務，讓從前的創傷能展露於視線中，由此使集體治療

---

* 費希巴蒂是汽車製造商，為美國通用汽車的一個部門，解散於一九八四年。

† 可重複書寫的羊皮書卷，引申為具有多重意義、多種風格的事物。

成為可能。考文垂大教堂、威廉皇帝紀念教堂、皮瑟布麗吉的畫作、哈金的裝置藝術全都以各自的方式傳達，如何以建築形式保存關於災難的記憶，以期在未來促進城市的健全發展與公共生活。

熵

前文已有論及，當建築停止維護，它必然會開始衰敗。所有物質皆會隨著時間而衰敗，此一傾向稱為熵，而熵是物理學分支熱力學（thermodynamics）的基礎部分，它是用來衡量任何封閉系統中的失序程度。根據熵理論，「衰廢／廢墟」（ruin）始終存在，它是一種過程而不是一個物體──它是一個動詞而不是一個名詞。

美國藝術家羅伯特・史密森（Robert Smithson）深深著迷於熵，其作品也啟發了一整個世代對於廢墟之未來導向概念有興趣的藝術家與評論家[39]。史密森一九六七年的文章〈巴賽克的紀念碑〉（The Monuments of Passaic）裡寫到，他遊遍紐澤西的後工業時代地景，從半完工的高速公路、工業廢棄物、空蕩的停車場之中，構思出一幅玄幻的時光風景（timescape）。在此篇文章中，史密森同時塑造了「逆起的廢墟」（ruins in reverse）一詞，意味未完成或遭棄置的結構；另一種描述逆起廢墟的方式，或許被稱為「新廢墟」（new ruins）[40]。與小說家詹姆斯・巴拉德和不少後起的藝術家同道，史密森創造出對於新廢墟的豐富想像性解讀。這確實是一個具有先見之明的議題，因為在二〇〇八年全球金融危機與眾多房地產開發商破產之後，全世界有成千上萬的未

完成建物——從個別建築乃至於一整座城市——因此終止建造：它們便是未來命運未卜的逆起廢墟[41]。新廢墟就像是一部特殊的視覺大辭典，有外露的水泥花隔磚、混凝土骨架、未裝上窗戶的矩形黑洞、冒出鬍鬚狀鋼筋的水泥柱等等，它們與廢墟的傳統美學不同，後者是石頭、磚塊、木材等材料的緩慢衰敗，訴說著失落的過去；但新廢墟就像卡在凍結的時間裡，過去、現在、未來在不確定性之下彼此交雜，以非常直接的方式公開展示此種不確定性，未完工建物代表著——固然形式非常極端——大多數城市的狀況，也就是創造及破壞的持續翻騰。

熵衰變（entropic decay）亦代表著二次大戰後科幻小說的重要主導動機（leitmotif），那些小說設定未來的蔓延城市裡充滿著從前留下來的廢棄垃圾。菲利浦‧狄克（Philip K. Dick）的賽博龐克原型小說《仿生人會夢見電子羊嗎？》（*Do Androids Dream of Electric Sheep?*）出版於一九六八年，它是雷利‧史考特《銀翼殺手》的底本，小說中的未來舊金山市是座掏空的城市，為了逃避地球上的核子輻射塵，多數居民已重新安置到太空殖民地。約翰‧伊西多爾（John Isidore）獨自一人居住在舊金山郊區的公寓大樓內，所有事物都漸漸被伊西多爾所謂的「基博」（kipple）所占據，逐漸累積的渣滓最終會蠶食萬事萬物。伊西多爾孤身處在這棟廢棄的公寓大樓，他在思考這座建築物未來的廢墟模樣時，獲得某種撫慰，「〔它〕裡頭的所有事物都會混合，會變得面目全失而彼此相同，如布丁一般的基博堆滿每座公寓的天花板。在那之後，無人照料的建築物本身終將化作無形」[42]。狄克的未來城市景象逐漸屈服於熵，卻與改編電影《銀翼殺手》當中活潑而充滿人潮的未來洛杉磯形成鮮明對比；不過，小說與

電影兩者都讓伊西多爾──電影中的人名則是J. F.賽巴斯汀（J. F. Sebastian）──的公寓，依然是一處憂鬱孤獨的場所，另外電影則讓賽巴斯汀重新啟動的廢棄玩偶等同於狄克所謂的基博，玩偶與基博二者都提供了慰藉感，因為它們啟發的思考能夠超越個人壽命的時間尺度。

　　去想像未來城市裡杳無人煙，其樂趣部分在於一種平靜感，因為我們擴充了平常對於時間的思考。可是，想像未來城市的熵衰變也代表著一種威脅，危及我們對於個人與人類集體作為物種的重要自覺；此種威脅帶來的焦慮感，成為諸多電影中未來城市景象的基調，例如《二十八天毀滅倒數》（*28 Days Later*, 2002）的倫敦，以及《我是傳奇》（2007）中的紐約，空蕩的城市當中隱藏著恐怖威脅，這指的是受到感染的後人類（post-human）族群[43]。空蕩城市可能成為抒發反都市（anti-urban）感受的載體，諸如克里福德‧希瑪克（Clifford D. Simak）一九四四年的故事《那座城》（*The City*），作者在其中灌注了他所成長的威斯康辛州鄉村價值觀，想像有座未來城市受到居民遺棄，居民們轉而追求更健全且能自主的田園生活[44]。類似風格尚有查爾斯‧普拉特（Charles Platt）的小說《城市暮光》（*The Twilight of the City*, 1974），其中的未來城市淪為全球經濟大崩潰的犧牲者並陷入派系戰爭，最終故事主人翁在鄉下找尋到更加安穩的新生活。

　　詹姆斯‧巴拉德的〈終極城市〉（1976）則富含更強烈的矛盾，這是他諸多短篇故事中最長的一篇，以一座未來花園城市（Garden City）──利用可再生能源的生態都市烏托邦──來對應於另一座退化的城市：現已淪為廢墟，但在二十世紀時是以石油燃料驅動的大都會。故事主角名叫哈洛威（Halloway），他放

棄花園城市那種田園但禁欲式的生活，轉而追尋大都會廢墟的自由與刺激，他逃到此地修理廢棄車輛，並修復衰廢建物的電力以及街燈。哈洛威召集一群不適應原先社會之人，以實踐其重啟都會城的夢想，他顯然非常懷念大都會生活的那種雄心壯志，這是脫胎自早期現代主義都市計畫的科技烏托邦主義[45]。不過，巴拉德的故事也有其警世的一面：隨著哈洛威的計畫開展，城市重新有人定居，於是它又迅速陷入暴力、犯罪與混亂，城市初次崩潰的那些事件再度歷史重演。

巴拉德說故事的非凡之處，在於他呈現出天下大亂終了之後，後都市（post-urban）世界的出現。哈洛威始終被工業科技留下的廢棄物所吸引，後者居然誕生出自身「強烈而肆意的美感」：

> 那運河上浮滿金屬所發出的閃耀光芒，沉在廢棄湖底的車輛所造就的奇異憂愁感，垃圾山的七彩顏色，千千萬萬清潔劑包裝與錫箔罐身照射的光彩，可穿、可吃之事物所聚集成的萬花筒景象，全都深深吸引著哈洛威。哈洛威感到著迷，那水面下漂流的鈷狀雲，沒有任何植物或魚類，軟綿綿的化學物質波浪從爛泥中滲透出來且彼此交融……他癡迷地凝視著舊高嶺土尖端的聖白，就像是雪花冰一般鮮明；他凝視著廢棄鐵路以及長滿苔蘚的火車頭；他凝視著靠科技及想像力所創造出的工業廢物恆久之美，這比自然之美更加豐富，比阿卡迪亞的（Arcadian）草地還要光鮮亮麗*。與大自然不

---

* 阿卡迪亞是古希臘傳說中和諧純淨而不受玷污的林野與田園。

同，在這裡，沒有死亡[46]。

　　這乍聽之下實令人感到驚嚇而激動，巴拉德是刻意挑動人們來尋求工業廢物之美，此事蘊含在哈洛威利用廢物打造新結構的創意衝動中，他利用電視機、飛機零件、貨運火車及火箭發射台蓋起金字塔，或是用廢棄車輛彼此堆疊而形成大廈。這種在工業廢物中找到的美感愉悅，一定會嚇壞那些當前推動城市綠化整潔的人們；然而，巴拉德筆下工業廢物那種奇異的形式與質地，提供了一幅非常不同的景象：我們是否有以烏托邦方式重新處置工業災難的可能性，而不是加以抗拒[47]？很顯然地，巴拉德擔心，僅是拋棄高度耗能的城市並轉而追求替代性綠能，並不能解決人類的所有問題，尤其是哈洛威內心渴望中，驅使他自己離開生態樂園的那股破壞性衝動。

　　工業廢物的壯觀景色令人不安，但卻讓哈洛威欣喜異常，這幅景象可說是非常具有先見之明的範例，顯示我們如何更積極地與當代城市中的殘骸相聯繫。世界各大海洋中的巨型垃圾渦流，是每年八百萬公噸塑膠廢物累積的結果，這顯示人類都市廢棄物已從根本上在改變地球的生態系統。確實，有些預測指出，至二〇五〇年時，全世界海洋中的塑膠會比魚類還要更多[48]。在這些有毒廢物中找尋美感，無疑是不道德的事情；但是巴拉德的意思是，去否認廢物具有任何價值——無論是否屬於美感——絲毫不能解決一丁點問題。那些海洋裡的塑膠與〈終極城市〉裡的廢物有一共通處，那就是永久性，意思是它們永遠不會死。當海中的所有自然生命都滅亡時，塑膠依然在那裡永不消滅，形成「新」的自然，繼續影響數萬年的地球生態系統。

　　不會腐爛的廢物看似推翻了主宰多數未來廢墟城市概念的熵原則。未來廢墟城市經常被想像成大自然回歸的場所，創造出無人類的蔥鬱後都市世界。詹姆士・洛夫洛克（James Lovelock）率先在一九七〇年代提出蓋婭假說（Gaia hypothesis）[49]，該說之盛行造就今日我們廣泛將地球理解為具有自我調節能力的生態系統，地球就算沒有人類依然能繼續興旺，以沒有人類的世界為主題的電視與電影大行其道，例如動物星球頻道（Animal Planet）和探索頻道（Discovery Channel）聯合製作的《未來狂想曲》（*The Future is Wild*, 2002），以及歷史頻道（History Channel）《人類消失後的世界》（*Life after People*, 2008）、國家地理頻道（National Geographic Channel）的《巨變之後：人口歸零》（*Aftermath: Population Zero*, 2008），電影則有《我是傳奇》與《遺落戰境》（*Oblivion*, 2013）等[50]。《遺落戰境》片中，外星人在未來入侵地球，地球遭到核子戰爭蹂躪，再加上月球被毀所造成的地質動盪。電影最著名的壯觀景象是一座紐約市廢墟，它甚至比相關劇情更著名，紐約市的摩天大樓嵌入峽谷，體育場與文化建築陷落下沉，而在該片的一張宣傳海報當中，帝國大廈幾乎被瀑布所吞噬，這幅圖像立即讓人回憶起藝術家木村恆久（Tsunehisa Kimura）一九七九年《攝影蒙太奇的視覺醜行》（*Visual Scandals by Photomontage*），當中的一張攝影蒙太奇。這部電影創造出人類與非人類的壯觀結合，並且強烈呈現出人類世界的廢墟必然與自然互動而受後者吞沒，雖然如此，該片幾乎是用地質學呈現手法來掩蓋此種互動。在未來，倘若自然與城市之間果真產生碰撞，其真實狀況比起《遺落戰境》的迷人景象，一定沒有那麼美麗，而且混亂許多。

木村恒久《攝影蒙太奇的視覺醜行》（1979）的一幅圖像，對比於電影《遺落戰境》（2013）的宣傳海報。

　　當代對於人類世更具有先見意識的，是柯爾姆‧麥卡錫（Colm McCarthy）所導演的二〇一六年電影《帶來末日的女孩》。在未來的倫敦，人類受到真菌感染且幾乎滅絕，而感染者會變成追逐鮮血的喪屍，倖存者們企圖找尋理當處在安全區域的大型軍事基地「燈塔」（Beacon）。倖存者們是由該片標題的那位女孩梅蘭妮（Melanie）所引領，梅蘭妮是名遭受感染的兒童，她發展出對真菌的某種耐受性，使她可以某種程度抗拒噬人的衝動。這部片與眾多浩劫後類型電影一樣，劇情實在太過老套，片中橋段設定的靜默狀態喪屍群是最明顯的例子。然而，這部片描述人類如何適應災難性流行病的方式，與同類電影如《我

是傳奇》中令人安心的「英雄」模式大相逕庭。梅蘭妮與未受感染的倖存者得面對浩劫之後的倫敦，其中長滿了自然植被以及分解感染者屍體而長出的致命植物。那些致命植物螺旋環繞著倫敦的英國電信塔（Post Office Tower），形狀像是密集的藤蔓，植物所長出的種子莢即將釀成更新、更致命的空中型感染，地球上的剩餘人類絕對會因此全滅。電影的結局是，梅蘭妮拋棄沒受感染的同伴並點燃種子莢，人類的時代因而終結，留下來的則是一群像梅蘭妮那樣的孩子，雖然遭到感染但依然有受文明教化的可能。該片令人回想起約翰・溫德姆小說《三尖樹時代》（*The Day of the Triffids*, 1951）中入侵倫敦的殺人樹[51]，《帶來末日的女孩》很聰明地打破關於未來廢墟城市中，人類與非人類互動的傳統觀念。

廢墟呈現眾多有力的隱喻，在啟發人的同時也令人感到困擾。深入思考城市作為廢墟的暗示──都市化本身就是無可避免的廢墟化過程──城市的毀壞及建造趨勢兩者或許是可以調和的。我們可將廢墟留在新建設的旁邊，甚至設置在新建設之中，作為對此一關係的反省；或者，城市蔓延的邊緣經常是某種「未知領域」（*terra incognita*），這些區域或許讓人們更進一步面對被城市摧毀之地景。廢墟可以被重新評價為具有紀念性的事物，這麼做比較不是根據標準的紀念碑觀念，意即針對城市歷史中某人或某事的永恆提示，反之，它是要提醒不同的歷史、令人更加痛苦的歷史，甚至是在提醒我們，那些在城市當中被我們視為永恆的事物，其實全部都是暫時的。廢墟本身足以被視為能夠居住的建築實體，即便它們並不遵從我們對於可居結構的期望。最後，城市及居民所製造的廢物及殘屑，能夠經過重新塑造而成為

美麗之物，雖然這確實也會令人感到不安。無論我們喜歡與否，人類所製造的廢物，無機與有機皆然，都是今日「自然」的一部分，因為那是我們在都市公園與都市花園製造出來的東西。唯有建立廢墟與這個世界之間的連結，我們才能開始釐清人類共同製造出的「自然」並與它共存。

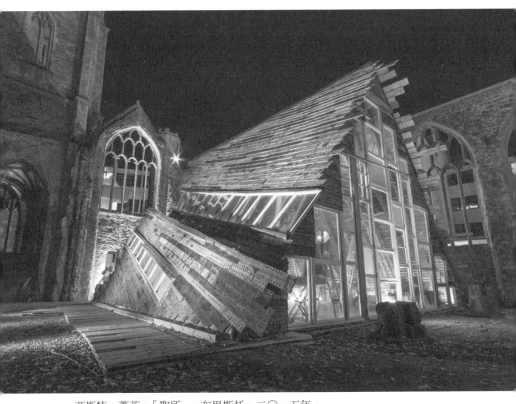

西斯特・蓋茨，「聖所」，布里斯托，二〇一五年。

第七章
重建：利用廢棄遺物

　　西元二〇一五年十月二十九日至十一月二十一日之間，美國
藝術家西斯特・蓋茨（Theaster Gates）在布里斯托（Bristol）推
出作品「聖所」（Sanctum），這是他在英國的第一個公共作品，
也是該城市獲得二〇一五年「歐洲綠首都獎」（European Green
Capital）的文化計畫之一部分[1]。蓋茨利用自布里斯托從前工業
與宗教場所拾荒得來的材料，蓋起一座暫時的結構，並邀請數十
位來自全布里斯托的音樂家與藝術家至此表演，結構內的音樂、
聲響、言語表演連續了二十四天，總共五百七十六小時[2]。蓋茨
將被人們視為廢物的建材或材料變為藝術，聖所的位置是在布里
斯托聖殿教堂（Temple Church）的廢墟內，這棟中古後期的建
築物於一九四〇年遭德國納粹空軍所炸毀，只殘存受損的外牆。
與蓋茨之前在芝加哥南端一殘破地區的作品相同，蓋茲在布里斯
托的介入創作顯示，他相信必須接納廢墟與廢物以使其轉型，意
思是指將其整合併回——經常將它們忘卻的——都市生活中[3]。
就此意義而言，聖所展現出的是一種堅決的樂觀遠景，將廢料利
用視為一種城市裡的治療作法，因為廢墟通常被看作死亡或腐敗
的徵兆。

廢料利用可以提供諸多面對城市的不同方式。首先，它能夠被想成具有政治意味的行動，意即重視廢棄材料的再利用，並挑戰資本主義不斷製造大量廢物的基礎。其次，廢料利用一事可以在政治抗議中被動員，此作用已經反映在反對全球經濟壟斷的「占領」（Occupy）抗議之中*。利用舊物料來打造暫時庇護所和其餘生活空間一事，衝擊了世界各地都市空間逐漸強化的安全化（securitization）趨向——後者尤其受到九一一事件與反恐戰爭以來諸多城市爆發恐怖攻擊事件的影響[4]。第三，廢料利用可以顛覆建築方面由上而下的菁英主義式概念。廢料利用意味著使用者——而不是建築師——會設計並打造自己的建築物，其靈感汲取自已然如此做的千百萬人，那些人在開發中世界的無數城市周圍建立了廣大的非正規聚落。最後，各式各樣的都市廢料可以用回建築之中，徹底改變建築取自地球遠高於施予地球之傾向。整合廢物「併回」建築所能創造的未來城市具有豐富潛能，大大擴充我們對於城市是用什麼東西構建的思考。

所以，我們應該重新思考，我們對於城市中的那些事物為什麼會感到害怕，為什麼加以排斥呢？被排斥的物質僅是這個主題的某一層面，排斥社會的「他人」（other）——包括種族、民族或經濟層面——才是今日城市更迫切的議題，其急迫性高過接納城市的廢墟、垃圾或廢物。然而，若以接納物質性的事物作為起步，我們或許可以漸進讓自己去面對更大的社會恐懼。這裡所謂

---

* 即「占領華爾街運動」及延伸的事件，運動者於二〇〇一年九月起聚集華爾街周圍，抗議經濟不平等、大企業強凌弱等議題，後來擴大為全球性的連鎖活動。

的「接納」（acceptance），可不要跟被動態度（resignation）或玩世不恭（cynicism）搞混了；正好相反，接納的意思是要主動追問有什麼事物遭到排斥，以對其加以接納，唯有這樣的接納才能讓轉型真正開始。更有甚者，對廢物的徹底接納與轉化不要和「回收」（recycing）搞混；我們不是要將廢物再次納入從事剝削與破壞的資本主義體系，反之，我們或可製造「無價值的」產物，可以存在於流通與積累的循環之外[5]。這樣的產物看起來會比較像藝術品，而不是任何市場商品，實際上會更像蓋茨的聖所那樣。我們城市的廢物之中藏著失落夢想，而過去廢墟的遺物期望能有更好的未來。即便我們的未來城市如同無數浩劫虛構故事所想像那般，最終化作一片廢土，但那片廢土依然可以作為基礎，讓人們打造更有希望的明天。確實，或許人們真的要等到災難性破壞發生時，才會受到刺激而行動。正如評論家約翰‧伯格（John Berger）之雄辯：「希望在於，一次又一次，從垃圾、從散落的羽毛、從塵土、從破碎之物中，可以誕生新生而美麗的事物。」[6]

廢料利用

　　建築廢料利用（architectural salvage），或稱為建築材料的創意再利用（creative reuse）或者「升級再造」（upcycling），是一個將副產品、廢棄材料、無用或多餘產物加以轉型，成為新材料、品質更好或有更佳環境價值（environmental value）產品的過程。廢料利用的結果通常能造就另類的建築美學：斑駁的木材、仔細噴砂過的舊磚頭或石頭、生鏽的金屬等等。新自由主

義式更新（neoliberal regeneration）策略於一九八〇年代開始興起，在已開發世界的城市裡，破舊失修的前工業建築被改造為高端的「寬敞」（loft）生活空間[7]；與此同時流行起來的，是建築廢料利用的號召力，它奠基於一種積極的理解，認為人們拋棄的、乃至於腐朽的材料要比全新的東西更加「真實」[8]。對於這種廢物迷來說，材料的銅綠鏽蝕代表著肉眼可見的歷史；不過這全然屬於美感式的過往，缺乏任何與社會歷史——例如因投資縮減而被迫離去的前居民或員工們——的連結，這在前工業建築物案例中特別明顯。

　　評論家埃文・柯爾達・威廉斯（Evan Calder Williams）反對這種膚淺的歷史解讀，他主張廢料利用是對資本主義的有力挑戰，是要將建築殘餘物料再造為別緻的（chic）事物，讓它們再次變得有價值。威廉斯發明了「廢料龐克／拾荒龐克」（salvagepunk）的概念實踐，其基本理念是，這個世界上的廢物當中藏著過往破碎的烏托邦夢想，而這些破碎的夢正在等待再度被開啟。在此模式之下，用過去廢墟物料建造出的東西，並不是新懷舊風（shabbychic）美學的有價值商品，而是「具體企圖超越資本主義的社會關係」[9]。對威廉斯來說，廢料龐克的世界裡「沒有新建設，只是占據其它的建築而已」[10]。這樣令人耳目一新的定義，暗示著城市的本質是建築的有機組合，而建築建設永遠不會喪失過去的歷史——即便表面上它們在拆除或再開發之中被消滅了。這樣一來，未來城市將永遠都是從過往廢墟中塑造出來，未來城市不僅是物質性遺物的聚集，也是社會性遺物之叢聚。

　　「廢料龐克」一詞很適用於建築師萊伯斯・伍茲的理論性作

萊伯斯‧伍茲，「震動城市」，收錄於《舊金山：居住地震》（*San Francisco: Inhabiting the Quake*），一九九五年，石墨與粉彩畫。

品，他從一九八〇年代以降創作大量精緻的圖繪，企圖將他心目中廢料利用的建築模樣予以視覺化呈現。伍茲一九九三年出版《戰爭與建築》（*War and Architecture*），刻意回應波士尼亞戰爭中蓄意以城市為目標的行徑，《戰爭與建築》的創作意在宣示賽拉耶佛（Sarajevo）的重建。伍茲進一步發展他的「痂」（scab）與「疤」（scar）概念，想像賽拉耶佛遭受轟炸的建築物，利用其廢墟遺物來重建，而且重建過程是由市民自身來執行，以求能創造出新的「自由空間」（freespaces），孕育全新的社會秩序而擺脫階層式控制[11]。伍茲的廢料利用觀念，是在反對兩股被他視為處置受戰爭破壞城市的主流趨勢：第一種趨勢是精心修復受

損或被毀的結構，此例可見於近年來德勒斯登（Dresden）*修復其二次大戰前面貌的還原工作；第二種趨勢則是現代主義的「白板」（*tabula rasa*）觀念，要像一塊白板一樣重新開始。至一九九〇年代中期，伍茲將注意力放到另一種毀滅性力量上，其製作的系列計畫旨在預備未來舊金山的「超級大地震」（Big One）——此假說認定未來遲早會有規模超過八以上的地震襲擊該城。

伍茲大力反對強化現有結構的傳統策略，他想像出利用地震本身建造、轉型甚至完成的一系列建築物，「那是能夠利用地震的建築，將地震釋放的能量轉而用於人類的目的⋯⋯那是可以容納地震的建築，讓地震存在於建築的空間與時間中」[12]。伍茲的系列畫作呈現出他自己執筆的新「地震活動性」（Seismicity）要素，「碎片屋」（Shard Houses）的建材取自「工業廢材利用的碎片」，會建造在舊金山灣西側穩定的碼頭樁上，當超級大地震襲來之際，碎片屋地基的泥土會液化，讓該結構變成漂浮房舍。此外，「滑走屋」（Slip Houses）則座落在近乎無摩擦力的矽表層，容許地層運動的效應；同時，「波動屋」（Wave Houses）是利用球型關節的框架，在地震發生期間房子便會撓曲及反應（flex and re-flex）。「斷層屋」（Fault Houses）是要設置在聖安德列斯斷層（San Andreas Fault），利用地震能量來決定建築的形狀；而「地平線屋」（Horizon Houses）則會旋轉，「對應於地平線而重新定位建築的型態，並固定室內空間」。最後，伍茲想像一座橫跨廢棄工業港口的巨大結構——「震動城市」（Quake

---

* 德勒斯登位於德國東部，素有易北河畔佛羅倫斯的美稱，卻在二次大戰期間被盟軍刻意轟炸滅城。

City）──是一座沒有原點（point of origin）的建築，它會隨著多年以來的地震震動，而改變其「破裂的、不規則的區塊，重塑那些曾被稱作地板、牆壁、天花板的板材」[13]。全部的想像結構似乎都是利用廢物而建，材料包括廢棄木材、波浪鐵皮等金屬板，以及二手水管等塑膠。與傳統建築材料大異其趣之處，在於伍茲的作法，他希望建築可以從底層做起，也就是由建築的使用者來組裝，而不是預先由建築師所規劃。對伍茲而言，建築廢料利用的意義不僅是要創造某種美學，意即一種升級再造的華麗型態；它反而是刻意將建造的權力交到使用者而非建築師的手上，伍茲本人將此稱為無秩序的建築或者「無序建築」。

在現實世界中，自建的都市環境鮮少如伍茲繪圖所暗示的那般美麗。自建都市環境聚集在全世界開發中國家無數的城市邊緣地帶，它們是不衛生的、不正規的居地，它們是在絕望而非希望中誕生。到底誰真的會選擇居住在一個完全利用廢物建成的房子裡呢？伍茲或許想像他的廢料利用房舍可以成為「自由空間」，由從權威建築現代主義的枷鎖中解脫出來的市民們所創造；可是，他這樣是在預設，人們「會」優先選擇游牧式、自由精神的都市家園，而不是傳統家園所提供的舒適與安全。

伍茲將利用廢物等同於自由的想法亦有同道中人，威廉‧吉布森的「大橋」（Bridge）小說三部曲：《虛擬之光》（*Virtual Light*, 1993）、《阿伊朵》（*Idoru*, 1996）、《明日之光》（*All Tomorrow's Parties*, 1999），想像了另一個經歷超級大地震的舊金山未來景象[14]。貫穿三部曲的那座大橋是重建過的灣區大橋（Bay Bridge），它是在經歷地震「小格蘭德」（Little Grande）之後，由千千萬萬違建者共同利用廢料所建成，橋身非常不穩定而破

爛。舊金山最高樓「泛美金字塔」(Transamerica Pyramid)在經歷大地震之後,必須得靠鋼架支撐住,相對於此,灣區大橋則突變而成為廢料利用的奇幻拼湊體:

> 大橋跨度的完整性如同原本的現代規劃一樣嚴格,但卻生長出另一種真實狀態,它的發展有其自身的意向。這是一步步推展而成的計畫,採用所有人能想像到的技術或材料,成果是一座無定型的、驚人的有機體。晚上的時候,橋身被聖誕燈泡、回收的霓虹燈、火把等等點亮,湧現出一股詭異的中古式活力。白天的時候,從遠方觀看,橋身形狀就像是英格蘭的布萊頓碼頭(Brighton Pier),雖然它所呈現的是當地風格的破碎萬花筒景象[15]。

用任何其他標準來衡量,吉布森的大橋絕對是塊貧民窟,但它無疑是一個具有烏托邦色彩的社區,頗合乎伍茲畫作的精神[16]。這三部小說對於大橋的社會生活及其實際的基礎建設,有鉅細靡遺的傑出描述。我們(讀者)神遊在這些破爛房舍居民的日常生活中;我們見識到克難的排污系統及電力網絡;我們居住在無數酒吧、商店、俱樂部充斥的大橋間隙空間所構成的迷人小世界裡。尼布森描述的都市環境不是可以計畫的,甚至不是伍茲所想像的那種,相反地,它完全沒有規劃,大橋社區之組成完全沒有基礎性結構:「這個地方是『長出來』的,它看起來像是將一個東西湊在隔壁的東西上,直到整個空間都包在這個沒有形狀的巨大『東西』裡頭,其中沒有任何兩個東西是相同的。[17]」吉布森將此種無秩序的都市成長型態對比於超級大財團,後者有意

重塑舊金山為自給自足的超級富豪區。在此，急迫重大的問題並不在於如何建造城市，而是誰有資格打造城市。吉布森與伍茲一樣，他要問問我們內心的想法，是喜歡讓別人為我們建造我們的城市，或者我們想要靠自己，並且加入那些已經被迫這麼做的人們。

　　對於建築師強納森・蓋爾斯（Jonathan Gales）而言，建築廢料利用的起點，與伍茲或吉布森那種受損或破爛結構大不相同，蓋爾斯想像的未來景象是所有建築物都處在未完成狀態中。蓋爾斯動畫工作室「十五號工廠」（Factory Fifteen）所製作的短片《自大狂》（*Megalomania, 2014*），呈現整個倫敦變成一片巨大的建築工地，所有建築物處在發展停滯狀態，或許是由於未來的衰敗、或許是因為更新開發[18]。在這座看似廢棄的城市中，「倫敦眼」（London Eye）摩天輪長出了不正規的附屬物，非常類

倫敦施工中，截自強納森・蓋爾斯短片《自大狂》（2014）。

似吉布森大橋上的那種建物，而片尾出現的巨大摩天大樓，實際上則是鷹架、起重機、牆板、混凝土框架等不同建築要素的組合。該影片受全球營建產業因二○○七至○八年金融危機重創的啟發，那次危機導致如倫敦碎片大廈、杜拜哈里發塔等新標誌性建築暫時停工，還有全歐洲無數新建案因此暫停。《自大狂》誇大了建造與完工之間的時間差（time-lag），以強調建築在面對全球資本流的波動時是多麼地脆弱[19]。這部影片把整座城市視覺化成為一座令人目瞪口呆的大工地，它所要探問的是，假使未完工建築成為未來城市中的常態而非例外，我們該如何善用遺物而使其變得有用處而且可居住呢？

聖保羅大教堂的「占領」活動地點，二○一一年。

　　若說蓋爾斯的預想是直接的政治性共鳴，呼籲都市公民再次占用被全球資本主義間歇性危機造就出的廢墟，那麼，近年「占領活動」所創造出的諸多結構或可提供我們一些點子，了解未來廢料利用城市在現實中會是什麼模樣。自西元二〇一一年開始，全球許多城市爆發系列抗議運動，其特色是占領公共空間長達數週，直到市府當局驅散抗議者為止[20]。該類運動造就暫時性的都市社區，例如紐約與倫敦的臨時建物：其中最明顯的當然是帳篷群，同時也包括由廢棄木材與塑膠製作的桌子、椅子乃至圖書室，甚至有克難的衛生系統讓現場及居住者保持清潔[21]。另以香港的「雨傘運動」為例，該事件是從二〇一四年九月持續至十二月，總共七十九天，廢料利用的實例亦有其美學，指的是裝置雕塑藝術如3公尺（10英尺）高的「雨傘人」（Umbrella Man），它是以廢棄木材與雨傘所造，被抗議者用來防衛警方使用的催淚瓦斯和胡椒噴霧[22]。除此之外，有一輛在抗議過程遭廢棄的公車，上頭貼滿寫著挑戰與希望內容的便條紙，而各色廢棄板材製作出的克難階梯，讓抗議者得以越過道路與其它屏障。在這些案例當中，都市抗議者們富有建築元素，利用廢物創造出暫時而具行動性的建物型態，與規劃且實施靜止發展形式的傳統都市主義可說是天差地別。占領活動具備的流動性及變形性都市主義暗示著，彈性的、有回應能力的未來城市，可能是由社交媒體的非物質性加上資本主義的殘餘物質而造就──這正是威廉斯、伍茲和吉布森所預示的廢料龐克啊！

貧民窟

倮若建築廢料利用被某些人認知為具有潛力的烏托邦建造形式，那麼對於開發中世界城市區二十多萬個非正規聚落——通常被稱作「貧民窟」（slum）——裡居住的十幾億人而言，建築廢料利用是件很不一樣的事情：那是一種出自下下策的居所，其出現是由於正規住宅在急速都市化的全球南方非常短缺[23]。無論它們在當地被稱為什麼——此處僅舉少數幾個例子——如巴西稱之為「法維拉」（favelas），哥倫比亞稱之為「巴里歐」（barrios），印度稱之為「巴斯提」（bustees），祕魯稱之為「卡耶洪」（callejones），這些非正規居地的特色就是居民自建房舍，多數為違法興建，此外該區域缺乏都市的基礎建設，諸如衛生、自來水、廢物處理設施等等。非正規聚落與有計畫的都市區看起來有驚人的差異，這種落差是如此強烈，乃至於某些貧民窟——例如位於孟買城中心的亞洲最大貧民窟之一「達拉維」（Dharavi）——居然成為遊客的觀光景點。達拉維的知名度，也使其在丹尼‧鮑伊（Danny Boyle）以窮人致富故事為題的電影《貧民百萬富翁》（*Slumdog Millionaire*, 2008）中現身，片中生動的描述將達拉維塑造為一個高度活力與極端骯髒同在的地方。達拉維的邊緣處與其餘城市相接，那裡的自建結構聚集成小型的棚戶摩天樓，無數的木板、波浪鐵皮、磚牆、拼裝窗戶、廢棄管線等創造出一種形式的混亂狀態，迷人的同時卻駭人。

雖然某些非正規聚落如達拉維位於都市中心，但其多數座落在城市的邊緣區，通常環繞於正規的都市核心區周圍，以卡拉卡斯（Caracas）、金夏沙（Kinshasa）、馬尼拉等城市為例，

孟買達拉維區邊緣的非正規聚落。

非正規聚落在人口與範圍方面竟遠遠超出了城市核心區的規模。
都市評論家麥克・戴維斯（Mike Davis）指出，假使「聯合國都
市觀測」（UN Urban Observatory）的預測正確，那麼至二〇二〇
年時，全球都市人口當中會有一半以上，都是居住在非正規聚落
區，如此一來，未來的城市——尤其是開發中世界的新興超級大
城——主要就不是由鋼筋、玻璃所造，而是：

> 粗製塑膠、稻草、回收塑膠、水泥塊與破舊木材所造。二十
> 一世紀的都市世界不會是衝上雲霄的城市，反之，它會陷入
> 髒亂之中，被污染、排泄物、衰敗所包圍[24]。

面對如此嚇人的都市景況，雖然如戴維斯這樣的評論家在譴責其政治、經濟、社會因素時，都沒有表現出懊悔之意，但是，其他的評論家則主張，非正規聚落必須要被接納為新都市條件的一部分，因為在未來城市中非正規聚落的比例必然日益增長，不論我們喜歡與否[25]。根據英國記者賈斯汀‧麥奎克（Justin McGuirk）的說法，雖然接納貧民窟的態度被全球資本主義得利

《極樂世界》（2013）中未來洛杉磯成為廣闊非正規城市的景象。

者不正當地加以操弄，也就是用來推卸國家或市府為都市貧民提供住處的責任，但是，非正規居地依然展現出非凡的創意豐富性，打造「它們的自我管理系統……緊密的社群，被證明是取得城市所提供機會的重要方法」[26]。對於目前及未來世代的建築師與都市計畫者而言，貧民窟的「重整」（rehabilitation）或許意味著要去學習如何將它們整合入城市，並且形成一個整體，「創

造出連結、流動、交通點、包含性，而能夠消解排外、衝突的界線」[27]。

　　未來城市的敵托邦描寫有一項重大的價值，在於使人們注意，倘若連結被中斷、貧富差異加劇而非減緩，那麼可能會發生什麼事情。電影《超世紀諜殺案》（1973）、《機器戰警》（1987）、《迴路殺手》（2012）當中不久以後的未來城市景象，呈現美國城市內——在三部電影中分別是紐約、底特律、堪薩斯——非正規的貧民區氾濫，更有甚者，《極樂世界》（*Elysium*, 2013）當中的西元二一五九年洛杉磯已全然是座貧民城市（slum-city），而正規城市已移至外太空，後者為一座環繞垂死地球運轉的先進科技烏托邦居地。《極樂世界》片中視覺化呈現的未來城市乃是現實與想像之混和，其現實部分場景是在墨西哥市邊緣非正規聚落伊斯塔帕拉帕（Iztapalapa）所拍攝：CGI電腦特效將洛杉磯中心商業區的高樓大廈化為建築非正規性（architectural informality）的拼湊體，頗類似吉布森小說《虛擬之光》的大橋社群。少數富人離開之後，從前富人權力具體化（embodiment）的那些顯要建築，全部都被窮人重新挪作他用。不出意料，這部電影的結局是菁英太空殖民地與普羅大眾洛杉磯之間的英雄式和解，但卻未曾清楚交代起初兩者之間的連結如何、為何會被殘酷地切斷。

　　在另一脈絡中，將未來城市塑造為貧民窟，乃是迪底耶‧梅達克瓊斯（Didier Madoc-Jones）、羅伯特‧葛雷弗斯（Robert Graves）「來自未來的明信片」（Postcards from the Future）計畫項目的一部分。該項目是藝術家們在二〇一〇年展覽中創作的系列數位圖像，顯示未來倫敦會如何適應海平面上升與大量移民湧

入[28]。在數張圖像裡，藝術家呈現目前倫敦市區——特拉法加廣場、白金漢宮，以及倫敦市（City of London）*的摩天大廈如諾曼・福斯特（Norman Foster）的「小黃瓜」大樓——可能被氣候難民轉化為非正規聚落，或者是如藝術家於此稱呼的「棚戶區」（shanty towns）。雖然這些圖像對於將全球南方所謂「異國」貧民窟加以東方化（orientalizing）的作法造成一些困擾，但它們依然創造出一種強烈的反差感，將高度正規、排外的城市與其經常不受承認的他者加以對比，這些圖像引導我們去質問，這兩者在一開始為何會如此不同[29]。最後，在美國攝影師諾亞・艾迪斯（Noah Addis）目前持續進行的「未來城市」（Future Cities）系列作品之中，藝術家其實只是以照片記錄全世界非正規社區如孟買達拉維的建物與基礎建設，此舉所暗示的是，這些非正規社區本身就是一種教訓，讓人們意識到在未來該如何建構更具責任感的都市計畫及永續發展[30]。

　　近年來，某些建築師與都市計畫者們在面對貧民窟時，發展出行動主義之取徑，而不是一味加以譴責。現代主義強調由上而下的計畫以及拆除貧民窟（slum clearance）、而徹底離開現代主義的代表案例，可見於智利聖地牙哥（Santiago de Chile）的「艾萊曼托」（Elemental）以及卡拉卡斯的「都市智庫」（Urban Think Tank），從事者將這類計畫重點放在其家鄉城市等地區內、他們所珍視的非正規性。由建築師亞歷杭德羅・阿拉維納（Alejandro Aravena）領銜，艾萊曼托建築事務所肇始於二〇〇三年，他們在北智利的伊基克（Iquique）設計並建造了九十三

---

*　此處為狹義的「倫敦市」，為大倫敦的一區。

棟房舍，名為「金塔蒙羅伊」（Quinta Monroy）計畫，該項目的革命性在於，每一棟房舍都只有半完成狀態。於是，那九十三棟建物都有正規的混凝土結構，包含屋頂、廚房與浴室，而居民們接下來則要負責擴充這些結構，使其成為完整的房舍[31]。乍看之下會以為，這是無良建築師推卸責任的結果，但事實上，隨著光陰荏苒而誕生的是正規與非正規兼具的混合建築，以混凝土為核心，如今又補上合板、木材、石膏板等各色材料。將此理念更進一步推展，迪奧尼西歐‧岡薩雷斯（Dionisio González）攝影建設（photographic construction）作品「法維拉」（Favela）系列（2004-7）*，呈現奇幻感的多層混合建築從巴西的法維拉建物中冒出來，然而多層混合建築融入了更多正規的設計要素，似乎是受到建築師法蘭克‧蓋瑞（Frank Gehry）、札哈‧哈蒂（Zaha Hadid）作品中狂野幾何特質的啟發[32]。岡薩雷斯的攝影蒙太奇作品質疑傳統上對於貧民窟的認知，也就是將其視為缺乏建築設計、混亂的建物雜燴[33]。這些圖像中的層疊結構，居然與現實中孟買達拉維實際建物有驚人的相似性，這迫使著我們去思考，正規與非正規二者的碰撞結果，實際樣貌會是怎麼回事。它們也讓我們一窺「未經加工的世界都市未來景象，當全球性混合持續發展，已開發及開發中世界開始碰撞，於建築上的分野逐漸模糊、崩解，最終重建成為不同的東西」[34]。

關於正規與非正規者的碰撞，有一案例實已預見那「不同的東西」會是什麼樣子，那便是卡拉卡斯的「大衛之塔」（Torre

---

* 法維拉為巴西的貧民窟，其本意是野花，最初是被用來形容里約熱內盧山丘區域上的貧民窟，像野花一樣。

艾萊曼托建築事務所，「金塔蒙羅伊」計劃，智利伊基克。

David）。從西元二〇〇七年九月到二〇一四年七月為止，這座位在卡拉卡斯市中心的五十二層未完工大樓，居然是三千個非法占用者的家園，這些人占據原本應成為市中心辦公室的空間，將這些空間變成他們自己的公寓、店舖等設施。都市智庫記錄此事，製作關於非法占用者故事的影片與書籍，將其作品在二〇一〇年威尼斯雙年展上呈現[35]。大衛之塔被占用一事，是委內瑞拉總統雨果‧查維茲（Hugo Chávez）煽動性政治的直接後果，其煽動民眾的政策鼓勵弱勢者將冗餘的房地產挪為己用[36]。一直要到二〇一三年查維茲死後政府改組，大衛之塔中的非法戶才在二〇一四年被驅逐（該大樓隨後裝修並回復它原先的辦公室功能）[37]。

迪奧尼西歐‧岡薩雷斯，「新太陽城市二號」（Nova Heliopolis II），二〇〇六年。

　　占據事件始於二〇〇七年，當時卡拉卡斯市邊緣貧民窟巴里歐的難民決定把握機會，住進這棟開發者死於一九九三年的未完工市中心建築；卡拉卡斯與多數拉丁美洲城市一樣，都市貧民無法住到市中心的房舍，此條件是他們能否在都市核心區取得工作的關鍵。那時大衛之塔算是完工的部分，僅有開放的混凝土框架與沒有扶手的階梯，情況不宜居住；但是歷時數年後，非法占用者將大衛之塔重塑為家園，混用了空心磚、磚頭、被單、紙板、塑膠、報紙等等來填充空間，令人訝異地創造出正規及非正規者的並置與反差，這可見於與該建築相關的諸多照片。賈斯汀‧麥奎克將大衛之塔與西元一九一四年柯比意的「多米諾屋／骨牌屋」（Dom-Ino House）相比較，後者是當年初出茅蘆的現代主義建築大師推出的二層樓混凝土結構，可供買家自建牆面，柯比意希望藉此獲利，然其結果卻是失敗的[38]。若用這種方式來理解，大衛之塔（出乎意料地）是有彈性的建築，是由「市民…來完

大衛之塔，委內瑞拉卡拉卡斯，二○○八年。

成城市、城市建物」的「持續興建中」建築模式，在此，正規與非正規之間的分野消弭了[39]。於是，本應成為金融資本燈塔的這座建物，竟然暫時轉變為社會資本，本書第四章所揭示的摩天大樓垂直獨占性在此翻轉——至少是暫時翻轉——變成「水平式的重新分配」（horizontal redistribution）[40]。

都市智庫相信，大衛之塔占據事件提供了非常有利的模型，顯示在面對愈加混亂、不穩定的都市未來時，建築如何能變得更具彈性。都市智庫在這座建築中看見自身計畫的倒影，也就是卡拉卡斯聖公會教堂（Anglican Church）的「成長屋」（Growing House）計畫項目，於二〇〇三年動工、二〇〇五年完工[41]。在此案中，都市智庫受託為教區設計出一套應急住宅（emergency housing）系統，但是由於土地缺乏，他們遂選擇在現存建築上建造雙層的混凝土框架，讓居民可以在此框架內建造自己的公寓[42]。都市智庫還提供了社區空間，包括幼稚園、咖啡館、會議室與零售店。如都市智庫自身所宣示，該計畫「模仿自立造屋（self-help housing）的遞增式發展，但同時引進使用者取向的安全結構」[43]。

在英國，強調建築合作的「集合」（Assemble）建築團隊以非常不同的方式整合使用者參與的概念，呈現在他們位於利物浦「格蘭比四條街」（Granby Four Streets）的作品，該區域深受一九八一年利物浦暴動的衝擊，後來該地開始——從未真正落實的——漫長重建之路。集合團隊與當地居民共同合作，防止破敗的維多利亞時代排屋遭到拆除，前者沿著街道且挨家挨戶進行翻新作業，並設置街道傢俱（street furniture），還組織、支持草根運動（grassroots action）如地方市場或工作坊，供當地成員在此

買賣手作家庭用品[44]。由此促成漸進遞增的都市更新之道，此方式與多數開發者主導的作法差異極大，後者所進行的革新或新建設，其結果通常會導向縉紳化（gentrification），讓從前住戶負擔不起。利物浦維多利亞時代排屋的生活，看起來似乎與大衛之塔的都市貧民大相逕庭，但兩者之間的基本原理其實是一樣的：讓建築物的「使用者」來決定建築物要變成什麼樣子，建築師實際上成為形式與功能的促進者、而非獨裁者。在此，建築變成富有創新性、適應性、機敏性，用戶可以真正創造出一九九〇年代萊伯斯·伍茲首次提倡的「自由空間」。當然，無論是大衛之塔或格蘭比四條街，看起來皆不似伍茲那有稜有角的美麗畫作，但它們依然反映自身的基礎在於正規與非正規二者間的碰撞，創造出讓建築現代主義者生厭的亂糟糟美學，能夠呈現烏托邦式的社會景象，擁抱不穩定性（precariousness）而非加以抗拒，將其視為都市生活重要的、有活力的一面[45]。

廢棄物

我們可以這麼說，城市其實就是建在城市的廢棄物之上。結構被拆除後又重建，道路重鋪後又重鋪，新建築物就是建在舊建物的破碎瓦礫上，都市的表層一直在升高，所以非常古老的城市如倫敦，地下有著非常豐富的考古資源，意即被壓縮的古城市殘骸碎屑，以雷貝嘉·索爾尼（Rebecca Solnit）的話來說，這叫做「廢墟記憶」（ruins memory）[46]。在消費型資本主義的當代，廢物量大幅增長，導致某些非正規社區真的可說是蓋在廢棄物上，例如貝魯特外部卡蘭提納（Quarantina）地區的「垃圾貧民

窟」、喀土穆（Khartoum）外部的希拉特庫沙（Hillat Kusha）、墨西哥市的聖塔克魯斯（Santa Cruz）、加爾各答郊區的塔壩（Dhapa）垃圾區[47]。這些臭名昭彰的地區，不只是全世界最窮苦都市居民的慘況所在，而且還擁有超乎想像的垃圾量，其製造者乃是當今世界上的城市區：每年大約有十三億公噸的廢棄物，預估二〇二五年時會增加至每年二十二億公噸[48]。一九八〇年代以來資源回收已經成為西方都市政策主流，經常導致人們對於資本主義式消費不受約束的廣大影響產生一種自滿自信，而在地方政府與私人作業只能處理部分垃圾的狀況下，非正規社區地帶的廢物則愈加堆積如山[49]。確實，除了回收的資源以外，富裕人們產生的大量廢棄物（尤具危險性的是電子類垃圾）最終就會堆積在那些窮苦的地區，全球三十四個最有錢的國家所製造的固態垃圾，要比其它一百六十四個國家的總合還要更多[50]。

　　如何為都市廢棄物尋找適合的掩埋場所是個日漸嚴重的問題，某些建築師由此發展出將垃圾納入建築的方法，此思路與某些組織所提出的未來生產觀念——立基於全封閉性資源循環（closed resource cycle）——相符，後者諸如「國際零廢棄物聯盟」（Zero Waste International Alliance）與「麥克亞瑟基金會」（MacArthur Foundation）等組織。如《以廢棄物來建設》（*Building from Waste*）一書所記錄，這些設計策略各有不同，但包含著五大基本方法：首先，使用垃圾壓縮機將廢棄物壓製為建築模塊；第二，透過處理將廢棄物製作為新材料如瓦片、磚塊或板材；第三，轉變廢棄物的分子狀態並與其它成分混合，其範例可見於由回收衛生產品製作的「尿布屋頂材料」（Nappy Roofing）；第四，創造出永不會被丟棄的產品，例如「團結瓶」

特瑞佛一號，「廢物快速再利用」計畫，二〇一〇年。

（united bottle）這種可再利用為建築要素的塑膠容器；第五，控制衰敗過程中的要素以創造出「會成長」的建築，例如本書第一章以細菌為基礎而會自我治癒的「生物岩」混凝土，還有利用農業廢物及真菌菌絲製造的「米可泡沫」（Myco Foam）[51]。

　　建築師兼企業家米契爾・喬希姆（Mitchell Joachim），將此作法更進一步，在其「特瑞佛一號」（Terreform ONE）*「廢物快速再利用」（Rapid Re(f)use）計畫中，倡議要完全利用紐約市廢棄物製成的材料來建造紐約摩天大樓[52]。喬希姆本人觀察到，目前曼哈頓居民們丟棄的紙類，每兩週就可以填滿一座帝國大廈的

---

* 「特瑞佛一號」來自「大地」（Terre）與「再塑」（reform）的結合。

《瓦力》（2008）電影中的廢棄物摩天大樓。

體積。廢物快速再利用計畫將會蒐集這些物料，利用自動化3D
列印機迅速將其製作為新摩天大樓的建築模塊[53]。

　　這些自動化設備將會採用現行工業廢物壓縮的科技，此外它
們還會使用一項目前不太可能的科技，也就是在迪士尼／皮克
斯（Disney/ Pixar）動畫電影《瓦力》（*WALL-E*, 2008）中看得到
的機器垃圾蒐集者。在《瓦力》一片中，貪婪的消費主義製造大
量廢棄物，導致未來地球已完全被人類所拋棄，人類與其貪婪則
轉移到太空殖民地。片中呈現了一座未來城市——也許是紐約市
——，與本片同名的瓦力（為「廢物分配裝運機：地球級機器
人」〔Waste Allocation Load Lifter: Earth-Class robot〕之縮寫）孤
獨地在此蒐集並壓縮人類遺留的大量垃圾，這些廢棄物已經讓這
座城市、乃至於全世界，都變得不適宜人居。

　　瓦力在懷念人類之下蒐集某些廢棄物料，再加上它收集與組

織的渴望，這名機器人用壓縮廢物的模塊造出新興摩天大樓，在舊摩天大樓已然衰敗的情況下，創造出城市的新天際線。這部影片上映的時候，正是喬希姆在構思廢物快速再利用計畫之際，他解釋道，那部影片「富含著」他設計團隊的「研究主題」[54]。然而，喬希姆提倡的計畫是想像未來城市裡「沒有任何一根排氣管」，或者是如麥克亞瑟基金會所預期的零廢物封閉循環，他迴避了《瓦力》片中傳達的主要訊息：不受約束的消費主義在未來或許無力處置其廢棄物，人們所渴望的封閉循環其實僅是資本主義的幻想[55]。任何一位物理學家都會告訴你，這世界上沒有所謂完美的能量交換，在此過程中必然會有東西變成廢物。當我們欲將廢物再製品融入未來的建築時，應使人們注意到廢物再製品的存在本身是個問題，亦即這些廢物本來並沒有必要性，卻在這個不能永續發展的、以積累為本的意識型態（ideology of accumulation）作用下，成為無可避免的結果。

　　《元城市》（*Metatropolis*, 2009）小說集當中收錄的故事*，面對資本主義的廢棄物問題，重新想像未來城市與自然之間的關係，或者是人為與有機之間的關係。這些故事共有五位作者合作創作，作為「世界觀建立」（world-building）之練習，它們發展出共同的都市未來景象，生產與廢棄物生成的資本主義模式於此完全改變[56]。所以，在傑伊・雷克（Jay Lake）的故事裡，未來城市「喀斯喀迪歐波利斯」（Cascadiopolis）藏身在波特蘭及溫哥華之間的華盛頓森林中，一部分蓋在「奧勒岡的喀斯喀特山脈（Cascades）玄武岩」（古代火山運動所遺留的物質）上，一部分

---

* 　《元城市》為 meta- 與 metropolis 二者之結合。

則懸掛在樹林上。城市居民（為生物工程師與第三代嬉皮的混雜）採取激進的自然資源採收方式：舉例來說，他們的照明是靠螢火蟲基因工程取得，他們的動能來自水力與受壓溫泉，他們的食物是種植在微型設備上的基因改造菌類及蔬菜[57]。

《元城市》書中的另外兩個故事，都是設定在不久之後的未來底特律，在此，廢棄建築被轉化為有機生產的場所。第一個故事是托拜雅斯・巴克爾（Tobias Buckell）的「隨機城市」（Stochasti-city），底特律市中心的廢棄摩天大樓被徹底的環保主義者改造為垂直都市農場：這是真正的永續性建築，它們不回收「古人的殘留物，或者去爭搶今日所能獲得者」，反之，它們是對「現存物之基礎」進行徹底干預[58]。在第二個故事中，作者伊莉莎白・貝爾（Elizabeth Bear）則是敘述底特律另一棟廢棄建築物，變成了自給自足的社區，居民們去搜刮掩埋場與廢料場，取得建設以及永續農業所需的所有材料。透過廢料利用，這個年輕的社區孕育出技能共享或社會資本——而非金融資本——的「集體經濟」，由此挑戰資本主義經濟剝削自然資源之作法[59]。比起米契爾・喬希姆提議以再生紙打造摩天大樓，這些故事展現出更加徹底的面對廢物之道，那就是它們提出了生產的新社會與經濟模式。它們所挑戰的，不只是資本主義經濟如何製造廢棄物一事，還有整體建築環境的建造與人居必須如何改變，以接納真正新穎的作法。

關於都市廢棄物的再概念化（reconceptualization），比前述更加奇異者當屬柴納・米耶維二〇〇〇年小說《帕迪多街車站》的想像城市新克洛布桑，曾於該書的第三章引介。新克洛布桑可說是對倫敦的奇幻性重新想像，它像是維多利亞時代城市與現代

城市的接合，再加上如開羅或孟買等城市的非正規性[60]。城中有人類以及大量人—動物混種的居民，例如半人半聖甲蟲的「凱普力」（khepri）、半人半鷹的「嘎魯達」（garuda）、半人半蛙的「佛迪亞諾」（vodyanoi）；此外還有「再造人」（remades），那是一群地位卑下的人類被當局以科技工程融合機器、動物或有機部位再造而成。此種極端的雜揉性，也反映在新克洛布桑的建築環境本身，尤其是城市的貧民窟地區如「多葛范恩」（Dog Fenn），建築物看似以隨機方式放置在一起——「靠著一面牆的梯子，某天會變成通往新樓層的樓梯，橫跨在搖搖欲墜的兩座屋頂之間」[61]。在凱普力人勢力範圍的「金肯」（Kinken）區，這些人類／甲蟲混種的後裔幼體，住在類似傳統建築設計的房子裡，然他們卻挖穿牆壁並從腹部分泌出有黏合性的黏液改造建築，這些分泌物隨著時間累積，「將建築物彼此相黏，形成一塊凝合的巨大整體」[62]。

　　若說新克洛布桑城的建築物與廢棄物合併，那麼，在新克洛布桑邊緣區的「葛里斯推斯特」（Griss Twist）垃圾場，廢棄物則是以具有智能的自主型態存在。小說中的英雄人物以撒（Isaac）及其忠心好友們，在這裡遇上了「建築委員」（Construct Council）——一個蒐集城市廢棄物並自我組合的人工智能體。這個人工智能體的身體部分完全由垃圾組成：一個「從頭到腳高二十五英尺的工業廢棄物骷髏」；它的肢體是由「偷來的發動機部件」組成；它的「拼湊組裝及驅動完全無須人力干預」[63]。為了拯救城市免於生物工程造出的巨怪蛾威脅，建築委員最終將新克洛布桑的隱密殘骸連結上城市的生命網絡。通篇小說中，米耶維將雜揉性設定為連結城市與其廢棄物的動力。黑幫

老大默特立先生（Mr Motley）將自己改造為終極混種，一個人類、動物、機械的超級合金體，用默特立的話來說：「『轉化』（Transition）……就是創造世界的力量，一個東西轉變成另一種東西。轉化創造你、創造城市、創造了這個世界，轉化就是他們的模樣。[64]」米耶維所想像的是一個沒有廢物的世界，會將社會所拋棄的事物整併入城市——無論是整合入城市的建築或者城市居民本身。然而，此方式所造就的都市世界，並不是零廢物提倡者所想像的那種有秩序的、有效率的、封閉循環的永續城市，反而正好相反：那是令人煩擾而有缺陷的混亂之地，在此，什麼是廢物、什麼不是廢物的分別已經完全消融。

　　米耶維的奇幻城市對於雜揉性之強調，呼應此處探討的中心課題：將城市的廢物——無論是廢棄建築、非正規社區、垃圾或廢棄物——與都市環境氛圍（urban milieu）相連結，而後者原本是在製造且驅逐前者。透過廢料利用，廢棄建築材料可以形成建築過程的基礎本身，創造出暫時的、可活動的建築，得以處在城市的中介空間（in-between space）——此即順勢建造（made on the hoof）的「無序建築」。此等建築可能成為未來城市當中的必要要素，尤其考慮到都市居民必須面對的大量威脅，諸如氣候變遷、恐怖主義、都市戰爭，或者日益嚴峻的社會分歧。若我們去面對、處置開發中世界裡充斥某些都市中心的非正規聚落，便可孕育出更加統合而更少隔絕的都市主義形式。固然此種取徑會造就更加混亂的未來城市，但其結果也會造就更加有社會公義的城市，而後者之重要性顯然高於美學或秩序的問題。最後，將廢棄物整合併回城市，就是將廢物再次與製造且丟棄廢物的力量建立關係。簡言之，將城市及其廢物相連結，意味著對於廢棄物

的本質與「歷史」進行全盤重新評估，揭示其不曾顯露的故事，並將它整合回都市環境，僅管此舉也必然會帶來凌亂。

在城市中連結上更多事物，將能創造出更豐富的未來都市生活。沒有現實的城市，就不會有想像的城市，兩者本就是彼此連結的，可以被想像的事物，在現實中已然存在──無論是存在於過去或現在。但是，人們經常驟下結論，認定想像與現實這兩個世界一定彼此相斥，人們或認定想像就是在對抗工具取向，或工具取向就是要讓想像妥協，此乃理想主義（idealism）對決實用主義（pragmatism）的古老辯論。然而，只要人們願意清出空間，其實總會有可連結之處存在。這並不是表示想像性與工具性兩者會變得如膠似漆；實情相去甚遠，但是衝突與矛盾未必要以斷開連結告終。從撕裂都市社會以及我們心靈的衝突中，我們學到的調解之道乃是要「透過」這些衝突，而不是繞過這些衝突。若要邁步向前，最能開花結果的作法便是讓想像的豐富性完全展現，全心全意進入想像所孕育的、顯現的廣闊可能性之中。然後，所有意想不到的連結類型就會浮現，讓日常人生與奇幻世界有更深入的交織。

允許想像的勃發，並影響我們如何構思自己的城市，並不會是一場舒適的歷程。都市想像若要蓬勃興旺，最有效的狀況其實是其面對巨大威脅之時，無論此威脅是指氣候變遷、社會分歧、戰爭抑或廢棄物。我們唯有面對當前生活在諸多威脅降臨時的脆弱性，我們在未來城市中所需的那種轉型方會成真。或許，我們得在根本上「接受」這些威脅對人們的影響力──尤其是想像威脅在未來的作用──我們才能真正在面對威脅之際變得有韌性、有彈性。但首先，我們必須學會與這些威脅「共處」，讓這些威

脅注入我們的想像之中，無論此過程多麼讓人感到不快。由此一來，我們就不會無奈被動地接受必然性或者放棄美好未來的希望；反之，我們可以選擇使用自身心靈中那豐富的、奇怪的、煩擾的潛能，而不是加以抗拒。在十足真實的意義上，若我們這樣做，我們便可以進入那個建築師、藝術家、小說家所在的世界裡：一個刺激但往往駭人的世界，在此一切事情都有可能，只要我們願意給它空間。正是「那樣」的連結，可以為城市提供更美好未來的希望，因為這能讓那幅景象從孤獨先驅或怪異天才的領域，轉移到眾人的範疇，而此等轉移可以釋放想像的力量、深入日常的世界裡，為所有人帶來真正轉變的希望。

註釋

導論　現實中與想像中的未來城市

1　關於北京的圖像，參見Dina Spector, 'Blade Runner or Beijing', Business Insider, 23 January 2013, www.businessinsider.com.

2　參見Stephen Graham, 'Vertical Noir: Histories of the Future in Urban Science Fiction', city, xx/3 (2016), p. 394.

3　參見Brian Merchant, 'Dubai's First Sci-fi Film is a Reminder that Dubai Itself is Not Actually Science Fiction', Vice, 30 April 2013, https://motherboard.vice.com.

4　參見Richard Kearney, Poetics of Imagining: Modern to Post-modern (Edinburgh, 1998).

5　引用自Arnold H. Modell, Imagination and the Meaningful Brain (Cambridge, ma, 2003), p. 126.

6　參見Gaston Bachelard, On Poetic Imagination and Reverie, trans. Colette Gaudin (Putnam, ct, 2005).

7　參見David L. Pike, Metropolis on the Styx: The Underworlds of Modern Urban Culture, 1800–2001 (Ithaca, ny, 2007), p. 36.

8　James Donald, 'This, Here, Now: Imagining the Modern City', in Imag ining Cities: Scripts, Signs, Memory, ed. Sallie Westwood and John Williams (London, 1997), p. 184.

9　參見Blair Kamin, 'Frank Lloyd Wright Influenced the Burj Khalifa? Here's What the Tower's Designers Say: That's a Tall Tale', Chicago Tribune, 14 January 2010, http://featuresblogs.chicagotribune.com.

10　參見Witold Rybczynski, 'Dubai Debt: What the Burj Khalifa – the Tallest Building in the World – Owes to Frank Lloyd Wright', Slate, 13 January 2010, www.slate.com.

11　「人類世」一詞首次由Paul Crutzen創造於他二○○○年的文章，*Global Change Newsletter*, 41 (May 2000), p. 17. Christophe Bonneuil and Jean-Baptiste Fressoz對於此等自覺的出現，提供了較長的歷史脈絡考察，見於其*The Shock of the Anthropocene: The Earth, History and Us*, trans. David Fernbach (London, 2017).

12　參見Bruno Latour, 'Agency in the Time of the Anthropocene', *New Literary History*, xlv/1 (2014), p. 1.

13　World Health Organization, 'Global Health Observatory (gho): Urban Population Growth', 2014, www.who.int, accessed 20 August 2018.

14　Dipesh Chakrabarty, 'The Climate of History: Four Theses', *Critical Enquiry*, 35 (2009), pp. 197–223.

15　Kathryn Yusoff and Jennifer Gabrys, 'Climate Change and the Imagination', *Wiley Interdisciplinary Reviews: Climate Change*, ii/4 (2011), pp. 516–34.

16　Carl Abbott, *Imagining Urban Futures: Cities in Science Fiction and What We Might Learn from Them* (Middletown, ct, 2016).

17　Graham, 'Vertical Noir', p. 388.

18　Darko Suvin, 'On the Poetics of the Science Fiction Genre', *College English* (1972), pp. 372–82.

19　Graham, 'Vertical Noir', p. 395.

20　例子可參見Etienne Turpin, ed., *Architecture in the Anthropocene: Encounters among Design, Deep Time, Science and Philosophy* (Ann Arbor, mi, 2013).

21　參見Andy Merrifield, *Magical Marxism: Subversive Politics and the Imagination* (London, 2011), p. 18.

22　Fredric Jameson, 'Future City', *New Left Review*, 21 (2003), p. 73.

23　Donald, 'This, Here, Now', p. 185.

24　參見Félix Guattari, *The Three Ecologies*, trans. Ian Pindar and Paul Sutton [1989] (London and New Brunswick, nj, 2000).

第一章　水中：來自未來的明信片

1　Kim Stanley Robinson, *New York 2140* (London, 2017).

2　參見Intergovernmental Panel on Climate Change's *Climate Change 2013: The*

Physical Science Basis, Summary for Policymakers (2014), www.ipcc.ch, accessed 20 August 2018.

3　參見*Stern Review: The Economics of Climate Change* (2006), http://mudancasclimaticas.cptec.inpe.br/~rmclima/pdfs.

4　Kathryn Yusoff and Jennifer Gabrys, 'Climate Change and the Imagination', *Wiley Interdisciplinary Reviews: Climate Change*, ii/4 (2011), pp. 516–34.

5　參見Mike Hulme, *Why We Disagree about Climate Change: Understanding Controversy, Inactivity and Opportunity* (Cambridge, 2009); and Amanda Machin, *Negotiating Climate Change: Radical Democracy and the Illusion of Consensus* (London and New York, 2013).

6　Harriet Bulkeley, *Cities and Climate Change* (London and New York, 2013), p. 143.

7　參見Mark Pelling, *Adaptation to Climate Change: From Resilience to Transformation* (London and New York, 2011).

8　關於古代神話傳說洪水的各種類型，可參見John Withington, *Flood: Nature and Culture* (London, 2013), pp. 9–32.

9　Ibid., pp. 19–20.

10　亞歷山大城海外的沉沒城市是此展覽之主題，*Sunken Cities: Egypt's Lost Worlds*, held at the British Museum, London, 19 May–27 November 2016.

11　參見Darran Anderson, *Imaginary Cities* (London, 2015), pp. 198–205，論及史上的沉沒城市。

12　Hannah Osborne, 'Sunken City of Igarata Begins to Emerge as Brazil's Drought Sees Water Levels Plummet', *International Business Times*, 6 February 2015, www.ibtimes.co.uk.

13　關於氣候變遷小說或虛構故事的演化與繁衍，可參見Adam Trexler, *Anthropocene Fictions: The Novel in a Time of Climate Change* (Charlottesville, va, 2015). 感謝對方導引我認識那麼多以城市為基調的氣候變遷小說。

14　Ibid., pp. 83–4. 亦可參見Carl Abbott, *Imagining Urban Futures: Cities in Science Fiction and What We Might Learn From Them* (Middletown, ct, 2016), pp. 160–70.

15　參見Matthew Gandy, 'The Drowned World: J. G. Ballard and the Politics of Catastrophe', *Space and Culture*, ix/1 (2006), p. 86. 在二〇〇九年的一次訪談中，巴拉德本來就承認該小說預知的景象與卡崔娜颶風災後的紐奧良有關

（參見'New Orleans: Gewalt ohne Ende', *Zeit Online*, 8 September 2005, www. zeit.de）。

16 關於倫敦沉沒的文字性描寫，參見Paul Dobraszczyk, *The Dead City: Urban Ruins and the Spectacle of Decay* (London, 2017), pp. 43–52; and Matthew Gandy, *The Fabric of Space: Water, Modernity and the Urban Imagination* (Cambridge, ma, 2014), pp. 185–8.

17 參見Simon Sellers and Dan O'Hara, *Extreme Metaphors: Collected Interviews, J. G. Ballard* (London, 2014), pp. 83, 90.

18 J. G. Ballard, *The Drowned World* [1962] (London, 2011), p. 19.

19 Ibid., pp. 63, 68.

20 聳動者（sensationalist）對於未來氣候變遷的非虛構式預測，包括Mark Lynas, *Six Degrees: Our Future on a Hotter Planet* (London, 2008)，其書封面圖像顯示倫敦的英國國會大廈被海水吞沒；以及Naomi Oreskes, *The Collapse of Civilization: A View from the Future* (New York, 2014).

21 其它聚焦於城市的氣候變遷類型小說，以長期洪水作為主題的有名例子有 Donna McMahon的*Dance of Knives* (2001)，故事設定在淹水的溫哥華；Kim Stanley Robinson的*Forty Signs of Rain* (2004)，是他Science in the Capital三部曲中的第一部，地點設定於華盛頓特區；Saci Lloyd設定於倫敦的*The Carbon Diaries 2015* (2009)及其續集（2010）；還有David Brin的*Existence* (2012)，設定於淹水上海邊緣的黃浦江口。

22 關於「紐西蘭人」的起源及其發展，參見David Skilton, 'Contemplating the Ruins of London: Macaulay's New Zealander and Others', *Literary London Journal: Interdisciplinary Studies in the Representation of London*, ii/1 (2004). 關於古斯塔夫‧多雷的版畫作品，亦可參見Lynda Nead, *Victorian Babylon: People, Streets and Images in Nineteenth-century London* (London, 2000), pp. 212–15.

23 關於以洪水為大災難的影視傳統，參見Withington, *Flood*, pp. 107–16; and Max Page, *The City's End: Two Centuries of Fantasies, Fears, and Premonitions of New York's Destruction* (London and New York, 2008), pp. 74–6, 89–91, 196, 220–26.

24 關於英國環境局於二〇一一年發布的洪水地圖系列，參見'Our Future Underwater: Terrifying New Pictures Reveal How Britain's Cities Could Be

Devastated by Flood Water', *Mail Online*, 9 March 2011, www.dailymail.co.uk. 林恩的海平面上升地圖系列，可見於此http://spatialities.com/category/sea-levelrise-maps, accessed 20 August 2018.

25　洪希歐系列圖像之討論，可參見Nina Azzarello, 'Architecture under Water: Francois Ronsiaux Images Man's Habitat Post Ice Thaw', *Designboom*, 23 January 2015, www.designboom.com; 關於蘭姆的系列圖像，參見Meredith Bennett-Smith, 'Nickolay Lamm's Sea Level Rise Images Depict What u.s. Cities Could Look Like in Future', *Huffington Post*, 4 November 2013, www.huffingtonpost. com.

26　關於Squint/Opera 2圖像中的烏托邦要素討論，參見Gandy, *The Fabric of Space*, pp. 210–13; and Marcus Fairs, 'Flooded London by Squint/ Opera', *Dezeen*, 18 June 2008, www.dezeen.com.

27　參見Fairs, 'Flooded London'.

28　Maggie Gee, *The Flood* (London, 2004), p. 189; George Turner, *The Sea and Summer* (London, 1987), p. 298; Stephen Baxter, *Flood* (London, 2008), pp. 172, 244.

29　〈昭昭天命〉於二〇〇四年初次展覽於Brooklyn Museum of Art，後者即是委託者，它隨即被華盛頓特區的Smithsonian American Art Museum取得。關於此畫之評論，可參見Alexis Rockman, *Manifest Destiny* (New York, 2005); Linda Yablonsky, 'New York's Watery New Grave', *New York Times*, 11 April 2004; and Page, *The City's End*, pp. 226–8.

30　參見Rockman, *Manifest Destiny*, p. 6.

31　Dipesh Chakrabarty, 'The Climate of History: Four Theses', *Critical Enquiry*, 35 (2009), p. 213.

32　關於「未來景象展」可參見Lawrence R. Samuel, *The End of the Innocence: The 1964–1965 New York World's Fair* (New York, 2007), pp. 106–9; 關於札克‧胡哲理、艾迪絲‧維尼耶的早期作品，請參見此書的特別主題，*L'Architecture d'aujourd'hui,* 175 (1974), titled 'Habiter la Mer', ed. Jacques and Edith Rougerie.

33　參見Jude Garvey, 'Sub Biosphere 2: Designs for a Self-sustainable Underwater World', *Gizmag*, 23 June 2010, www.gizmag.com.

34　對於該計畫的回應，可參見Alexander Hespe and Alanna Howe, 'Venice Biennale: Ocean City', *Australian Design Review*, 26 (October 2010), www.

australiandesignreview.com.

35　這項提案首次繪製於Wolf Hilbertz, 'Towards Cybertecture', *Progressive Architecture* (May 1970), p. 103.佛利斯許多的計畫繪圖由保羅‧邱爾頓所重繪並出版於Paul Cureton, 'Videre: Drawing and Evolutionary Architectures', *Materials. Architecture. Design. Environment*, vii/10 (2013), pp. 16–27.

36　參見Wolf Hilbertz, et al., 'Electrodeposition of Minerals in Sea Water: Experiments and Applications', ieee, *Journal of Oceanic Engineering*, iv/3 (1979), pp. 94–113.

37　例子可參見Ari Spenhoff, 'The Biorock Process: Picturing Reef Building with Electricity', Global Coral Reef Alliance, 2010, www.globalcoral.org.

38　參見A. Agkathidis, *Biomorphic Structures: Architecture Inspired by Nature* (London, 2016); and Michael Pawlyn, *Biomimicry in Architecture* (London, 2016).

39　該場演講主題為「可以自我修復的建築？」（Architecture That Repairs Itself?）www.ted.com, July 2009.

40　由www.crab-studio.com/soak-city.html可見「濕城市」全系列；且可參見Peter Cook, 'Looking and Drawing', *Architectural Design*, 1 September 2013, pp. 86–7，其中對於該計畫之描述。

41　參見庫格自一九九六年開始的「維格屋」（Veg House）計畫，繪圖收錄於Peter Cook, *Architecture Workbook: Design Through Motive* (Chichester, 2016), pp. 142–5.

42　Tim Ingold, *Making: Anthropology, Archaeology, Art and Architecture* (London, 2013), p. 21.

第二章　水上：水文和烏托邦都市

1　參見Philip E. Steinberg, Elizabeth A. Nyman and Mauro J. Caraccioli, 'Atlas Swam: Freedom, Capital and Floating Sovereignties in the Seasteading Vision', in Ricarda Vidal and Ingo Cornils, eds, *Alternative Worlds: Blue-sky Thinking since 1900* (Oxford, 2014), pp. 76–7.

2　關於人工島嶼，可參見M. Jackson and V. Della Dora, '"Dreams So Big Only the Sea Can Hold Them": Manmade Islands as Anxious Spaces, Cultural Icons, and Travelling Visions', *Environment and Planning A*, 41 (2009), pp. 86–104.

關於杜拜的人工島嶼，參見Alessandro Petti, 'Dubai Offshore Urbanism', in Michel Dehaene and Lieven De Cauter, eds, *Heterotopia and the City: Public Space in a Postcivil Society* (London and New York, 2008), pp. 287–95; and Mike Davis, 'Sand, Fear and Money in Dubai', in *Evil Paradises: Dreamworlds of Neoliberalism*, ed. Mike Davis and Daniel Betrand Monk (New York, 2007), pp. 52–66.

3　關於抽取石油的海洋建物或其它實用性與軍用的漂浮結構之發展，參見 C. M. Wang and B. T. Wang, *Large Floating Structures: Technological Advances* (London, 2015).

4　關於丹下健三東京灣計畫與其他日本代謝派（Metabolist）建築師提出的海洋城市，參見Zhongjie Lin, *Kenzo Tange and the Metabolist Movement* (London, 2010), pp. 133–71; and Mieke Schalk, 'The Architecture of Metabolism: Inventing a Culture of Resilience', *Arts*, 3 (2014), pp. 286–90.

5　關於名為「油之岩」（Oil Rocks）的系列可居住平台，參見Geoff Manaugh, 'Oil Rocks', *bldgblog*, 1 September 2009, www.bldgblog.com; and Marc Wolfensberger's film *Oil Rocks: City above the Sea* (2009). 雖然今日油之岩的情況殘破，其依然有人居住，且繼續抽取裡海的石油。

6　關於富勒的漂浮城市計畫，參見Martin Pawley, *Buckminster Fuller* (London, 1990), pp. 157–62. 關於特里頓城，可特別參見Triton Foundation Staff, 'An American Prototype Floating Community', *Build International*, iv/3 (1971).

7　參見Sandra Kaji O'Grady and Peter Raisbeck, 'Prototype Cities in the Sea', *Journal of Architecture*, x/4 (2005), p. 444.

8　他們的早期提案——海洋城邦——曾作為特別主題收錄於*Architecture d'aujourd'hui*, 'Habiter la Mer', 175, ed. Jacques and Edith Rougerie (1974).

9　關於二〇一五年的海洋研究中心，可見於胡哲理的網站www.rougerie.com.

10　關於菊竹清訓的水城市，可參見特別版的*Japan Architect*, '"International Ocean Exposition", Okinawa, Japan, 1975', 50 (1975).

11　O'Grady and Raisbeck, 'Prototype Cities', p. 444.

12　關於海上家園研究所的規劃事項，可見於他們的網站www.seasteading.org.

13　關於海上家園研究所的近期興趣，參見China Miéville, 'Floating Utopias: Freedom and Unfreedom of the Seas', in Davis and Monk, *Evil Paradises*, pp. 251–61; O'Grady and Raisbeck, 'Prototype Cities', pp. 454–8; and Steinberg,

Nyman and Caraccioli, 'Atlas Swam'.

14　羅伊・貝茨過世於二〇一二年，尤其子麥可（Michael Bates）繼續擁有西蘭。麥可在前海軍堡壘「怒濤塔」（Roughs Tower）設置地下電台，並於一九六七年宣布西蘭是一個主權獨立的國家。關於西蘭的有趣——雖有其偏見——歷史，可參見Michael Bates, *Principality of Sealand: Holding the Fort* (Sealand, 2015).

15　參見Miéville, 'Floating Utopias', pp. 241–2. 關於自由號的最新消息，可見於該計畫的網址http://freedomship. 其他的例子還包括海上居公司（ResidenSea Inc.）經營的永久居住郵輪「世界號」（The World），以及二〇〇五年成立於加州的「海洋密碼」（SeaCode）企業，其業務是要讓郵輪能夠容納科技革新設施。參見Philip E. Steinberg, 'Liquid Urbanity: Re-engineering the City in a Post-terrestrial World', in *Engineering Earth: The Impact of Mega-engineering Projects*, ed. Stanley D. Brunn (London, 2011), pp. 2113–22.

16　O'Grady and Raisbeck, 'Prototype Cities', pp. 455–6. 關於新烏托邦的最新資訊，可見該計畫網站www.newutopia.com.

17　關於該設計比賽之簡介，可見www.seasteading.org/architectural-design-contest, accessed 20 August 2018.

18　見www.seasteading.org/architectural-design-contest/artisanopolis, accessed 20 August 2018.

19　Miéville, 'Floating Utopias', p. 251.

20　引用自Kyle Denuccio, 'Silicon Valley is Letting Go of its Techie Island Fantasies', *Wired*, 16 May 2015, www.wired.com.

21　參見Peter Linebaugh and Marcus Redicker's *The Many-headed Hydra: Sailors, Slaves, Commoners and the Hidden History of the Revolutionary Atlantic* (London, 2002).

22　參見John Vidal, 'The World's Largest Cruise Ship and Its Supersized Pollution Problem', *The Guardian*, 21 May 2016, www.theguardian.com.

23　關於阿姆斯特丹的船屋，參見Jowi Schmitz and Friso Spoelstra, *Boat People of Amsterdam* (Lemniscaat, 2013).

24　Lloyd Kropp, *The Drift* (London, 1969), p. 23.

25　Ibid., p. 113.

26　Ibid., p. 250.

27 米耶維在其文章'Floating Utopias'當中參考了克羅普的小說。

28 關於米耶維艦隊號中的烏托邦政治，參見Christopher Kendrick, 'Monster Realism and Uneven Development in China Miéville's *The Scar*', *Extrapolations*, l/2 (2009), pp. 258–75; and Sherryl Vint, 'Possible Fictions: Blochian Hope in *The Scar*', *Extrapolations*, l/2 (2009), pp. 276–92.

29 China Miéville, *The Scar* (London, 2002), p. 100.

30 Ibid., pp. 95–6.

31 Ibid., pp. 96, 103.

32 《傷疤》是米耶維的Bas-Lag三部曲當中之第二本，「傷疤」是他所發明世界之名稱；另外兩部則是《帕迪多街車站》（2000）和《鋼鐵議會》（*Iron Council*, 2004）這兩部的設定都是在新克洛布桑。

33 Miéville, *The Scar*, p. 101.

34 Ibid., p. 104.

35 關於豪萊的相片拼貼作，參見Liane Lefaivre, 'Everything Is Architecture: Multiple Hans Hollein and the Art of Crossing Over,' *Harvard Design Magazine*, 18 (2003), pp. 1–5. 倫敦港務局計畫獲得了二〇一〇年英國皇家建築師協會會長獎（RIBA President's Medal），該計畫之細節可見於www.presidentsmedals.com.

36 關於安東尼・劉的計畫，參見Geoff Manaugh, 'Flooded London 2030', *bldgblog*, 30 June 2010, www.bldgblog.com.

37 關於艾湖堡之發展，參見Koen Olthuis and David Keuning, *Float! Building on Water to Combat Urban Congestion and Climate Change* (London, 2010), pp. 45–7; and Catherine Slessor, 'Floating Houses, the Netherlands, by Marlies Rohmer Architects and Planners', *Architectural Review*, 27 June 2013, www.architectural-review.com.關於艾湖堡社區與其它漂浮建物的關係，參見Nick Foster, 'Architecture: Floating Home Designs That Rock The Boat', *Financial Times*, 21 February 2014, www.ft.com.如Foster所論及，艾湖堡開發的先驅包括一九六〇年代以來，於加州索薩利托（Sausalito）理查森灣（Richardson Bay），以波西米亞非傳統主義社區（bohemian community）精神所發展出的四百八十四棟漂浮住宅。

38 關於水上艙項目的漂浮時期，參見Melena Ryzik, 'Life, Art and Chickens Afloat in the Harbor', *New York Times*, 13 August 2009, www.nytimes.com;

and Christopher Turner, 'A Floating Island of Sustainability', *Nature*, 461 (21 September 2009), available at www.nature.com. 馬汀利的水上艙計畫始末，可見於www.thewaterpod.org.

39　參見Mary Mattingly, 'A Floating World', *The Waterpod Project*, www.thewaterpod.org/concept.html, accessed 20 August 2018.

40　關於群屋計畫，可見該藝術家的網站www.marymattingly.com.

41　參見Mary Mattingly, 'WetLand Project', *Wet-land*, www.wet-land.org/home.html, accessed 20 August 2018.

42　Ibid.

43　Kathryn Yusoff and Jennifer Gabrys, 'Climate Change and the Imagination', *Wiley Interdisciplinary Reviews: Climate Change*, ii/4 (2011), p. 524.

44　參見Peter Anker, 'The Closed World of Ecological Architecture', *Journal of Architecture*, 10 (2005), pp. 527–52.

45　可見馬汀利的水上艙計畫始末於www.thewaterpod.org.

46　透納居住於默恩塞爾堡壘群一事，記錄於Turner, *Seafort* (Ramsgate, 2006).

47　關於埃克斯伯里蛋計畫項目，可見www.exburyegg.org.

48　線上日記可閱覽於www.seafort.org/blog/index.html (the Seafort project)以及 https://exburyegg.me/beadles-blog (the Exbury Egg).

49　關於默恩塞爾堡壘群的歷史，參見Frank R. Turner, *The Maunsell Sea Forts: The World War Two Sea Forts of the Thames and Mersey Estuaries* (1995).

50　Turner, *Seafort*, p. 85.

51　關於紅沙計畫的工作細節，可見於www.projectredsand.com. 我要感謝紅沙計畫所規劃的公眾遊覽活動，我曾於二○一六年五月廿九日參加。

52　該提案之細節可見於http://arosarchitects.com/project/redsand-forts.

第三章　空中：建築與飛翔之夢

1　'Airlander 10: Maiden Flight at Last for Longest Aircraft', *bbc News*, 17 August 2016, www.bbc.co.uk/news. 更多關於登空者十號的資訊，可見於www.hybridairvehicles.com.

2　'Airlander 10: Longest Aircraft Damaged during Flight', *bbc News*, 24 August 2016, www.bbc.co.uk/news.

3　Steven Connor, *The Matter of Air: Science and the Art of the Ethereal* (London, 2010), p. 31.

4　關於氣候科學的演進與歷史，此書是很好的導論，Spencer R. Weart, *The Discovery of Global Warming* (Boston, ma, 2008).

5　Gaston Bachelard, *Air and Dreams: An Essay on the Imagination of Movement*, trans. Edith R. Farrell and C. Frederick Farrell [1943] (Dallas, tx, 1988), p. 33.

6　Ibid., p. 29.

7　Ibid., p. 21.

8　Luce Irigaray, *The Forgetting of Air in Martin Heidegger*, trans. Mary Beth Mader (Dallas, tx, 1999), p. 8. 亦可參見Mark Dorrian, 'Utopia on Ice: The Climate as Commodity Form', in *Architecture in the Anthropocene: Encounters among Design, Deep Time, Science and Philosophy*, ed. Etienne Turpin (Ann Arbor, mi, 2013), p. 149.

9　Steven Connor, 'Building Breathing Space', lecture presented at the Bartlett School of Architecture, University College London, 3 March 2004, available at www. stevenconnor.com.

10　Ibid.

11　例子可參見Arvind Krishan and Nick Baker, *Climate Responsive Architecture: A Design Handbook for Energy Efficient Buildings* (London, 1999).

12　參見Amy Kulper and Diane Periton, 'Introduction: Explicating City Air', *Journal of Architecture*, xix/2 (2014), p. 162.

13　參見Dorrian, 'Utopia on Ice'.

14　關於英國的背景脈絡，參見Tom Crook, *Governing Systems: Modernity and the Making of Public Health in England, 1830–1910* (Los Angeles, ca, 2016); 法國部分參見Alain Corbin, *The Foul and the Fragrant: Odor and the French Social Imagination* (London, 1994).

15　參見Peter Sloterdijk, *In the World Interior of Capital: Towards a Philosophical Theory of Globalization,* trans. Wieland Hoban (London, 2013).

16　參見David Gissen, *Manhattan Atmospheres: Architecture, the Interior Environment, and Urban Crisis* (Minneapolis, mn, 2014).

17　關於鳥瞰圖、俯視圖在現代主義都市計畫中的重要性，參見Nathalie Roseau, 'The City Seen from the Aeroplane: Distorted Reflections and Urban Futures', in *Seeing from Above: The Aerial View in Visual Culture*, ed. Mark Dorrian and Frederic Pusin (London, 2013), pp. 210–26; and Anthony Vidler, 'Photourbanism: Planning the City from Above and from Below', in *A Companion to the City*, ed. Gary Bridge and Sophie Watson (Oxford, 2002), pp. 35–45.

18　關於高樓大廈與空中街道，參見　Joe Moran, 'Imagining the Street in Postwar Britain', *Urban History*, xxxix/1 (2012), pp. 166–86.

19　一項近期的例子是Matthew E. Kahn and Siqi Zheng, *Blue Skies over Beijing: Economic Growth and the Environment in China* (New York, 2016).

20　關於香港的空中走道，參見Stephen Graham, *Vertical: The City from Satellites to Bunkers* (London, 2016), pp. 233–6.

21　關於雲端公民計畫，參見Evan Rawn, '"Cloud Citizen" Awarded Joint Top Honors in Shenzhen Bay Super City Competition', *ArchDaily*, 21 September 2014, www.archdaily.com.

22　參見Connor, *The Matter of Air*, p. 10.

23　Jonathan Swift, *Gulliver's Travels* [1726] (Richmond, va, 2009), pp. 126, 128.

24　Ibid., p. 131.

25　格列佛確實認為拉普達人的思維方式堪比「他在歐洲遇過最高名的數學家們」（p. 132）。

26　參見James Blish, *Cities in Flight* [1955–62] (London, 2010). 曼哈頓星際飛行島乃是第一本書《地球人，回家吧》（*Earthman, Come Home*, 1955）的焦點。

27　參見Dani Cavallaro, *The Anime Art of Hayao Miyazaki* (London, 2006), pp. 58–63.

28　參見Luke Cuddy, ed., *BioShock and Philosophy: Irrational Game, Rational Book* (Chichester, 2015).

29　見線上影片 'bioshock infinite: Ken Levine Discusses Columbia, Elizabeth, and Religion', www.youtube.com, posted 13 December 2012.

30　關於克魯蒂科夫的飛行城市，參見Selim Omarovich Khan-Magomedov, *Georgii Krutikov: The Flying City and Beyond*, trans. Christina Lodder (Barcelona, 2015).

31　參見Mike Crang, 'Urban Morphology and the Shaping of the Transmissible City', *city*, xliii/3 (2000), pp. 310–13.

32　Karsten Harries, 'Fantastic Architecture: Lessons of Laputa and the Unbearable Lightness of Our Architecture', *Journal of Aesthetics and Art Criticism*, lxix/1

(2011), pp. 57, 60.

33　關於多元城市計畫，可見www.johnwardlearchitects.com.

34　'Clive Wilkinson Suggests "Carpet Bombing" London with a Co-working Office in the Sky', *Dezeen*, 16 December 2015, www.dezeen.com.

35　關於最早的熱氣球及其文化接納，參見Charles C. Gillespie, *The Montgolfier Brothers and the Invention of Aviation, 1783–1784* (Princeton, nj, 1983).

36　該計畫由羅伯森（Robertson）出版為*La Minerva, an Aerial Vessel Destined for Discoveries, and Proposed to All the Academies of Europe, by Robertson, Physicist* (Vienna, 1804; repr. Paris, 1820).

37　參見Fulgence Marion, *Wonderful Balloon Ascents; or, The Conquest of the Skies: A History of Balloons and Balloon Voyages* (New York, 1870), p. 133.

38　參見Alfred Robida, *The Twentieth Century*, trans. Philippe Willems (Middletown, ct, 2004). 其它的插畫小說則是出版於一八八七年的《二十世紀的戰爭》，還有出版於一八九〇年的《電力生活》（*La Vie Electrique*）。

39　關於飛船的歷史，參見Daniel G. Ridley-Kitts, *Military, Naval and Civil Airships since 1783: The History and Development of the Dirigible Airship in Peace and War* (London, 2012).

40　Philippe Willems, 'A Stereoscopic Vision of the Future: Albert Robida's *Twentieth Century*', *Science Fiction Studies*, xxvi/3 (1999), p. 371.

41　Ibid., p. 357.

42　關於第一次世界大戰期間德國齊柏林飛船的使用，參見Douglas H. Robinson, *The Zeppelin in Combat: A History of the German Naval Airship Division, 1912–18* (London, 2004). 關於第二次世界大戰的空襲轟炸，參見Kenneth Hewitt, 'Place Annihilation: Area Bombing and the Fate of Urban Places', *Annals of the Association of American Geographers*, lxxiii/2 (1983), pp. 257–84.

43　參見Julien Nembrini et al., 'Mascarillons: Flying Swarm Intelligence for Architectural Research', *Proceedings of the Swarm Intelligence Symposium*, sis 2005 (June 2015), pp. 225–32. 關於此類科技的軍事性運用，見於Ying Tan and Zhong-Yang Zhen, 'Research Advance in Swarm Robotics', *Defence Technology*, ix/1 (2013), pp. 18–39.

44　Cynthia J. Miller, 'Airships East, Zeppelins West: Steampunk's Fantastic Frontiers', in *Steaming into the Victorian Future: A Steampunk Anthology*, ed. Julie

Anne Taddeo and Cynthia J. Millers (London, 2014), pp. 145–61. 其它蒸氣龐克虛構故事中的重要飛船範例，包括Joe R. Lansdale小說*Zeppelins West* (2001)，以及Alan Moore and Kevin O'Neill的插畫作品*The League of Extraordinary Gentleman* (1999)，曾在一九九年改編為電影《天降奇兵》。

45 China Miéville, *Perdido Street Station* (London, 2000), p. 77.

46 參見Sean Topham, *Blowup: Inflatable Art, Architecture, and Design* (London, 2002), p. 21. 其他論及充氣結構歷史者，包括Marc Dessauce, ed., *The Inflatable Moment: Pneumatics and Protest in '68* (New York, 1999); Jacobo Krauel, *Inflatable Art, Architecture and Design* (London, 2014); and William McLean and Pete Silver, *Air Structures (Form + Technique)* (London, 2015).

47 關於螞蟻農場的充氣結構，參見Constance M. Lewallen and Steve Seid, *Ant Farm, 1968–1978* (Los Angeles, ca, 2004), pp. 2, 13, 15–19, 43; 關於建築電訊的充氣結構，見Simon Sadler, *Archigram: Architecture without Architecture* (Cambridge, ma, 2005), pp. 113–14, 129, 171, 186; 關於烏托邦派與「充氣結構」展覽，參見Dessauce, *The Inflatable Moment*.

48 參見Dessauce, *The Inflatable Moment*, pp. 25, 80–96. 建築評論家Reyner Banham曾在其文章中反省這股對充氣體的執念，見Reyner Banham, 'Monumental Wind-bags', *New Society*, xi/290 (1968), pp. 569–70.

49 參見Topham, *Blowup*, p. 72.

50 建築電訊的機動城市計畫（c. 1968-70）是一個由氣球與飛船載著的機動都市，它儼然代表著充氣結構的未來方向。關於前建築電訊出身的倫敦建築協會（London's Architectural Association）設計師Mark Fisher，如何將充氣結構運用在大眾音樂會場合，參見Eric Holding, *Mark Fisher: Staged Architecture* (London, 1999).

51 關於其設計概念，參見'Ark Nova by Arata Isozaki and Anish Kapoor', *Dezeen*, 23 September 2011, www.dezeen.com.

52 Mike Chino, 'High-flying Algae Airships are Self-sufficient Airborne Cities', *Inhabitat*, 5 October 2010, http://inhabitat.com. 關於計畫的細節，見http://vincent.callebaut.org.

53 參見Samuel Medina, 'A City in the Sky: An Urban Space that Floats in the Clouds', *CityLab*, 18 November 2011, www.citylab.com.關於計畫細節見於http://tiagobarros.pt/Passing-Cloud.

54 見http://tiagobarros.pt/Passing-Cloud.

55 薩拉切諾的主張見於http://tomassaraceno.com/about. 薩拉切諾作品的專書研究包括Meredith Malone, ed., *Tomas Saraceno: Cloud-Specific* (Chicago, il, 2014); Juliane Von Herz et al., *Tomas Saraceno: Cloud Cities/Air-Port-City* (Berlin, 2011); and Sara Arrhenius and Helena Granström, *Tomas Saraceno: 14 Billions* (Berlin, 2011).

56 作品型錄*Tomas Saraceno: Cloud Cities* (2011) 是出版於展覽之場合：'Cloud Cities'，展於Nationalgalerie at Hamburger Bahnhof-Museum fur Gegenwart, Berlin；以及裝置藝術*In Orbit*，展於Kunstsammlung Nordrhein-Westfalen, Düsseldorf.

57 雲中城市於二〇一二年五月十五日至十一月四日，展覽於紐約大都會藝術博物館。參見Roberta Smith, 'Climbing into the Future, or Just into an Artist's Whimsy: Tomás Saraceno's "Cloud City," on the Met's Roof', *New York Times*, 25 May 2012, www.nytimes.com.

58 關於航空太陽能博物館目前的進展，可見於該計畫的部落格https://museoaerosolar.wordpress.com. 亦參見Tomás Saraceno, Sasha Engelmann and Bronislaw Szerszynski, 'Becoming Aerosolar: From Solar Sculptures to Cloud Cities', in *Art in the Anthropocene: Encounters among Aesthetics, Politics, Environments and Epistemologies*, ed. Heather Davis and Etienne Turpin (London, 2015), pp. 57–62.

59 關於邁向太陽能航空計畫，見http://tomassaraceno.com. 尚可參見Sasha Engelmann, Bronislaw Szerszynski and Derek McCormack, 'Becoming Aerosolar and the Politics of Elemental Association', in *Tomas Saraceno: Becoming Aerosolar* (Vienna, 2015), pp. 63–80.

60 其中一些畫作見於*Tomas Saraceno: Cloud Cities*, exh. cat., Hamburger Bahnhof (Berlin, 2011).

61 見於藝術家的網站www.aerocene.com.

62 引用自Moritz Wesseler, 'Cloud Cities', in *Tomas Saraceno: Cloud Cities*, p. 94.

63 螞蟻農場在一九七〇年時出版了兩千份*Inflatocookbook*的複製本，包括了剪裁圖表以及製作充氣結構的技術資訊（可至此處下載http://alumni.media.mit.edu/~bcroy/inflato-splitpages-small.pdf, accessed 20 August 2018）。薩拉切諾以他的Aerocene Explorer繼續這項傳統，這是一個「入門級的繫繩飛行風

筆，讓所有人都能操作自己的Aerocene太陽能製品並探索天空」（見www.
aerocene.com）。

64　Engelmann, Szerszynski and McCormack, 'Becoming Aerosolar', p. 71.

65　Bruno Latour, 'Some Experiments in Art and Politics', *e-flux*, xxiii/3 (2011), www.
e-flux.com/journal.

66　關於二〇〇九年威尼斯雙年展，可見http://tomassaraceno.com.

67　'Latour', 'Some Experiments in Art and Politics', n.p.

68　參見David Pinder, 'Cities: Moving, Plugging in, Floating, Dissolving', in
Geographies of Mobilities: Practices, Spaces, Subjects, ed. Tim Cresswell and
Peter Merriman (Farnham, 2011), pp. 182–3.

69　參見Nigel Clark, 'Turbulent Prospects: Sustaining Urbanism on a Dynamic
Planet', in *Urban Futures: Critical Commentaries on Shaping the City*, ed.
Malcolm Miles and Tim Hall (London and New York, 2003), pp. 182–93.

第四章　摩天大樓：從標誌到體驗

1　關於垂直城市的建築思考景象，參見Stephen Graham, *Vertical: The City from
Satellites to Bunkers* (London, 2016), pp. 223–6; 關於科幻小說中的垂直城市
建築思考景象，參見Carl Abbott, *Imagining Urban Futures: Cities in Science
Fiction and What We Might Learn from Them* (Middletown, ct, 2016), pp. 28–43;
關於科幻電影者則參見Donato Totaro, 'The Vertical Topography of the Science
Fiction Film', *Off Screen*, xiv/8 (2010), http://offscreen.com.

2　關於碎片大廈使用率的最新情況，可見於該建物的網站www.the-shard.com.

3　見www.the-shard.com.

4　關於中國和中東地區的摩天大樓集中趨勢，參見Leslie Sklair, *The Icon
Project: Architecture, Cities and Capitalist Globalisation* (Oxford, 2016).

5　見世界高層建築與都市人居學會網站的'Skyscraper Center'部分，網址是www.
skyscrapercenter.com/buildings.

6　參見Graham, *Vertical*. 亦可參見Andrew Harris, 'Vertical Urbanisms: Opening
Up Geographies of the Three-dimensional City', *Progress in Human Geography*,
xxxix/5 (2016), pp. 601–20, and Stuart Elden, 'Secure the Volume: Vertical
Geopolitics and the Depth of Power', *Political Geography*, 34 (2013), pp. 35–51.

7 參見Graham, *Vertical*, p. ix, and Donald McNeill, 'Skyscraper Geography', *Progress in Human Geography*, xxix/1 (2001), p. 44.

8 參見Paul Haacke, 'The Vertical Turn: Topographies of Metropolitan Modernism', PhD thesis, University of California, Berkeley, 2011, p. 189, available at escholarship.org.

9 參見Paul Dobraszczyk, 'City Reading: The Design and Use of Nineteenth-century London Guidebooks', *Journal of Design History*, xxv/2 (2012), pp. 123–44.

10 關於摩天大樓建造發展過程的文獻頗眾，且學者對於何謂最早的摩天大樓意見分歧。概論此事之佳者，見Thomas van Leeuwen, *The Skyward Trend of Thought: The Metaphysics of the American Skyscraper* (Cambridge, ma, 1988). 更近期的摩天大樓建築研究，包括Eric Höweler and William Pedersen, *Skyscraper: Designs of the Recent Past for the Near Future* (London, 2003); Scott Johnson, *Tall Building: Imagining the Skyscraper* (New York, 2008); and Adrian Smith and Judith Dupré, *Skyscrapers: A History of the World's Most Extraordinary Buildings* (London, 2013).

11 關於將紐約早期摩天大樓與巴比倫聯想一事，參見Leeuwen, *The Skyward Trend of Thought*, pp. 11–13, 39–41; Darran Anderson, *Imaginary Cities* (London, 2015), pp. 125–32; and Katherine Schonfield and Julian Williams, 'Elevated Territories', in *City Levels*, ed. Ally Ireson and Nick Barley (Basel, 2000), pp. 29–30.

12 引用自Leeuwen, *The Skyward Trend of Thought*, p. 13.

13 Ibid.

14 Ibid., pp. 11–13, 33–4.

15 Hugh Ferriss, *The Metropolis of Tomorrow* (New York, 1929), p. 62.

16 McNeill, 'Skyscraper Geography', p. 45. 關於雙子星塔複雜的象徵主義，參見Tim Bunnell, 'From Above and Below: The Petronas Towers and/in Contesting Visions of Development in Contemporary Malaysia', *Singapore Journal of Tropical Geography*, xx/1 (1999), pp. 1–23.

17 參見Javier Quintana, 'Making the Future Real', in *eVolo: Skyscrapers of the Future*, vol. ii, ed. Paul Aldridge, Noemi Deville, Anna Solt and Jung Su Lee (New York, 2010), p. 37.

18 參見Witold Rybczynski, 'Dubai Debt: What the Burj Khalifa – the Tallest Building

in the World – Owes to Frank Lloyd Wright', *Slate*, 13 January 2010, www.slate. com.

19 參見Howard Watson, *The Shard: The Vision of Irvine Sellar* (London, 2017).

20 Maria Kaika, 'Autistic Architecture: The Fall of the Icon and the Rise of the Serial Object', *Environment and Planning D: Society and Space*, 29 (2011), p. 985.

21 Ibid., p. 986.

22 Ibid., p. 976.

23 關於媒體式摩天大樓（mediatic skyscraper），參見McNeill, 'Skyscraper Geography',p. 47. Höweler and Pedersen認定媒體式摩天大樓乃是當代的趨勢，見於其*Skyscraper: Designs of the Recent Past for the Near Future*, pp. 158–75.

24 Max Page, *The City's End: Two Centuries of Fantasies, Fears, and Premonitions of New York's Destruction* (London and New York, 2008).關於九一一事件的破壞與其想像性的先驅，尤其是威爾斯的《空中戰爭》，參見Mike Davis, 'The Flames of New York', in Davis, *Dead Cities and Other Tales* (New York, 2002), pp. 1–20.

25 關於《裡頭的世界》，可參見Abbott, *Imagining Urban Futures*, pp. 37–40.

26 關於現代主義大型住宅計畫的文獻眾多，最佳的介紹或許是Alison Ravetz, *Council Housing and Culture: The History of a Social Experiment* (London, 2001). 最重要的建築研究乃是Florian Urban, *Tower and Slab: Histories of Global Mass Housing* (London, 2011)，關於英國者則是Miles Glendinning, *Tower Block: Modern Public Housing in England, Scotland, Wales and Northern Ireland* (London and New Haven, ct, 1994). 關於普魯伊果的拆除，見Chad Friedrichs二〇一二年影片*The Pruitt-Igoe Myth*.

27 Graham, *Vertical*, p. 184.

28 《摩天樓》作為社會批判之論述，參見Lucy Hewitt and Stephen Graham, 'Vertical Cities: Representations of Urban Verticality in Twentieth century Science Fiction Literature', *Urban Studies*, lii/5 (2015), pp. 928–32.

29 Alastair Reynolds, *Terminal World* (London, 2011), p. 86.

30 Ibid., pp. 190, 297.

31 關於十九世紀鳥瞰倫敦一事，參見Lynda Nead, *Victorian Babylon: People, Streets and Images in Nineteenth-century London* (London, 2000), pp. 21–6. 關於

全景圖，參見Stephan Oettermann, *The Panorama: History of a Mass Medium* (New York, 1997).

32 參見Isabelle Fraser, 'What London's Future Skyline Will Look Like –All 436 Skyscrapers', *The Telegraph*, 9 March 2016, www.telegraph.co.uk.

33 參見Michel de Certeau, 'Walking in the City', in *The Practice of Everyday Life*, trans. Steven Rendall (Los Angeles, ca, 1984), pp. 91–110. De Certeau利用前世貿中心觀景台之經驗來建構自身之論點（p. 91）。

34 Katherine Schonfield and Julian Williams, 'Elevated Territories', in *City Levels*, ed. Ireson and Barley, p. 43.

35 關於多層次城市的早期圖像，見於Graham, *Vertical*, pp. 220–26.

36 關於都市未來主義與早期的科幻影片，參見James Chapman and Nicholas J. Cull, *Projecting Tomorrow: Science Fiction and Popular Culture* (London, 2013), pp. 13–42.

37 關於架高的都市運輸系統，參見Graham, *Vertical*, pp. 224–39; 關於人行天空橋，參見Antony Wood, 'Pavements in the Sky: The Skybridge in Tall Buildings', *arq: Architectural Research Quarterly*, vii/3–4 (2003), pp. 325–32.

38 關於King與Wong的概念，參見Kenneth King and Kellogg Wong, *Vertical City: A Solution for Sustainable Living* (n.p., 2015).

39 參見Robert Gifford, 'The Consequences of Living in High-rise Buildings', *Architectural Science Review*, l/1 (2007), pp. 1–16.

40 參見Mike Davis, *City of Quartz: Excavating the Future in Los Angeles* (London, 1990), p. 368.

41 參見Will Self, 'Isenshard', in *The Future of the Skyscraper*, ed. Phillip Nobel (New York, 2015), pp. 71–2.

42 例子可參見'Shanghai Tower Climb – in Pictures', *The Guardian*, 13 February 2014，其中記錄俄國都市探索者Vadim Makhorov and Vitaliy Raskalov爬上650公尺（2,133英尺）的上海中心大廈。

43 Bradley Garrett, *Explore Everything: Place-hacking the City* (London, 2013), pp. 80–91. 亦可參見Bradley Garrett, Alexander Moss and Scott Cadman, *London Rising: Illicit Photos from the City's Heights* (London, 2016).

44 參見Theo Kindynis, 'Urban Exploration: From Subterranea to Spectacle', *British Journal of Criminology*, lvii/4 (2017), pp. 982–1001.

45 關於聖弗洛黎安的垂直城市，見於www.moma.org.

46 K. W. Jeter, *Farewell Horizontal* (London, 1989), p. 95.

47 參見Clare Sponsler, 'Beyond the Ruins: The Geopolitics of Urban Decay and Cybernetic Play', *Science Fiction Studies*, xx/2 (1993), pp. 257–9.

48 Ibid., p. 253.

49 參見Helen Roxburgh, 'Inside Shanghai Tower: China's Tallest Skyscraper Claims to Be the World's Greenest', *The Guardian*, 23 August 2016, www.theguardian.com.

50 Graham, *Vertical*, pp. 369–81.

51 關於摩天大樓的「虛榮」空間，參見Sophie Warnes, 'Vanity Height: How Much Space in Skyscrapers Is Unoccupiable?', *The Guardian*, 3 February 2017, www.theguardian.com.

52 參見Jean-Marie Huriot, 'Towers of Power', *Metropolitiques*, 25 January 2012, www.metropolitiques.eu. 亦可參見Lloyd Alter, 'It's Time to Dump the Tired Argument that Density and Height are Green and Sustainable', *Treehugger*, 3 January 2014, www.treehugger.com.

53 參見Leeuwen, *The Skyward Trend of Thought*, pp. 79–143.

54 關於建築現代主義、摩天大樓與自然之間的關係，最尖銳的表達依然是 Le Corbusier, *The City of Tomorrow and Its Planning [1927]*(New York, 1987), especially p. 280.

55 楊經文的出版品包括*Designing with Nature: The Ecological Basis for Architectural Design* (London, 1995); *The Green Skyscraper: The Basis for Designing Sustainable Intensive Buildings* (London, 1999); *Reinventing the Skyscraper: A Vertical Theory of Urban Design* (London, 2002); and *Ecodesign: A Manual for Ecological Design* (London, 2008).

56 關於雙頂屋，參見Robert Powell, *Rethinking the Skyscraper: The Complete Architecture of Ken Yeang* (London, 1999), pp. 115–21; and Sara Hart, *Eco-Architecture: The Work of Ken Yeang* (London, 2011), pp. 26–37.

57 關於梅西尼亞加大樓，參見Powell, *Rethinking the Skyscraper*, pp. 41–8; and Hart, *Eco-Architecture*, pp. 56–68.

58 關於博埃里的垂直森林設計，可見該建築師的網站www.stefanoboeriarchitetti. net.

59 Ibid.

60 關於年度競賽的更多資訊，可見該雜誌的網站www.evolo.us.

61 Mathias Henning, 'Skyscraper Competitions', in *eVolo*, ed. Aldridge et al., p. 99.

62 例子如Eric Vergne's Vertical Farm skyscraper, in *eVolo*, ed. Aldridge et al., pp. 106–9.

63 例子如二〇〇九年獲獎作品，Kyu Ho Chun, Kenta Fukunishi and JaeYoung Lee's Neo Arc project, in *eVolo*, ed. Aldridge et al., pp. 100–102.

64 例子如Daniel Widrid's Adaptive Tower System project, in Aldridge et al., eds, *eVolo*, pp. 183–5.

65 參見Aldridge et al., eds, *eVolo*, pp. 181–2.

66 Ibid., pp. 186–7.

67 Ibid., pp. 145–7.

68 Ibid., pp. 171–2.

69 Graham, *Vertical*, p. 128.

70 見Aldridge et al., eds, *eVolo*, pp. 123–5.

71 關於生物智商住宅，參見 'BIQ: Smart Material Houses', at www.iba-hamburg. de/en/nc/projects, accessed 20 August 2018.

第五章　地底：安全及革命

1 Edward Bulwer-Lytton, *The Coming Race* [1871] (Santa Barbara, ca, 1979), pp. 2–3.

2 參見David Pike, *Subterranean Cities: The World beneath Paris and London, 1800–1945* (Ithaca, ny, 2005), p. 77.

3 引用自Anon., *The Brunels' Tunnel* (London, 2006), p. 11.

4 參見Christopher Beanland, 'Meet the Men Transforming London Underground's Derelict Stations', *The Independent*, 24 September 2014, www.independent.co.uk.

5 參見Eric Larson, 'Underground Cities: The Next Frontier Might be Underneath Your Feet', *Mashable*, 21 February 2014, http://mashable.com.

6 參見Ye Ming, 'A Million People Live in These Underground Nuclear Bunkers', *National Geographic*, 16 February 2017, www.nationalgeographic.com.

7 參見Paul Dobraszczyk, Carlos López Galviz and Bradley L. Garrett, eds, *Global Undergrounds: Exploring Cities Within* (London, 2016).關於3D製圖，參見Gavin

Bridge, 'Territory, Now in 3d!', *Political Geography*, 34 (2013), pp. 55–7.

8 關於傅立葉的烏托邦社區與拱廊街，參見Walter Benjamin, *The Arcades Project*, trans. Howard Eiland and Kevin McLaughlin (Cambridge, ma, 1999), p. 5; 關於派克斯頓自一八五五年以來的「大維多利亞通道」（Great Victorian Way）計畫，參見Parliamentary Papers 1854–5 (415), *Report from the Select Committee on Metropolitan Communications*,

9 July 1855. 關於拱廊街之發展，參見Johann F. Geist, *Arcades: The History of a Building Type* (Cambridge, ma, 1985).

10 關於十九世紀的鋼鐵與玻璃建築，尤其是溫室與展場建築，參見Georg Kholmaier and Barna von Sartory, *Houses of Glass: A Nineteenth-century Building Type* (Cambridge, ma, 1991).

11 關於遊客對於水晶宮的反應，參見Isobel Armstrong, *Victorian Glassworlds: Glass Culture and the Imagination, 1830–1880* (Oxford, 2008), pp. 142–52.

12 *Household Words*, 3 May 1851, p. 122.

13 引用自Sigfried Giedion, *Space, Time and Architecture: The Growth of a New Tradition* (Cambridge, ma, 1967), pp. 253–4.

14 參見Lewis Mumford, *Technics and Civilisation* (San Diego, ca, 1934), pp. 69–70.

15 參見Robert Poole, *Earthrise: How Man First Saw the Earth* (London and New Haven, ct, 2010).

16 關於環保意識的抬頭及其政治影響，參見Otis L. Graham, *Environmental Politics and Policy, 1960s–1990s* (Philadelphia, pa, 2000).

17 Douglas Murphy, *Last Futures: Nature, Technology and the End of Architecture* (London, 2016), p. 3.

18 關於富勒的網格球頂，參見Martin Pawley, *Buckminster Fuller* (London, 1990), p. 16. 關於一九六七年的蒙特婁生物圈，參見David Langdon, 'ad Classics: Montreal Biosphere/Buckminster Fuller', *Archdaily*, 25 November 2014, www.archdaily.com.

19 關於奧托的作品，參見Winifried Nerdinger, *Frei Otto, Complete Works: Lightweight Construction* (Basel, 2005). 關於一九六七年的德國館，參見David Langdon, 'ad Classics: German Pavilion, Expo '67 / Frei Otto and Rolf Gutbrod', *Archdaily*, 27 April 2015, www.archdaily.com.

20 參見Murphy, *Last Futures*, pp. 120–21. 關於墜落城市，參見Mark Matthews,

Droppers: America's First Hippie Commune, Drop City (Oklahoma City, ok, 2010), and John Curl's memoir *Memories of Drop City: The First Hippie Commune of the 1960s and the Summer of Love* (Lincoln, ne, 2007).

21　Murphy, *Last Futures*, p. 120.

22　Gaston Bachelard, *The Poetics of Space*, trans. Maria Jolas (Boston, ma, 1994), pp. 258–9.

23　參見Alan Prendergast, 'Drop City, America's Boldest, Most Far-out Commune, Left a Surprising Legacy', *Westword*, 27 May 2015, www.westword.com.

24　關於《攔截時空禁區》，參見Murphy, *Last Futures*, p. 196; Donato Totaro, 'The Vertical Topography of the Science Fiction Film', *Screen*, xiv/8 (2010), available at http://offscreen.com; and James Chapman and Nicholas J. Cull, *Projecting Tomorrow: Science Fiction and Popular Culture* (London, 2013), pp. 147–58.

25　E. M. Forster, 'The Machine Stops' (1909), in *Collected Short Stories* (London, 1989), pp. 109–46. 亦可參見Carl Abbott, *Imagining Urban Futures: Cities in Science Fiction and What We Might Learn from Them* (Middletown, ct, 2016), p. 103.

26　Arthur C. Clarke, *The City and the Stars [1956]* (London, 2001).亦可參見Abbott, *Imagining Urban Futures*, pp. 106–8.

27　Isaac Asimov, *The Caves of Steel* [1953] (London, 1997), p. 23.

28　參見Abbott, *Imagining Urban Futures*, p. 104.

29　參見Mark Dorrian, 'Utopia on Ice: The Climate as Commodity Form', in *Architecture in the Anthropocene: Encounters among Design, Deep Time, Science and Philosophy*, ed. Etienne Turpin (Ann Arbor, mi, 2013), p. 148.

30　Richard Buckminster Fuller, *Utopia or Oblivion: The Prospects for Humanity* [1969] (London, 1973), p. 353.

31　Frederick Pohl, *The Years of the City* (New York, 1984).

32　參見Murphy, *Last Futures*, pp. 185–95. 關於該計畫的複雜細節，參見Rebecca Reider, *Dreaming the Biosphere: The Theater of All Possibilities* (Santa Fe, nm, 2010).

33　Murphy, *Last Futures*, p. 194.

34　關於Google新總部之設計，參見Ricard Nieva, 'Google Unveils Plans for Futuristic New Headquarters', *cnet*, 27 February 2015, www.cnet.com/uk/news.

35 Murphy, *Last Futures*, p. 221.

36 關於陽光山滑雪巨蛋，參見Dorrian, 'Utopia on Ice'.關於圓頂購物中心，參見Brian Merchant, 'Dubai's Climatecontrolled City is a Dystopia Waiting to Happen', *Motherboard*, 9 July 2014, https://motherboard.vice.com.

37 Merchant, 'Dubai's Climate-controlled City'.

38 見於Peter Sloterdijk的三部曲書籍*Spharen* (Spheres)，published in German from 1998 to 2004 by Suhrkamp Verlag kg, and translated into English from 2011 to 2016.

39 Rosalind Williams, *Notes on the Underground: An Essay on Technology, Society, and the Imagination* (Cambridge, ma, 2008), p. 212.

40 參見'Sietch Nevada', Matsys Design, 2009, http://matsysdesign.com.

41 Luke Bennett, 'The Bunker Metaphor, Materiality and Management', *Culture and Organization*, xvii/2 (2011), pp. 155–73. 亦可參見Luke Bennett, ed., *In the Ruins of the Cold War Bunker: Affect, Materiality and Meaning-making* (London, 2017).

42 關於卡帕多奇亞的地下結構，參見Ömer Ayden and Reşat Ulusay, 'Geotechnical and Geoenvironmental Characteristics of Man-made Underground Spaces in Cappadocia, Turkey', *Engineering Geology*, xc/3 (2003), pp. 245–72.

43 參見Paul Virilio, *Bunker Archaeology* [1967] (Princeton, nj, 1994).

44 關於冷戰時期世界各地城市的核災地堡，參見Dobraszczyk, Galviz and Garrett, eds, *Global Undergrounds,* pp. 117–19 (Prague), 121–3 (Stockholm), 124–6 (Shanghai), 159–61 (Kinmen and Matsu); 美國部分參見Tom Vanderbilt, *Survival City: Adventures among the Atomic Ruins of America* (Chicago, il, 2010).關於冷戰時期的北京庇護所，參見Ming, 'A Million People'.

45 關於紐曼計畫之敘述，參見Alison Sky and Michelle Stone, *Unbuilt America* (New York, 1976), p. 192.

46 參見M. Gane, 'Paul Virilio's Bunker Theorising', *Theory, Culture and Society*, 16 (1999), p. 90.

47 Mordecai Roshwald, *Level 7* (New York, 1959), p. 111.

48 Hugh Howey, *Wool* (London, 2013), p. 131.

49 關於《微光城市》，參見Abbott, *Imagining Urban Futures*, pp. 97–9.

50 Ibid., pp. 111–12.

51 Harlan Ellison, *A Boy and His Dog* (New York, 1969), p. 234.

52 '"Depthscrapers" Defy Earthquakes', *Everyday Science and Mechanics*, November 1931, pp. 646, 708.

53 參見Ivor Richards, *Groundscrapers and Depthscrapers of Hamza and Yeang* (London, 2001).

54 參見'Plans for Futuristic Underground "Skyscraper" beneath Mexico City's Zócalo', *Once and Future Mexico*, 26 November 2011, https://onceandfuturemexico.wordpress.com.

55 參見Jess Zimmerman, 'Can We Turn Mining Pits into Underground Cities?', *Grist*, 19 October 2011, http://grist.org.

56 Angus Carlyle, 'Beneath Ground', in *City Levels*, ed. Ally Ireson and Nick Barley (Basel, 2000), pp. 100–101.

57 參見Eric Nakajima, 'Liquefactower: The Sinking City/Honorable Mention, 2014 Skyscraper Competition', *eVolo*, www.evolo.us.

58 參見Pike, *Subterranean Cities*, pp. 107–29; 亦見'As above, so below: Paris Catacombs', in *Global Undergrounds*, ed. Dobraszczyk, Galviz and Garrett, pp. 197–9.

59 關於「採石場」之歷史及其發展，參見Caroline Archer and Alexandre Parre, *Paris Underground* (New York, 2005).

60 參見Pike, *Subterranean Cities*, pp. 107–29.

61 Victor Hugo, *Les Miserables,* trans. Norman Denny [1862] (London, 1988), p. 619.

62 關於情境主義國際，參見McKenzie Wark, *The Beach beneath the Street: The Everyday Life and Glorious Times of the Situationist International* (London, 2015).

63 Pike, *Subterranean Cities*, p. 188. 後來盧貝松（Luc Besson）導演的電影《地下鐵》（*Subway*, 1985）也在呈現生活在巴黎底下空間的不適應社會者群體的生活。

64 關於《睡醒時刻》之中未來倫敦的垂直結構，參見Lucy Hewitt and Stephen Graham, 'Vertical Cities: Representations of Urban Verticality in Twentieth-century Science Fiction Literature', *Urban Studies*, lii/5 (2015), pp. 927–9, and Stephen Graham, 'Vertical Noir: Histories of the Future in Urban Science Fiction', *city*, xx/3 (2016), pp. 384–5.

65 參見蓋曼為《無有鄉》[1996] (London, 2005)所做的介紹。

66 亨利‧梅休對於倫敦社會底層所做的報告，首先於一八四八至四九年期間以

文章形式出版於報紙*The Morning Chronicle*，後來於一八五一年出版為書籍 *London Labour and the London Poor.*

67　Gaiman, *Neverwhere*, pp. 371–2.

68　Bradley Garrett, *Explore Everything: Place-hacking the City* (London, 2013), p. 121.

69　參見Dhan Zunino Singh, 'Under Kingdom: The Layers of Mexico City', in *Global Undergrounds*, ed. Dobraszczyk, Galviz and Garrett, pp. 37–9.

70　見www.bresciaunderground.com/english. 關於地下布雷西亞的工作，參見Caroline Bâcle, 'Buried Waterways: Brescia Underground', in *Global Undergrounds*, ed. Dobraszczyk, Galviz and Garrett, pp. 223–7，以及影片*Lost Rivers* (dir. Caroline Bâcle, 2012).

71　參見Caroline Bâcle, 'Reverse Modernization: Saw Mill River, New York City', in *Global Undergrounds*, ed. Dobraszczyk, Galviz and Garrett, pp. 167–9.

72　參見Alex Scapens, 'Historic Stockport Bridge Set to Be Revealed for the First Time in 78 Years', *Manchester Evening News*, 5 February 2015, www.manchestereveningnews.co.uk.

73　參見Paul Dobraszczyk, 'Absurd Space: Williamson Tunnels, Liverpool', in *Global Undergrounds*, ed. Dobraszczyk, Galviz and Garrett, pp. 41–3. 關於隧道的歷史及其作為觀光勝地的角色，可見Williamson Tunnels Heritage Centre之網站www.williamsontunnels.co.uk，以及Friends of Williamson Tunnels網站www.williamsontunnels.com. 威廉森的生平則以戲劇化方式呈現於在David Clensy的書*The Mole of Edge Hill* (Liverpool, 2006).

74　Carlyle, 'Beneath Ground', p. 113.

第六章　毀壞：蔓延、災難與熵

1　「都市滅絕」一詞首先是由都市理論家Marshall Berman使用於'Falling Towers: City Life after Urbicide', in D. Crow, ed., *Geography and Identity: Exploring and Living Geopolitics of Identity* (Washington, dc, 1996), pp. 172–92.

2　九一一事件後的大災難毀滅影視作品眾多，光是二〇一六當年就有*Pandemic*, *The Girl with All the Gifts*, *The 5th Wave*, *The Worthy* and *Resident Evil: The Final Chapter.* 浩劫過後類型的電腦遊戲包括*The Last of Us* (2013–) and the

Fallout series (1997–). 關於廢墟之欲展覽，參見Brian Dillon, *Ruin Lust: Artists' Fascination with Ruins, from Turner to the Present Day* (London, 2014).

3 參見Stephen Cairns and Jane Jacobs, *Buildings Must Die: A Perverse View of Architecture* (Cambridge, ma, 2014), pp. 1–2.

4 Rebecca Solnit, 'The Ruins Memory' (2006), in *Storming the Gates of Paradise: Landscape for Politics* (Berkeley, ca, 2007), p. 352.

5 關於都市蔓延的歷史，參見Robert Bruegmann, *Sprawl: A Compact History* (Chicago, il, 2005), and David C. Soule, *Urban Sprawl: A Comprehensive Reference Guide* (Westport, ct, 2005).

6 參見Eric Hilare and Nick Van Mead, 'The Great Leap Upward: China's Pearl River Delta, Then and Now', *The Guardian*, 10 May 2016, www.theguardian.com.

7 關於基斯勒的作品，參見Stephen J. Phillips, *Elastic Architecture: Frederick Kiesler and Design Research in the First Age of Robotic Culture* (Cambridge, ma, 2017).

8 關於新巴比倫，參見Trudy Nieuwenhuys, Laura Stamps, Willemijn Stokvis and Mark Wigley, *Constant: New Babylon* (Berlin, 2016)

9 William Gibson, *Neuromancer* [1984] (London, 1995), pp. 62, 90–91.

10 關於超級都市一號，參見Abbott, *Imagining Urban Futures*, p. 63, and Darran Anderson, *Imaginary Cities* (London, 2015), pp. 82–3.

11 參見Andrzej Gasiorek, *J. G. Ballard* (Manchester, 2005), pp. 101–3. 巴拉德其餘關於都市生活的著名短篇故事，包括'The Overloaded Man' (1961), 'Billennium' (1961), 'The Subliminal Man' (1963) and 'The Ultimate City' (1976)，還有小說*The Drowned World* (1962), *The Burning World* (1964), *High-Rise* (1975) and *Hello America* (1981).

12 J. G. Ballard, 'The Concentration City' (1957), in *The Complete Short Stories of J. G. Ballard* (London and New York, 2010), p. 23. 亦可參見Gasiorek, *J. G. Ballard*, pp. 101–3, and Abbott, *Imagining Urban Futures*, p. 153.

13 Ballard, 'The Concentration City', pp. 27–8.

14 Clare Sponsler, 'Beyond the Ruins: The Geopolitics of Urban Decay and Cybernetic Play', *Science Fiction Studies*, xx/2 (1993), p. 262.

15 參見Tsutomu Nihei, *Blame! Master Edition* (New York, 2016). 該部漫畫最初是在一九九八至二〇〇三年間，於日本由講談社（Kodansha）出版為十冊。

16 關於九龍寨城，參見Ian Lambot and Greg Girard, *City of Darkness: Life in Kowloon Walled City* (London, 1993).

17 參見Robert Harbison, *Ruins and Fragments: Tales of Loss and Rediscovery* (London, 2015).

18 關於皮拉奈西的作品，參見Luigi Ficacci, ed., *Piranesi: The Complete Etchings* (London, 2016).

19 關於皮拉奈西對索恩之影響，參見John Wilton-Ely and Helen Dorey, eds, *Piranesi, Paestum and Soane* (London, 2013).

20 關於亞斯特利城堡項目，參見Amy Frearson, 'Astley Castle Renovation wins RIBA Stirling Prize 2013', *Dezeen*, 26 September 2013, www.dezeen.com; 關於鴿舍項目，參見Chris Barnes, 'The Dovecote Studio by Haworth Tompkins', *Dezeen*, 14 February 2010, www.dezeen.com.

21 參見Karen Cliento, 'Kolumba Museum', *Archdaily*, 6 August 2010, www.archdaily.com.

22 關於空戰之發展及其對城市的衝擊，參見Kenneth Hewitt, 'Place Annihilation: Area Bombing and the Fate of Urban Places', *Annals of the Association of American Geographers*, lxxiii/2 (1983), pp. 257–84.

23 關於中國沉思廢墟城市之傳統，參見Wu Hung, *A Story of Ruins: Presence and Absence in Chinese Art and Visual Culture* (London, 2012), pp. 18–19.

24 參見Alexander Regler, 'Foundational Ruins: The Lisbon Earthquake and the Sublime', in *Ruins of Modernity*, ed. Julia Hell and Andreas Schonle (Durham, nc, and London, 2010), pp. 357–74.

25 關於英國部分的脈絡背景，參見David Skilton, 'Contemplating the Ruins of London: Macaulay's New Zealander and Others', *Literary London Journal: Interdisciplinary Studies in the Representation of London*, ii/1 (2004); 關於美國部分，參見Nick Yablon, *Untimely Ruins: An Archaeology of American Urban Modernity* (Chicago, il, 2009), pp. 147–52.

26 關於浩劫過後影視作品的「英雄」橋段，參見Mick Broderick, 'Surviving Armageddon: Beyond the Imagination of Disaster', *Science Fiction Studies*, xx/3 (1993), pp. 362–82.

27 關於考文垂大教堂，參見Louise Campbell, *Coventry Cathedral: Art and Architecture in Post-war Britain* (Oxford, 1996); 關於威廉皇帝紀念教堂及其它

的德國戰爭廢墟，參見Rudy Koshar, *From Monuments to Traces: Artifacts of German Memory, 1870–1990* (Los Angeles, ca, 2000).

28　兆頭全系列畫作可見於該藝術家的網站http://michaelkerbow.com.

29　Solnit, 'The Ruins Memory', p. 351.

30　參見Gill Perry et al., *Deanna Petherbridge: Drawings and Dialogue* (London, 2016). 型錄出版於皮瑟布麗吉大型展覽之場合Whitworth Art Gallery, Manchester, 2 December 2016–4 June 2017.

31　Deanna Petherbridge, 'The Impossibility of Landscape', in Perry et al., *Deanna Petherbridge*, p. 101.

32　引用自Martin Clayton, 'Petherbridge and the Art of the Past', in Perry et al., *Deanne Petherbridge*, p. 67.

33　關於藝術家對於底特律廢墟的處理，參見Paul Dobraszczyk, *The Dead City: Urban Ruins and the Spectacle of Decay* (London, 2017), pp. 149–88; Dora Apel, *Beautiful Terrible Ruins: Detroit and the Anxiety of Decline* (New Brunswick, nj, 2015), pp. 101–12; Michel Arnaud, *Detroit: The Dream Is Now* (Detroit, mi, 2017); and Julie Pincus and Nichole Christian, *Canvas Detroit* (Detroit, mi, 2014).

34　對於底特律之衰敗，最具說服力的解說乃是Thomas Sugrue, *The Origins of the Urban Crisis: Race and Inequality in Postwar Detroit* (New York, 1996).

35　關於海德堡項目之歷史，見於www.heidelberg.org.

36　關於哈金的作品，可見於藝術家的網站http://scotthocking.com; 以及雜誌特別號*Detroit Research*, 1 (2014); and Dobraszczyk, *The Dead City*, pp. 180–83.

37　例子可參見Apel, *Beautiful Terrible Ruins*, p. 106.

38　Sigmund Freud, *Civilization and Its Discontents* [1930], trans. David McLintock (London, 2002), p. 9.

39　參見Dillon, 'Introduction', *Ruin Lust*, p. 14.

40　該篇文章包含了史密森的照片，最初出版為 'The Monuments of Passaic', *Artforum* (December 1967), pp. 52–7.

41　參見Dobraszczyk, *The Dead City*, pp. 189–213，內有對西班牙、英國、義大利新廢墟之調查。

42　Philip K. Dick, *Do Androids Dream of Electric Sheep?* [1968] (London, 1972), p. 20.

43　參見Anirban Kapil Baishya, 'Trauma, Post-apocalyptic Science Fiction and the

Post-human', *Wide Screen*, iii/1 (2011), pp. 1–25.

44　參見Abbott, *Imagining Urban Futures*, pp. 121–2.

45　參見Gasiorek, *J. G. Ballard*, p. 129.

46　J. G. Ballard, 'The Ultimate City' (1978), in Ballard, *The Complete Short Stories*, p. 915.

47　參見Gasiorek, *J. G. Ballard*, p. 133.

48　Graeme Wearden, 'More Plastic Than Fish in the Sea by 2050, Says Ellen MacArthur', *The Guardian*, 19 January 2016, www.theguardian.com.

49　參見James Lovelock, 'Gaia as Seen through the Atmosphere', *Atmospheric Environment*, 6 (1972), pp. 579–80.

50　關於那些電視節目，參見Mark S. Jendrysik, 'Back to the Garden: New Visions of Posthuman Futures', *Utopian Studies*, xxii/1 (2011), pp. 34–51. 關於《人類消失後的世界》，參見Christine Cornea, 'Postapocalyptic Narrative and Environmental Documentary: The Case of "Life after People"', in *Dramatising Disaster: Character, Event, Representation*, ed. Christine Cornea and Rhys Owain Thomas (Cambridge, 2013), pp. 151–66.

51　關於《三尖樹時代》中的廢棄倫敦與自然，參見Dobraszczyk, *The Dead City*, pp. 29–32.

第七章　重建：利用廢棄遺物

1　參見'Theaster Gates: Sanctum/2015, Situations', www.situations.org.uk.

2　參見Mark Brown, 'u.s. Artist Theaster Gates to help Bristol Hear Itself in First uk Public Project', *The Guardian*, 20 July 2015, www.theguardian.com.

3　關於蓋茨更多的作品，參見Carol Becker and Achim Borchardt-Hume, *Theaster Gates* (London, 2015).

4　例子可參見Stephen Graham, *Cities Under Siege: The New Military Urbanism* (London, 2011).

5　Evan Calder Williams, *Combined and Uneven Apocalypse* (Winchester, 2011), p. 41.

6　John Berger, 'Rumor', preface to Latife Tekin, *Berji Kristin: Tales from the Garbage Hills* (London, 2014), p. 8.

7　例子可參見Sharon Zukin對於紐約市早期區域更新的經典解說，於其*Loft Living: Culture and Capital in Urban Change* (New York, 1989).

8　例子可參見Sharon Zukin, *Naked City: The Death and Life of Authentic Urban Places* (Oxford, 2011).

9　Calder Williams, *Combined and Uneven Apocalypse*, p. 42.

10　Ibid., p. 15.

11　Lebbeus Woods, *War and Architecture* (New York, 1993).

12　參見Lebbeus Woods, 'Radical Reconstruction', in Woods, *Radical Reconstruction* (New York, 2004), p. 21.

13　Ibid.

14　關於吉布森的作品，參見Dani Cavallaro, *Cyberpunk and Cyberculture: Science Fiction and the Work of William Gibson* (New Brunswick, nj, 2000).

15　William Gibson, *Virtual Light* [1993] (London, 1994), p. 58.

16　參見Carl Abbott, *Imagining Urban Futures: Cities in Science Fiction and What We Might Learn from Them* (Middletown, ct, 2016), pp. 217–20, and Michael Beehler, 'Architecture and the Virtual West in William Gibson's San Francisco', in *Postwestern Cultures: Literature, Theory, Space*, ed. Susan Kollin (2007), pp. 82–95.

17　Gibson, *Virtual Light*, p. 163.

18　參見Amy Frearson, 'Megalomania by Jonathan Gales', *Dezeen*, 7 March 2012, www.dezeen.com.

19　關於作為廢墟的未完工建築，參見Paul Dobraszczyk, *The Dead City: Urban Ruins and the Spectacle of Decay* (London, 2017), pp. 189–213.

20　關於占領運動，參見Noam Chomsky, *Occupy* (London, 2012); and David Harvey, *Rebel Cities: From the Right to the City to the Urban Revolution* (London, 2013).

21　關於紐約占領運動及其建築，參見Reinhold Martin, 'Occupy: What Architecture Can Do', *Places Journal* (November 2011), https://doi.org/10.22269/111107.

22　關於建築與雨傘運動，參見Anthony Ko, 'Subverting Everyday: The Umbrella Movement of Hong Kong', unpublished essay, Bartlett School of Architecture, ucl, 2016. 亦可參見Jason Y. Ng, *Umbrellas in Bloom: Hong Kong's Occupy Movement* (London, 2016), and Francis L. F. Lee, *Media, Mobilization and the Umbrella*

Movement (London, 2016).

23 關於非正規城市的文獻眾多，然其中兩份關於全球狀況的優質概論乃是Mike Davis, *Planet of Slums* (London, 2006), and Robert Neuwirth, *Shadow Cities: A Billion Squatters, a New Urban World* (London, 2004).

24 Davis, *Planet of Slums*, p. 19.

25 參見John Turner, *Housing by People* (London, 1976); Robert Fichter, ed., *Freedom to Build: Dweller Control of the Housing Process* (New York, 1972), and Justin McGuirk, *Radical Cities: Across Latin America in Search of a New Architecture* (London, 2015).

26 McGuirk, *Radical Cities*, p. 25.

27 Ibid., p. 26.

28 葛雷弗斯和梅達克瓊斯的圖像可見於www.london-futures.com/2010/10/18/hello-world, accessed 21 August 2018. 該數位圖像系列以大型背光透明形式展覽於*Postcards from the Future* at the Museum of London, October 2010–March 2011.

29 關於來自未來的明信片系列的東方化趨勢，參見Andrew Baldwin, 'Premediation and White Affect: Climate Change and Migration in Cultural Perspective', *Transactions of the Institute of British Geographers*, xli/1 (2015), pp. 78–90.

30 關於其攝影系列，見於該藝術家的網站website, www.noahaddis.com. 亦可參見Alessandro Imbriaco, Noah Addis and Aaron Rothman, 'Makeshift Metropolis', *Places Journal* (June 2001), https://doi.org/10.22269/140602.

31 參見McGuirk, *Radical Cities*, pp. 80–98. 艾萊曼托接下來也將半完全屋的建築理念加以試驗，地點包括Constitución in Chile (after the 2010 earthquake); Monterrey, Mexico; Guatemala and Peru. 關於金塔蒙羅伊計畫的短片，可見艾萊曼托網站Elemental's website at www.elementalchile.cl.

32 關於完整的系列圖像，見該藝術家的網站www.dionisiogonzalez.es.

33 Bryan Finoki, 'Squatter Imaginaries', *Subtopia* (28 November 2007), http://subtopia.blogspot.co.uk.

34 Ibid.

35 這本書是Alfredo Brillembourg and Hubert Klumpner, eds, *Torre David: Informal Vertical Communities* (Zurich, 2012); 這部影片是*Torre David* (2013; available at

http://u-tt.com/film/torre-david-film, accessed 21 August 2018). 其它影片包括二
〇一四年BBC記者Olly Lambert製作的*Venezuela's Tower of Dreams*.

36　參見McGuirk, *Radical Cities*, pp. 179–80.

37　參見Virginia Lopez, 'Caracas's Tower of David Squatters Finally Face Relocation
after 8 Years', *The Guardian*, 23 July 2014, www.theguardian.com.

38　McGuirk, *Radical Cities*, p. 202.

39　Ibid., p. 203.

40　Ibid., p. 206.

41　關於成長屋項目，見於都市智庫網站http://u-tt.com.

42　參見McGuirk, *Radical Cities*, pp. 201–2.

43　參見http://u-tt.com/project/anglican-church, accessed 21 August 2018.

44　參見Nate Berg, 'From Theaster Gates to Assemble: Is There an Art to Urban
Regeneration?', *The Guardian*, 3 November 2015, www.theguardian.com.

45　McGuirk, *Radical Cities*, p. 205.

46　Rebecca Solnit, 'The Ruins Memory' (2006), in *Storming the Gates of Paradise:
Landscape for Politics* (Berkeley, ca, 2007), pp. 351–70.

47　參見Davis, *Planet of Slums*, p. 47.

48　參見Dirk E. Hebel, Marta H. Wisniewska and Felix Heisel, *Building from Wastes:
Recovered Materials in Architecture and Construction* (Basel, 2014).

49　參見Davis, *Planet of Slums*, pp. 33–169. 亦可參見Alejandro Bahamón and Maria
Camila Sanjinés, *Rematerial: From Waste to Architecture* (London, 2010).

50　Hebel, Wisniewska and Heisel, *Building from Wastes*, p. 7.

51　Ibid., pp. 33–169.

52　關於廢物快速再利用計畫，見特瑞佛一號的網站www.archinode.com.

53　參見Mitchell Joachim, 'City and Refuse: Self-reliant Systems and Urban Terrains',
in Hebel, Wisniewska and Heisel, *Building from Wastes*, pp. 22–3.

54　Ibid., p. 23.

55　關於《瓦利》，參見Christopher Todd Anderson , 'Post-Apocalyptic Nostalgia:
wall-e, Garbage, and American Ambivalence toward Manufactured Goods',
Lit: Literature Interpretation Theory, xxiii/3 (2012), pp. 267–82; and Hugh
McNaughton, 'Distinctive Consumption and Popular Anti-consumerism: The Case
of *Wall*E*', *Continuum*, xxvi/5 (2012), pp. 753–66.

56 John Scalzi, ed., *Metatropolis* (New York, 2009), pp. 9–11.

57 Jay Lake, 'In the Forests of the Night', in *Metatropolis*, ed. Scalzi, pp. 13–77.

58 Tobias S. Buckell, 'Stochasti-city', in *Metatropolis*, ed. Scalzi, p. 127.

59 Elizabeth Bear, 'The Red in the Sky Is Our Blood', in *Metatropolis*, ed. Scalzi, p. 165.

60 參見Abbott, *Imagining Urban Futures*, p. 211.

61 China Miéville, *Perdido Street Station* (London, 2000), p. 157.

62 Ibid., pp. 255–6.

63 Ibid., pp. 547–8.

64 Ibid., p. 51. 亦可參見Joan Gordon, 'Hybridity, Heterotopia, and Mateship in China Miéville's *Perdido Street Station*', *Science Fiction Studies*, xxx/3 (2003), pp. 456–76.

參考書目

Abbott, Carl, *Imagining Urban Futures: Cities in Science Fiction and What We Might Learn From Them* (Middletown, ct, 2016)

Anderson, Darran, *Imaginary Cities* (London, 2015)

Asimov, Isaac, *The Caves of Steel* [1953] (London, 1997)

Bachelard, Gaston, *On Poetic Imagination and Reverie*, trans. Colette Gaudin (Putnam, ct, 2005)

Ballard, J. G., *The Complete Short Stories of J. G. Ballard* (London and New York, 2010)

——, *The Drowned World* (London, 1964)

Brayer, Marie Ange, et al., *Future City: Experiment and Utopia in Architecture, 1956–2006* (London, 2007)

Broderick, Mick, 'Surviving Armageddon: Beyond the Imagination of Disaster', *Science Fiction Studies*, xx/3 (1993), pp. 362–82

Brook, Daniel, *A History of Future Cities* (London, 2014)

Cairns, Stephen, and Jane Jacobs, *Buildings Must Die: A Perverse View of Architecture* (Cambridge, ma, 2014)

Chakrabarty, Dipesh, 'The Climate of History: Four Theses', *Critical Enquiry*, xxxv/2 (2009), pp. 197–223

Chapman, James, and Nicholas J. Cull, *Projecting Tomorrow: Science*

Fiction and Popular Culture (London, 2013)

Connor, Steven, *The Matter of Air: Science and the Art of the Ethereal* (London, 2010)

Cook, Peter, *Architecture Workbook: Design through Motive* (Chichester, 2016)

Davis, Mike, *Dead Cities and Other Tales* (New York, 2002)

Dobraszczyk, Paul, *The Dead City: Urban Ruins and the Spectacle of Decay* (London, 2017)

——, Carlos López Galviz and Bradley L. Garrett, eds, *Global Undergrounds: Exploring Cities Within* (London, 2016)

Ferriss, Hugh, *The Metropolis of Tomorrow* (New York, 1929)

Gasiorek, Andrzej, *J. G. Ballard* (Manchester, 2005)

Gibson, William, *Virtual Light* (London, 1994)

Graham, Steven, *Vertical: The City from Satellites to Bunkers* (London, 2016) Hebel, Dirk E., Marta H. Wisniewska and Felix Heisel, *Building from Wastes: Recovered Materials in Architecture and Construction* (Basel, 2014)

Howey, Hugh, *Wool* (London, 2013)

Jeter, K. W., *Farewell Horizontal* (London, 1989)

Kearney, Richard, *Poetics of Imagining: Modern to Post-modern* (Edinburgh, 1998)

Kropp, Lloyd, *The Drift* (London, 1969)

Leeuwen, Thomas van, *The Skyward Trend of Thought: The Metaphysics of the American Skyscraper* (Cambridge, ma, 1988)

McGuirk, Justin, *Radical Cities: Across Latin America in Search of a*

New Architecture (London, 2015)

Malone, Meredith, ed., *Tomás Saraceno: Cloud-specific* (Chicago, il, 2014)

Miéville, China, *Perdido Street Station* (London, 2000)

——, *The Scar* (London, 2002)

Murphy, Douglas, *Last Futures: Nature, Technology and the End of Architecture* (London, 2016)

Nobel, Phillip, ed., *The Future of the Skyscraper* (New York, 2015)

O'Grady, Sandra Kaji, and Peter Raisbeck, 'Prototype Cities in the Sea', *Journal of Architecture*, x/4 (2005), pp. 443–61

Olthuis, Koen, and David Keuning, *Float! Building on Water to Combat Urban Congestion and Climate Change* (London, 2010)

Page, Max, *The City's End: Two Centuries of Fantasies, Fears, and Premonitions of New York's Destruction* (London and New York, 2008) Pawley, Martin, *Buckminster Fuller* (London, 1990)

Pike, David L., *Subterranean Cities: The World beneath Paris and London, 1800–1945* (Ithaca, ny, 2005)

Reynolds, Alastair, *Terminal World* (London, 2011)

Robida, Alfred, *The Twentieth Century*, trans. Philippe Willems (Middletown, ct, 2004)

Robinson, Kim Stanley, *New York 2140* (London, 2017)

Sklair, Leslie, *The Icon Project: Architecture, Cities and Capitalist Globalisation* (Oxford, 2016)

Spiller, Neil, *Visionary Architecture: Blueprints of the Modern Imagination* (London, 2007)

Topham, Sean, *Blowup: Inflatable Art, Architecture, and Design* (London, 2002)

Trexler, Adam, *Anthropocene Fictions: The Novel in a Time of Climate Change* (Charlottesville, va, 2015)

Turner, Stephen, *Seafort* (Ramsgate, 2006)

Vidal, Ricarda, and Ingo Cornils, eds, *Alternative Worlds: Blue-sky Thinking since 1900* (Oxford, 2014)

Virilio, Paul, *Bunker Archaeology* (Princeton, nj, 1994)

Williams, Evan Calder, *Combined and Uneven Apocalypse* (Winchester, 2011)

Woods, Lebbeus, *Radical Reconstruction: Lebbeus Woods* (New York, 2004)

Yusoff, Kathryn, and Jennifer Gabrys, 'Climate Change and the Imagination', *Wiley Interdisciplinary Reviews: Climate Change*, ii/4 (2011), pp. 516–34

謝辭

　　我之所以能夠從事這項研究計畫，是因為獲得獨立社會研究基金會（Independent Social Research Foundation）的二〇一六年「獨立學者研究獎助」（Independent Scholar Research Fellowship），我非常感謝該基金會。我要謝謝先前在Reaktion出版社的Ben Hayes，是他促成這本書的開始，我還要感謝參與這項研究計畫的Vivian Constantinopoulos。我極為感謝巴特雷建築學院（Bartlett School of Architecture）透過他們的建築研究基金，補助一些圖像的購買。我要特別向Iwan Baan、Tiago Barros、Luke Crowley、Paul Cureton、John Dent、the Estate of Lebbeus Woods、Bradley L. Garrett、Dionisio González、Scott Hocking、Mitchell Joachim、Michael Kerbow、Andrew Kudless、Anthony Lau、Jeffery Linn, Max McClure、Mary Mattingly、Eric Nakajima、Cristobal Palma、Deanna Petherbridge、Gavin Robotham、Alexis Rockman、the San Francisco Museum of Modern Art、Squint/Opera、Studio Tomás Saraceno、Stefan Shaw、Vertical Inc. and Philip Vile致謝。

　　此次的研究與寫作受到我在倫敦大學學院巴特雷建築學院教學經驗的巨大影響。這是一個非常有創意的機構，我很榮幸身為其中一分子。我也要感謝所有學生對我的啟發或挑戰，讓我能夠超越自己的學術舒適圈進行思考，尤其謝謝Richard

Breen和Anthony Ko花時間和我深談他們的畢業年設計計畫。二〇一八年五月，我與UCL Urban Lab、Robin Wilson、Barbara Penner共同策劃學術研討會「流動的城市：激進的都市未來與氣候災難」（Unmoored Cities: Radical Urban Futures and Climate Catastrophes），該次研討會也豐富了本書的內涵。感謝巴特雷建築學院透過其「建築計畫基金」（Architecture Projects Fund）幫助研討會的舉辦，感謝UCL Urban Lab的Ben Campkin與Jordan Rowe、Barbara Penner，且感謝所有與會的講者：CJ Lim、Viktoria Walldin、Rob La Frenais、Sasha Engelmann、Thandi Loewenson、Maggie Gee、Rachel Armstrong、Jennifer Gabrys、Robin Wilson、Matthew Butcher、Shaun Murray、Dean Sully、Penelope Haralambidou和Jonathan Hill。

　　本書第一章的先前版本曾經以 'Sunken Cities: Climate Change, Urban Futures and the Imagination of Submergence' 出版於 International Journal of Urban and Regional Research, xli/6（2017）, pp. 868–87. 第五章的部分材料是取用自我在 Global Undergrounds: Exploring Cities Within（London, 2016）的成果，而第六章、第七章部分材料最初是出版於 The Dead City: Urban Ruins and the Spectacle of Decay（London, 2017）。最後，我要謝謝Lisa和Isla，他們耐心地承擔我在計畫期間的種種焦慮，並且自始至終用各種辦法支持我。第一個引導我進入建築世界的人，是我的父親，雖然我沒有選擇追隨他的腳步成為一名建築師，父親始終大力支持我的研究與寫作。感謝他的鼓勵與啟發，謹將這本書獻給我的父親。

圖片授權致謝

　　本書作者與出版者希望對於提供下列圖像以及使用許可者表示謝意。我們盡力聯絡所有版權擁有者，然若有任何遺漏或不準確之處，請向出版者聯繫，我們必會在未來的版本中有所更正。（原文頁數）

Courtesy afp Photo/Lucerne Festival Arknova 2013: p. 94; courtesy Iwan Baan: p. 212; courtesy Tiago Barros: p. 96; courtesy crab Studio: p. 47; courtesy Luke Crowley: p. 57; courtesy Paul Cureton: pp. 44–5; photo Paul Dobraszczyk: pp. 66, 723, 120–21, 164, 203; from *Everyday Science and Mechanics*, ii/12 (November 1931): p. 157; from Hugh Ferriss, *The Metropolis of Tomorrow* (New York, 1929): p. 111; courtesy Bradley L. Garrett: p. 163; courtesy the Gemeentemuseum Den Haag: p. 171; courtesy John Gollings: p. 43; courtesy Dionisio González: p. 211; courtesy Scott Hocking: p. 184; from Blanchard Jerrold, *London: A Pilgrimage* (London, 1872): p. 32; courtesy Mitchell Joachim, Terreform one: p. 216; courtesy Michael Kerbow: p. 181; from Moses King, *King's Views of New York* (New York, 1911): p. 123; courtesy Andrew Kudless/ Matsys: p. 151; courtesy Anthony Lau: pp. 62–3; courtesy Jeffrey Linn: p. 33; courtesy Max McClure: p. 194; courtesy Mary Mattingly: p. 69; courtesy Eric Nakajima: p. 158; © Tsutomu Nihei and courtesy Kodansha

Ltd: p. 176; courtesy Christobal Palma: p. 210; courtesy the artist (©
Deanna Petherbridge): pp. 182 (photo Anna Arca Photography, London),
183 (photo John Bodkin, Dawkinscolour, London); Pixabay: pp. 112
(photo smarko), 130 (photo zhangjunming); from 'G.E. Robertson'
[Étienne-Gaspart Robert], *La Minerve, Vaisseau Aërien Destiné aux
Découvertes, et proposé à toutes les Académies de l'Europe; par le
Physicien Robertson, Ci-devant Professeur à l'Ecole Centrale du
Département de l'Ourte, de la Societé Galvanique, de celle d'Émulation
de Liége, et de celle pour l'Encouragement des Sciences et Arts de
Hambourg* (Paris, 1820): p. 89; courtesy Alexis Rockman: pp. 36–7; San
Francisco Museum of Modern Art (Accessions Committee Fund purchase,
© Estate of Lebbeus Woods, photo Katherine Du Tiel): p. 198; courtesy
the artist (Tomás Saraceno) – Tanya Bonakdar Gallery, New York –
Andersen's Contemporary, Copenhagen – Pinksummer contemporary
art, Genoa – Esther Schipper, Berlin: pp. 99 (© photography by Studio
Tomás Saraceno, 2017), 100 (photograph reproduced by permission of
Quintin Lake); © A.Savin, Wikimedia Commons: p. 205; courtesy Stefan
Shaw and John Dent: p. 137; Shutterstock (photo maxterragni): p. 134; Sir
John Soane's Museum, London: p. 177; courtesy Squint/Opera: p. 35; ©
T. R. Hamzah & Yeang Sdn. Bhd. (2017): p. 133; courtesy Urban Future
Organization, cr-Design in collaboration with Karin Hedlund, Lukas
Nordström, Pedram Seddighzadeh, and Expedite Technology Co.: p. 76;
courtesy Philip Vile: p. 178; from *Le Vingtième Siècle* (Paris, 1883): p. 91;
courtesy John Wardle Architects: p. 87; © Estate of Lebbeus Woods: p.
86.

國家圖書館出版品預行編目 (CIP) 資料

未來城市：漂泊．垂直．廢墟．虛構與真實交織的人類世建築
藍圖／保羅・多伯拉茲克（Paul Dobraszczyk）著；韓翔中譯──
初版──新北市：台灣商務，2021.05 面；公分──（人文）
譯自：Future cities : architecture and the imagination
ISBN 978-957-05-3309-5（平裝）

1. 都市建築　2. 建築藝術　3. 空間設計

545.1　　　　　　　　　　　110003565

人文

未來城市

漂泊・垂直・廢墟：虛構與真實交織的人類世建築藍圖

原著書名　Future Cities: Architecture and the Imagination
作　　者　保羅・多伯拉茲克（Paul Dobraszczyk）
譯　　者　韓翔中
發 行 人　王春申
選書顧問　林桶法、陳建守
總 編 輯　張曉蕊
特約編輯　江子潤
責任編輯　洪偉傑
封面設計　兒日設計
內文排版　李秀菊
業務組長　何思頓
行銷組長　張家舜
影音組長　謝宜華
出版發行　台灣商務印書館股份有限公司
　　　　　23141 新北市新店區民權路 108-3 號 5 樓（同門市地址）
電話：（02）8667-3712　傳真：（02）8667-3709
讀者服務專線：0800-056193　　郵撥：0000165-1
E-mail：ecptw@cptw.com.tw　網路書店網址：www.cptw.com.tw
Facebook：facebook.com.tw/ecptw

FUTURE CITIES: ARCHITECTURE AND THE IMAGINATION by PAUL DOBRASZCZYK
First published by Reaktion Books, London, UK, 2019.
Copyright © 2019 by PAUL DOBRASZCZYK
This edition arranged with REAKTION BOOKS LTD through Big Apple Agency, Inc., Labuan, Malaysia.
Traditional Chinese edition copyright: 2021 THE COMMERCIAL PRESS, LTD.
All rights reserved.

局版北市業字第 993 號
2021 年 5 月初版 1 刷
印刷　鴻霖印刷傳媒股份有限公司
定價　新台幣 400 元